U0858086

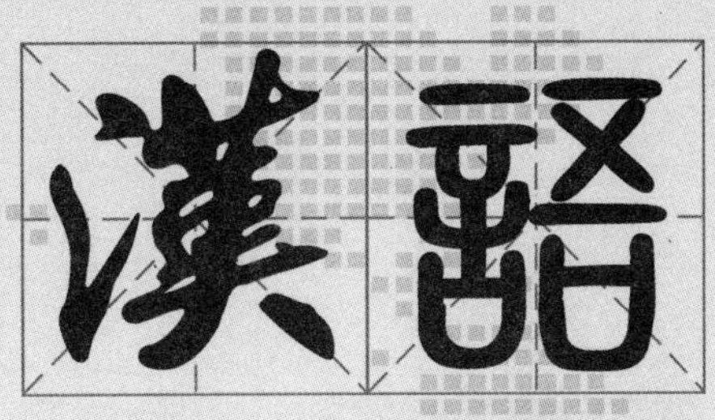

东南亚地区汉语国际教育趋势与前沿问题研究

邱　鸣　谷天刚　主编

裴登峰　李洪波　副主编

DONG NAN YA DI QU HAN YU GUO JI
JIAO YU QU SHI YU QIAN YAN WEN TI YAN JIU

中国社会科学出版社

图书在版编目(CIP)数据

东南亚地区汉语国际教育趋势与前沿问题研究／邱鸣，谷天刚主编．
—北京：中国社会科学出版社，2013.8
ISBN 978－7－5161－3196－1

Ⅰ.①东… Ⅱ.①邱…②谷… Ⅲ.①对外汉语教学－教学研究－文集
Ⅳ.①H195－53

中国版本图书馆 CIP 数据核字(2013)第 205470 号

出 版 人 赵剑英
责任编辑 任 明
特约编辑 李晓丽
责任校对 王兰馨
责任印制 李 建

出 版 中国社会科学出版社
社 址 北京鼓楼西大街甲 158 号（邮编 100720）
网 址 http：//www.csspw.cn
中文域名：中国社科网 010－64070619
发 行 部 010－84083685
门 市 部 010－84029450
经 销 新华书店及其他书店

印 刷 北京奥隆印刷厂
装 订 北京市兴怀印刷厂
版 次 2013 年 8 月第 1 版
印 次 2013 年 8 月第 1 次印刷

开 本 710×1000 1/16
印 张 21.5
插 页 2
字 数 363 千字
定 价 68.00 元

凡购买中国社会科学出版社图书，如有质量问题请与本社联系调换
电话：010－64009791

目　　录

汉语教师培养

东南亚汉语教学模式

汉语教材编写

汉语与文化

附 录

汉语教师培养

面向东南亚地区汉语国际教育硕士的培养问题

张　婧

提　要　“汉语热”持续升温，具有专业水平的海外汉语教师普遍短缺。这个问题在东南亚地区也比较突出。这一现状要求我们更有效地培养汉语国际教育硕士，为海外输送专业、合格的汉语教师。本文主要从海外汉语教师的素质要求和如何面向东南亚地区完善汉语国际教育硕士的培养问题方面展开讨论。

一　研究背景

随着孔子学院、孔子课堂的建立，“汉语热”持续升温，全球各地汉语学习者越来越多，且有大幅增加的态势。为满足海外汉语学习者的需求，改变海外汉语教师短缺的现状，国家近几年来，着力加强汉语国际教育硕士的培养，并已取得了喜人的成绩。但与此同时，我们日前培养出来的汉语国际教育硕士，有些一时还无法胜任海外汉语教师这一工作，比较普遍的问题是上手慢，对海外任教时遇到的问题与困难准备不足。这无疑与国家的要求还有着很大的距离。

我们都知道，汉语国际教育专业培养的就是海外汉语教师这一专门人才，它不同于以往的对外汉语教学人才的培养。汉语国际教育硕士的培养有自身的特点，从专门人才的选拔到具体课程的设置，这里面还有很多值得我们继续深入思考的问题。笔者以为，为更好地完成海外汉语教学，今后应该加强区域化、国别化的研究与培养。

二 东南亚地区与汉语国际教育

东南亚地区共有越南、泰国、马来西亚、新加坡、印度尼西亚、菲律宾等11个国家。东南亚总人口约5.3亿，大部分为黄种人，包括属于汉藏语系、印地语系、南亚语系、南岛语系的多个语言民族。其中人口较多的有爪哇族、京族（越族）、泰族、缅族、佬族等。有华侨、华人约3000万人，是世界华侨、华人最集中，人数最多的地区之一。

东南亚各国都有自己的语言，如越南人讲越南语，印尼人说印尼语，马来人说马来语等。但英语在一些国家中也是官方语言，如新加坡、马来西亚、菲律宾等。

从历史角度看，中国与东南亚有着悠久而又复杂的关系。东南亚各国在政治、经济、文化等方面及其与中国的关系上，都有其特殊性，对华关系和对华政策的实质性内容，更多地表现和落实在双边关系的层面上。一方面，东南亚各国希望中国发展，这样可以带领东南亚各国的经济发展；另一方面，东南亚各国又害怕中国的发展与强大，担心会威胁他们的自身安全。一句话，东南亚各国对中国可以说是“爱恨交加”。

不过，更多东南亚国家的人民看好中国在经济上的发展。他们希望通过经济、文化上的往来，带动自身的发展。而经济、文化的往来交流，离不开语言的支持。因而，在东南亚各国存在着一个很大的汉语学习者的群体，其中专业的汉语教师短缺问题比较突出。

下大力气加强面向东南亚地区海外汉语教师的培养，做好东南亚地区的汉语教学工作，对促进中国文化的海外传播、消除误解与冲突、寻求合作共赢具有深远影响和积极作用。

三 海外汉语教师应具备的素养

（一）语言能力与素养

1. 扎实的汉语言知识：作为一名海外汉语教师，具备扎实、系统的汉语言知识是最基本的要求。汉语言知识包括语音、汉字、词汇、语法等语言要素的本体知识。而一名合格的海外汉语教师，不仅应该具有汉语言本体的坚实功底，还应该做到普通话语音标准、用词与语法规范。

2. 良好的外语水平：是否具有良好的外语水平，不仅关系到教师是否能够在海外顺利生活，更为重要的是外语作为教学媒介语言，决定了教师是否能够更好地开展课堂教学，更好地为学生提供学习上的帮助。除英语这一世界通用语言以外，最好能掌握所在国家或地区的语言。

（二）文化素养

1. 中国文化常识与才艺技能：一名合格的海外汉语教师，身上肩负的职责不仅仅是教授汉语，更多的是传播中国文化。语言是文化的载体。不了解一个国家的文化，就学不好一个国家的语言。海外汉语教师要对中国的历史、地理、风土人情等烂熟于心。在语言教学的过程中，适时地引入中国文化因素，担当文化的使者。海外汉语教师还应该掌握一些传统的中华才艺，如书法、剪纸、太极拳、民族歌舞等。海外的汉语学习者大多对此充满兴趣，有强烈的学习欲望，需求很大。

2. 外国文化常识：在海外任教的教师，也应该熟悉掌握工作所在国的文化常识，了解国际惯用的礼仪常识，尊重当地宗教风俗，找到中国文化与外国文化的对接点，避免跨文化交际过程中的矛盾与冲突。

（三）教育素养

1. 教育学、心理学理论：教师要掌握教育学、心理学的基本原理，并能运用到教学实践中去。海外汉语教师面对的教学对象多种多样，可能是幼儿园的孩子，也可能是小学生、中学生，还有可能是大学生或其他成年人。所以，有针对性地学一些教育学是十分必要的，如儿童教育学、儿童心理学等。

2. 教学课程论：教师应该掌握教学论的基本原理、规律和方法，熟悉课程设置，做好课程间的衔接与配合。

3. 教材编写与使用：教师熟悉使用的教材并具有再加工的能力，能够重新组织编排，实现教材的最优化使用。同时，根据教学对象的特殊需求，有能力自行编写更为适合的教材。

4. 教学方法和技巧：教师对一般的教学方法和技巧都能熟知并且可以灵活运用。特别是在汉语作为第二语言教学的过程中，能够适当地运用各种教法和技巧，实现教学的最佳效果。如有些地区因条件有限，无法使用课件和 PPT，这就要求教师自己利用现有条件设计和制作简单有效的教具，辅助课堂教学。

（四）心理素养

1. 极强的生存适应能力：远离熟悉的祖国，踏上陌生的土地，各种不适应、不习惯都是难免的。对海外汉语教师而言，要有极强的适应能力。特别是被选派到条件艰苦的地区工作的教师，要不畏困难，积极展开工作，这一点尤为重要。

2. 极好的心理调适能力：在工作与生活中，难免遇到让人不开心的人或事。这时应及时调整心态、控制情绪，用积极的态度去面对，尽可能地与他人及环境和谐相处。

3. 良好的应变能力：面对一些突发状况，教师应保持沉着与冷静，具有随机应变的能力，及时化解问题。

（五）政策法规素养

1. 掌握中国的政策法规：海外汉语教师身在国外，实际上也是一位“民间大使”。教师的一言一行无不代表着国家。因而，在海外工作的过程中，教师应严格遵守外事纪律，个人的观点要与国家保持一致。在一些原则问题上，不容让步。

2. 熟知所在国的政策法规：尊重所在国的法律，熟悉当地的教育政策及制度，在法律、法规允许的范围内开展工作，避免不必要的国际争端。

（六）媒体应对素养

作为海外汉语教师，还有可能面对中外媒体的采访。如何能在镜头与话筒前迅速组织语言，得体地应对媒体的采访，也是海外汉语教师应具备的能力之一。

四　面向东南亚地区汉语国际教育硕士的培养

基于上述关于海外汉语教师素养的思考，在面向东南亚地区汉语国际教育硕士的培养问题上，笔者有如下建议。

（一）根据不同需求，合作办学，定向培养

对今后的汉语国际教育硕士可以探索新的培养模式。我们可以根据不同国家的实际需求，与当地大、中、小学、幼儿园和各种汉语培训机构寻求合作，为他们定向培养海外汉语教师。这不仅解决了汉语国际教育硕士的出口问题，更为重要的是可以使我们的培养得到国别化、区域化的区别，从而细化我们的教学方案，使培养更具针对性。

（二）从招生环节入手，不拘一格选拔专门人才

为使培养更为高效，在招生录取环节应有几点侧重：一是在同等条件下，本科阶段的专业是对外汉语、汉语言文字学专业的学生可优先录取，以确保汉语言知识的稳固性和完整性；二是具有特殊中华才艺技能的学生可优先录取；三是外语专业或外语水平高的学生可优先录取；四是有实际汉语教学经验者可优先录取。这样，从优化学苗入手，提升汉语国际教育硕士的整体素质。

（三）进一步细化培养方案、完善课程设置，凸显专业特色

为使汉语国际教育硕士的培养更具针对性，学生毕业之后能够很快完成角色转换，迅速适应海外工作需要，我们还应进一步细化培养方案，完善课程设置，凸显专业特色。

汉语国际教育的课程应包括以下几个组成部分：一是汉语言类课程，包括语言理论和专题类课程；二是外语类课程，包括英语和第二外语（工作所在国语言）课程；三是教育理论课程，包括教育学、心理学、课程论等，此类课程最好依据教学对象的不同有针对性地进行教学；四是教学法类的课程，包括教学法、教学技巧、案例分析、PPT 及教具设计与制作等课程；五是文化类课程，包括中国文化常识及传统才艺技能类课程；六是综合素质类课程，包括语言组织与表达、各国教育制度介绍、媒体应对技巧等课程。

（四）加强海外观摩与实习，尽早熟悉未来工作环境

在汉语国际教育硕士培养阶段，我们还要加强海外教学观摩与实习。为使学生及早了解工作国家的基本情况，在培养过程中，培养单位应利用

假期或一个完整的学期，选派学生到未来工作所在国考察实习，熟悉工作国家的相关教育制度及政策，熟悉当地学生的学习习惯，调研学习者的学习动机与目的，深入实际课堂进行教学观摩，参与教学管理等，为今后顺利进行教学工作打下坚实的基础并做好充分的准备。

我们目前还缺少大量职业化、专业化、专职化的海外教师，汉语国际教育硕士的培养工作任重而道远。如何培养出更多的优秀海外汉语教师，汉语国际教育硕士的培养问题，还值得我们进一步去思考和探索。

参考文献

1. 国家汉语国际推广领导小组办公室：《国际汉语教师标准》，外语教学与研究出版社2007年版。

2. 国家汉语国际推广领导小组办公室：《国际汉语教学通用课程大纲》，五洲汉风教育科技（北京）有限公司印制，2008年。

3. 刘珣：《对外汉语教育学引论》，北京语言文化大学出版社2000年版。

4. 赵金铭：《对外汉语教学概论》，商务印书馆2004年版。

（张婧　北京　中国传媒大学对外汉语教育学院　100024）

关于印尼华文师资短期培训模式的思考

党静鹏

提　要　随着印尼政府对待华文教育政策的逐步放宽，华文教育得以快速发展，而在快速发展的同时师资严重不足的问题逐渐显现出来，并且成为制约印尼华文教育发展的瓶颈。要解决这一问题，必须从加强华文师资培训着手。本文针对印尼华文师资培训现状及存在的问题，提出构建印尼华文师资短期培训模式的设想。印尼华文师资短期培训模式的构建应着眼于本土化，体现出科学性与针对性。基于此，本文设计了印尼短期师资培训工作流程，并对流程中的四个环节：培训需求调查、制订培训计划、培训计划的实施以及培训评估进行了具体阐释。

一　印尼华文教育及华文师资现状

由于经历了30多年的华文教育断层，印尼的华文教育、华文师资状况与东南亚其他国家有所不同。印尼是海外华人最多的国家，第二次世界大战结束后的十年间印尼华文教育曾经有过一段黄金时期。然而，自20世纪50年代中期起华文教育受到印尼政府的限制，华校受到严格管理，甚至被取缔，到1966年5月，629所华校全部被关闭，27.2万学生失学，华文学校和华人在印尼正大光明地接受华文教育的历史暂告终结，印尼成为没有华文教育的国家①。直到20世纪末，受禁了30多年的印尼华文教

① 参见温北炎《浅析印尼华文教育的几个问题》，《暨南大学华文学院学报》2002年第2期。

育才得以逐步恢复。随着印尼政府对待华文教育政策的逐步放宽，华文教育得以快速发展。而在快速发展的同时也出现了许多问题，其中以华文师资问题最为突出。印尼华文师资十分匮乏，尽管具体数字难以确定，但随着华校的恢复和创建，越来越多的华人甚至印尼族人学习汉语的热情增加，华文教育将有可能进入印尼国民教育体系，师资严重不足的问题逐渐显现出来，成为制约印尼华文教育发展的瓶颈。印尼华文师资除数量上不足外，根据多位学者的调查研究，还存在年龄结构和性别结构不合理，学历层次参差不齐，受教育程度普遍较低，职业化程度不高等问题。要解决印尼华文师资的问题，必须从加强华文师资培训着手，努力培养出更多、更优秀的华文教师。因此，印尼华文师资培训工作任重而道远。

二　印尼华文师资培训及主要问题

印尼华文师资的培训工作自 20 世纪 90 年代中期始已陆续展开。

从培训的组织机构来看，印尼华文师资培训既有由官方组织的培训，包括中国国家汉办、国侨办、中国海外交流协会、中国台湾侨委会，以及印尼教育部等组织的华文教师培训班，也有由民间机构组织的培训，如 20 世纪 90 年代中期，印尼民间华文教育机构东方语言文化中心就开始了华文师资培训工作，此外如东爪哇华文教育协调机构、印尼汉语教学促进协会等民间机构也陆续开展了师资培训。

从师资培训的性质来看，主要有学历教育和短期培训。在学历教育方面，国内的暨南大学、厦门大学、华侨大学分别在印尼开展了印尼教育部许可的函授及自学教育。短期培训则形式多样，既有“派出去”也有“请进来”，前者是指组织中国的教师专家团赴印尼进行本土培训，后者是指印尼华文教师来到中国参加国别化师资培训。也有由印尼当地华文教学机构组织教师前来中国进修、观摩，比如印尼万隆融华华文学习中心曾组织自己的教师赴广州暨南大学华文学院进行短期进修学习。

对印尼华文师资队伍建设来说，学历教育和短期培训都是可行之道，且各有优势。学历教育可以全面培养具有扎实专业基础和学识素养的高水平师资，但所需时间较长，有的老师由于学费太贵和自己时间太少的原因对学历教育望而却步或半途而废；短期培训虽不及学历教育的专业化、系统性，但其所需时间短，比较灵活，费用也不高，且有些培训是免费的，可解决燃眉之急。本文仅针对短期培训模式进行探讨。

目前，由中方和印尼本土举办的师资培训从数量上看是不少的，覆盖的面也很大，据估计和推算，印尼接受各种培训的华文师资应占华文教师总数的70%。[①] 但这些培训也存在一些问题。范文娟指出印尼泗水地区华文师资培训的问题体现在以下几方面：首先，培训时间比较短。培训团在各地的培训时间大多是两个星期，时间少、内容多，“教的人连滚带爬紧赶慢赶，学的人狼吞虎咽消化不良，往往是专家们刚刚发现问题所在，还未来得及调整授课内容和方式，任务结束的时间已经到了”。其次，培训内容重复率高且实用性不强。再次，个别培训团责任心不强。[②] 其他地区的培训也存在类似问题。

出现这些问题最根本的原因在于培训组织的不科学、不合理。对于很多在职教师来说，两周到三周的时间已不算太短，关键在于培训内容和培训方式是否符合他们的需要。培训内容的重复率高和缺乏实用性，表明培训的组织方对培训的设计具有随意性和主观性，在没有清楚地了解受训教师的现状和需求的情况下就自行主观设置培训内容和课程。对于个别培训团责任心不强的问题，应在培训讲师的遴选上下工夫，明确责任，并在培训结束后进行科学的评估。要解决目前存在的这些问题，提高短期师资培训的质量，需依据规范的培训流程，构建科学、合理、有效的培训模式。

三　印尼华文师资短期培训模式的构建

印尼华文师资短期培训模式的构建应着眼于本土化，体现出科学性与针对性。本土化师资的培养是目前汉语国际推广过程中师资队伍建设的一条重要途径，本土化的核心内涵是培养出真正适合于所在国社会、文化、教育教学的汉语师资。由中国向海外派出的汉语教师和志愿者往往会出现水土不服的情况，或者存在语言方面的障碍，或者出现跨文化交流方面的问题，又或是教学方法不适合当地的学生，给汉语教学带来了一定的困难。本土化师资的培养是解决这一问题的有效途径，本土化师资对所在国

① 参见宗世海、王妍丹《当前印尼华文师资瓶颈问题解决对策》，《暨南大学华文学院学报》2006年第2期。

② 引自范文娟《泗水华文教育的现状和前景》，硕士学位论文，厦门大学，2006年。

的语言、文化、教育教学特点都非常熟悉，因此应通过对这些教师的培训，提高他们的汉语及汉语教学水平，走出一条海外汉语师资本土化的科学之路。华文师资培训是一项工程，需要有科学的指导、规范的流程，方能取得预期效果。在具体培训计划的设计和实施过程中，应结合具体国家和地区的具体情况对培训进行科学的、有针对性的设计。印尼本土化华文师资短期培训需要中国、印尼双方充分合作，共同确定培训目标与培训计划，才能使师资培训具有一定规模和影响，才能持久、深入、有效地开展下去。

（一）印尼华文师资短期培训工作流程

科学的培训模式必须遵循规范的流程。现将短期师资培训工作流程绘制如图 1 所示。

（二）印尼华文师资短期培训模式的构建

1. 培训需求调查

培训组织方应在先期对培训需求进行调查分析，可采取与印尼当地相关机构座谈的方式，也可向拟受训教师发放问卷调查来获取信息。作好培训需求调查可使后续培训工作更具针对性和实效性。

需求调查有两个关键问题：为谁培训？他们需要什么？

第一个问题：为谁培训？培训对象的特征决定着培训内容和方法的选择、课程的设置、培训讲师的遴选等一系列问题。刘珣在《关于汉语教师培训的几个问题》一文中谈到办好教师培训班的原则之一是“在确定总的培训目标的前提下，应更充分体现‘以学员为中心’‘为学员服务’的原则，考虑其不同特点，满足其特殊需要”①。印尼华文师资队伍的年龄分层特点鲜明，不同年龄阶段的华文教师在华文水平、华文教学经验、学历水平等方面存在明显差异。姜冬梅认为：“接受过华校汉语教育的老一辈汉语教师有扎实的汉语言知识、深厚的中国文化素养和丰富的汉语教学经验。但缺乏对对外汉语教学学科、第二语言教学规律的理论认识及对先进教学理念和手段的了解；没有接受过华校汉语教育的较年轻的汉语教师听、说、读、写四项基本能力发展不平衡，中国传统文化素养也较欠

① 引自刘珣《关于汉语教师培训的几个问题》，《世界汉语教学》1996 年第 2 期。

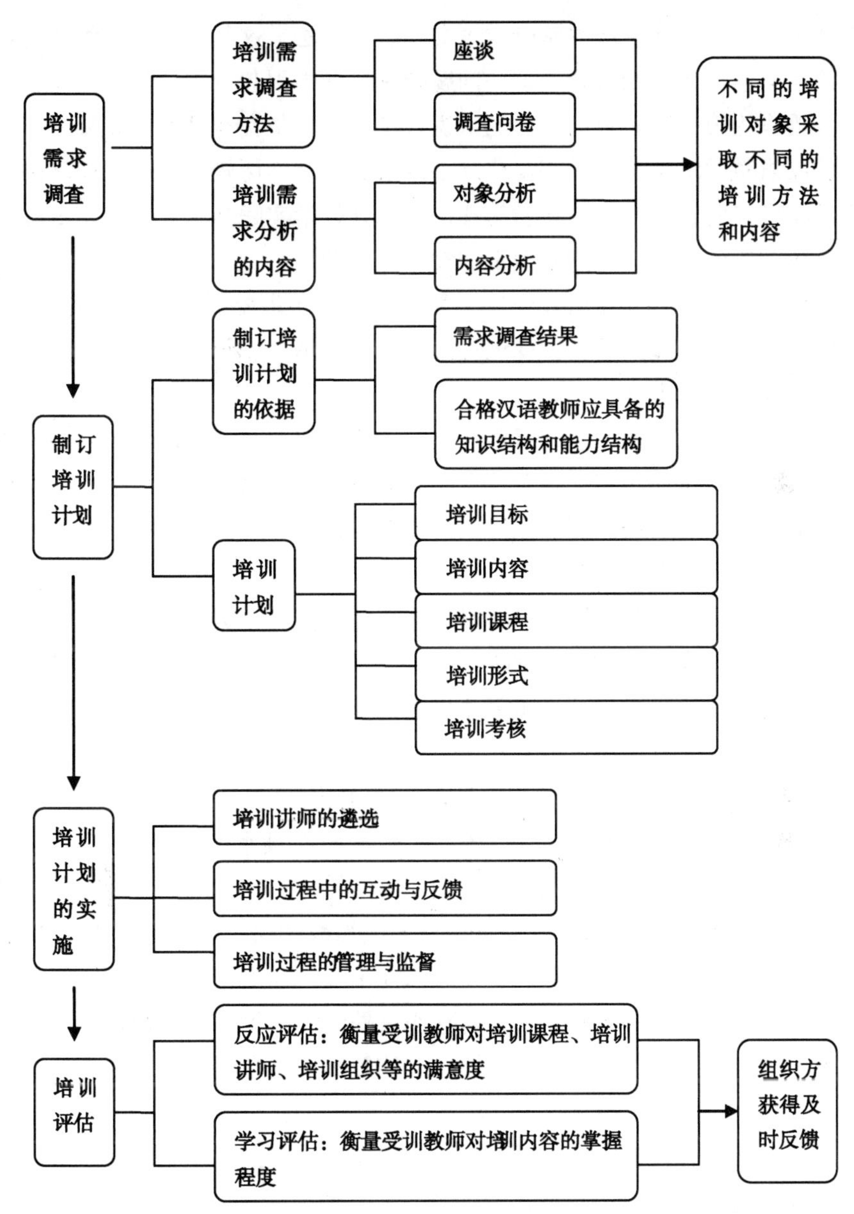

印尼华文师资短期培训工作流程

缺，教学经验不够丰富。”①在以往的培训中我们发现，年纪较大的华语

① 引自姜冬梅《从汉语教师的结构分析印尼汉语教师培训的现状及改进建议》，《文教资料》2011 年 4 月号下旬刊。

教师在教学中往往采取的是母语语文式教学方法，这与印尼华文教学的第二语言教学性质不相符合，这一问题应在培训中引起重视，加强这些教师对汉语作为第二语言教学性质的认识。年青一代华文教师有很多接受过正规的汉语教学培训，有的甚至拿到了专业文凭，学历较高，他们缺乏的是教学实践经验，不知如何将所学理论运用到教学实践当中去。培训中对不同年龄阶段的教师应有不同侧重，宜分班培训。

此外，受训教师在何处任教（如，教师所在华校类型），他们所教授的对象是什么阶段的学生，受训教师有中小学华文教师也有大学教师，他们对培训的需求也有所不同。

第二个关键问题：他们需要什么？培训组织方必须和印尼当地相关机构进行充分沟通和协商，确定符合受训教师需求的培训内容。范文娟曾针对印尼泗水地区的培训情况作过问卷调查，结果显示，36.7%的人认为培训内容不是他们最需要的。①

印尼华文教师对培训内容的需求，有学者作过相关问卷调查。比如马跃、温北炎《印尼华文教师的现状：问题与对策——从社会问卷调查看印尼华文教育的状况》一文的调查问卷中包含一项问题："您认为华文教师培训的重点应放在什么地方？"结果显示：认为应当放在汉语知识上的人占35.1%，认为应侧重教学方法和技巧的占49.7%，认为重点在教学问题研究和模拟教学上的占15.2%。② 范文娟在泗水所作的调查中发现，73.3%的人最感兴趣的科目是教学法，但同时作者也发现“每次师资培训内容都有教学法，却仍有64.4%的人认为教学法是他们目前最急需解决的问题。通过进一步了解，主要原因在于如下几点：一是培训团的教学法培训讲的大多是语文教学法，对它作为外语的教学方法涉及得不多；二是理论讲得多，实践模拟教学不够，致使教师们掌握了不少教学理论，在课堂上却仍然手足无措”③。

这些已有的调查研究也可作为制订培训计划的依据。

2. 制订培训计划

培训计划包括培训目标、培训内容、培训课程、培训形式以及培训

① 引自范文娟《泗水华文教育的现状和前景》，硕士学位论文，厦门大学，2006年。

② 引自马跃、温北炎《印尼华文教师的现状：问题与对策——从社会问卷调查看印尼华文教育的状况》，《东南亚纵横》2003年第9期。

③ 引自范文娟《泗水华文教育的现状和前景》，硕士学位论文，厦门大学，2006年。

考核。

制订培训计划的依据，一是通过需求调查获得的具体培训对象的需求，二是合格的华文教师应具备的知识结构和能力结构。对外汉语教师应具备什么样的知识结构和能力结构，已有不少专家学者进行过论述。2007年国家汉办颁布了《国际汉语教师标准》，明确了国际汉语教师应达到的要求，为国际汉语教师确立了“语言基本知识与技能”、“文化与交际”、“第二语言习得与学习策略”、“教学方法”和“教师综合素质”五个模块标准，全面详细地规定了从事国际汉语教学工作的教师所应具备的知识、能力和素质水平。专家学者的观点以及由汉办制定的纲领性文件都应作为制订印尼华文师资短期培训计划的重要依据。

培训计划首先要对培训目标进行具体、清晰地描述。以下王瑛针对法国本土师资培训集中速成培训模式的目标描述可作为参考：

“目的在于使学员初步具备汉语作为外语教学的教学能力，能够根据教学目的和教学对象综合运用教学方法和教学技巧，对学习者进行较为有效的汉语教学工作。”

“此培训课程将使学员：

(1) 掌握实施教学和控制课堂的能力、处理教学材料的能力、评价与测试的能力、恰当运用教学方法和技巧的能力；

(2) 观摩不同风格的教学录像，对照个人的教学实际情况，展开讨论；

(3) 解决教学中的难点和困惑；

(4) 获取对汉语教学有帮助的资料、信息、光盘、多媒体和课件等。”①

培训内容和培训课程可参考国家汉办《国际汉语教师中国志愿者培训大纲》和《国际汉语教师培训大纲》，两个大纲在培训内容和课程设置上有详细具体的说明。在制订针对印尼华文教师的培训计划时。以大纲为参考，针对受训教师的不同背景、特点和需求，设计针对性的培训内容和课程组合方案，实施分类、分层培训。比如，针对接受过华校汉语教育的老一辈华文教师语言教学理论不足、教学方法陈旧的缺点，可多介绍一些对外汉语教学理论的知识、对外汉语教学研究的最新成果和先进的教学方

---

① 引自王瑛《法国本土化汉语师资培训模式的构建》，《云南师范大学学报》（对外汉语教学与研究版）2010年第6期。

法。针对受训教师对教学方法技巧的需求，可专门开设以提高教学实践技能为目标，以“华语教学方法与技巧”为主要内容的培训课程，制订专门的培训计划。这种类型的培训，切忌大而空，避免讲大理论，注重教学方法和技巧的传授，注重培训形式的多样化、灵活性。培训内容和培训课程的设定还应考虑印尼华文教育的性质。东南亚各国华文教育的性质有所不同，比如“新加坡和马来西亚的汉语教学介于母语和第二语言教学之间……菲律宾和印度尼西亚由于政策的限制，华人子女的华语水平普遍不及新加坡和马来西亚，学习华语近似学习外语，其华语教学当属第二语言教学”①。针对第二语言教学性质的师资培训与针对母语性质的师资培训，其培训内容和课程设置应有所不同。

培训形式应根据培训内容和受训教师情况采取多样化、灵活性的方式。将系统性课程和专题讲座相结合，理论知识和实践运用相结合。旨在提高教学实践技能的课程可采用“理论学习——观摩教学——讨论分析——对照反思”的教学模式，也可采用“课堂讲授——观摩讨论——教法演示——模拟互动”的教学模式。

培训考核依具体情况而定，考核合格后可颁发有资质的培训证书。

3. 培训计划的实施

培训讲师是保证培训计划实施和决定培训效果的重要因素，应经过严格遴选。培训讲师“不仅要有较高的业务水平，还必须有丰富的汉语教学实践经验和教学理论水平”②。遴选培训讲师还要考虑到受训教师所从事的华文教学的性质（在印尼主要是第二语言教学性质）、受训教师所教授的学生对象（是幼儿、中小学生还是大学生），受训教师的教学情况不仅决定了他们对培训内容的需求，也决定了对培训讲师的需求。不宜因培训讲师设课，而应因课程需要遴选讲师。

培训过程中培训讲师要注意互动，注意受训教师意见的反馈。只有在教学中保持和受训教师的交流，才能对原有培训内容作出合理调整，以满足他们的需要。

培训组织方还应对培训过程进行严格的管理和监督，并提供受训教师所需帮助，以保证培训顺利进行。

---

① 引自杨子菁《关于东南亚华文师资培训工作的思考》，《海外华文教育》2003年第1期。

② 参见周健《浅议东南亚华文教师的培训》，《暨南大学华文学院学报》1998年第4期。

4. 培训评估

培训结束后应及时进行培训评估，总结经验教训。培训评估包括反应评估和学习评估。反应评估是指衡量受训教师对培训课程、培训讲师、培训组织等的满意度；学习评估则是衡量受训教师对培训内容的掌握程度。

在这两项评估中反应评估是针对培训本身的评估，这项评估应得到充分重视。有些培训班在这方面做得非常好，每一届培训班结束后，都通过问卷调查的方式，了解学员对课程设置、适量安排、教师授课质量以及食宿、接待、参观安排方面的意见和建议。[①] 组织方通过这种方式获得反馈，今后加以改进，它对提高培训工作水平至为重要。

参考文献

1. 温北炎：《浅析印尼华文教育的几个问题》，《暨南大学华文学院学报》2002年第2期。

2. 宗世海、王妍丹：《当前印尼华文师资瓶颈问题解决对策》，《暨南大学华文学院学报》2006年第2期。

3. 范文娟：《泗水华文教育的现状和前景》，硕士学位论文，厦门大学，2006年。

4. 刘珣：《关于汉语教师培训的几个问题》，《世界汉语教学》1996年第2期。

5. 姜冬梅：《从汉语教师的结构分析印尼汉语教师培训的现状及改进建议》，《文教资料》2011年4月下旬刊。

6. 马跃、温北炎：《印尼华文教师的现状：问题与对策——从社会问卷调查看印尼华文教育的状况》，《东南亚纵横》2003年第9期。

7. 吕必松：《华语教学讲习》，北京语言学院出版社1992年版。

8. 王瑛：《法国本土化汉语师资培训模式的构建》，《云南师范大学学报》（对外汉语教学与研究版）2010年第6期。

9. 杨子菁：《关于东南亚华文师资培训工作的思考》，《海外华文教育》2003年第1期。

10. 周健：《浅议东南亚华文教师的培训》，《暨南大学华文学院学报》1998年第4期。

（党静鹏　北京　北京第二外国语学院国际传播学院对外汉语系/语言学及应用语言学研究中心　100024）

① 参见周健《浅议东南亚华文教师的培训》，《暨南大学华文学院学报》1998年第4期。

东南亚地区汉语国际教育资源的再认识

包学菊

提　要　推动东南亚汉语教育的发展，除了关注当地教育资源的某些薄弱环节、紧缺力量，同时也需要对已有的资源积累作出合理分析。本文借助教育资源学的相关理论框架，从资源归属、办学层次、主体层次等角度来审视东南亚汉语教育近十年的发展情况，以期对该地区汉语教育资源可开发的空间和可预期的前景形成全面认识。

当讨论东南亚汉语教育时，我们经常会从历史遗留的或现实存在的一些问题入手，谈及师资的薄弱与老化、适用性教材的匮乏、教法的陈旧乃至教育经费投入的不足，等等。为了解决目前东南亚地区汉语教育的这些问题，不仅要关注当地教育资源的某些薄弱环节、紧缺力量，对其进行补充和完善，而且更需要对自身蕴涵的优势资源作出合理分析，对既有教育资源可充分开发的空间和可预期的前景形成全面的认识。如果尝试借助教育资源学的相关理论框架来审视东南亚汉语教育近十年的发展情况，我们会发现不论是从国家资源、地方资源、社团资源的层面，还是从家庭教育、基础教育、高等教育的层面来看，这一地区总体的汉语教育资源和潜力都是相当可观的。

东南亚各国的汉语教育发展虽然显示出不均衡性和地区差异，但近年来却都呈现了大体一致的方向，就是“随着中国经济的快速发展和国际地位的稳步提升，华文的实用价值和文化价值得到了世界各国人民的认同，东南亚各国政府也逐步意识到华文教育对于各国的经济文化发展的重要性，对华文教育开始采取积极鼓励和支持的态度，逐步放宽了对华文教育发展的限制，实施相对开放的文化政策”①。这其中，新加坡、泰国、马来西亚可以说带动着整个地区的发展势头。新加坡政府早在1979年就开始推行讲华语运动，1997年又提出了华文精英政策，近年来政府还开始提供特设奖学金，力图每年培养一批对中国语言、文化和历史有深入认识的年轻学子。在政府的鼓励与推动下，新加坡的双语教学体系（英语和母语）维持着中小学华语教学的连续性，随着两国贸易往来的增多和中国经济实力的显现，商务性华文课程也在新加坡各大高校纷纷开设起来。同样，在泰国，根据教育部基础教育委员会办事处资料统计显示，2007年汉语已成为泰国人学习的第二大外语，在各类学校中学习中文的泰国人约有34万，如果加上以自学和家教形式学习汉语的人，已经远远超过了50万②。而仅仅五年后，泰国学习汉语的人数已经上升到了80万，共计3000多所学校开设了汉语课程，已经形成了一种汉语快速传播的“泰国模式”（吴应辉、杨吉春，2008）。这样的成绩主要得力于泰国政府在汉语教学政策方面自上而下的推动，通过与中国高效快捷的合作，引发了全国性的汉语传播热潮。马来西亚目前在华语教育方面形成了1200余所国民型华文小学、60所独立中学和3所私立大专院校的稳定规模，是除了中国（包括台、港、澳）以外唯一具备从小学、中学到大学的完整华文教育体系的国家。“华校的教学质量在大马各源流学校中名列前茅，特别是数理化更为出色。华校成为国家教育制度的重要补充，为社会各界培养了大批高素质的人才。”③ 东南亚其他国家汉语教育资源也不断向各层面延伸，或由国家资源获益，或形成地方资源的优势，或着力发展基础教育，或向高等教育拓展。如越南到2007年开设中文专业的大学已有40所，涵盖了本科和硕士的学历层次，而北部省市的汉语教育则深入中小学；缅甸北部围绕曼德勒市形成了华语教学比较集中和成功的地区，明德文教会则在各地建有23所华校；印尼允许华文学校重新开办以

① 引自庄汉文、李晓娟《东南亚华文教育的现状及特点浅析》，《兰州教育学院学报》2012年第7期。

② 引自《东盟国家“中文热”历久不衰　中国文化备受青睐》，新华网（http://news.xinhuanet.com/overseas/2007-08/10/con-tent_6510022.htm）。

③ 引自陈荣岚《全球化与本土化：东南亚华文教育发展策略研究》，厦门大学出版社2007年版，第164页。

来，已建有100多所三语学校（印尼文、英文、华文），设立中文系和汉语专科的各级大学也有20多所。

此外，与其他国家、地区不同的是，东南亚汉语教育的力量很大一部分来自华人社团和家庭，可视为“国家教育制度的重要补充”或民间的教育资源。各国华人接受居住国文化的同时，不同程度地保存着华族族群文化特性，以共同的语言、文化传统显示出他们与祖籍国的纽带关系，所以华人家庭对子女生活方式的培养、语言文化的熏陶对他们在当地的华文学习构成了有利的背景支持。例如，从2000年新加坡人口普查的数据来看，华语作为华族的家庭用语已经占到45%，这在当地240万华人中是不小的比例。另一项相关调查则表明，15岁以上的华人少年有58%选择以华语作为日常生活的语言，而且这一比例在三年后又上升了6个百分点。随血缘、地缘关系的迁移而在居住国成立的同乡会馆、行业商会等历来在东南亚社会的发展中有巨大贡献，在兴办华文教育、传播中华文化方面，华人社团和华教团体更是教育资金和人力投入的主体力量。像柬埔寨华人潮州会馆兴办的当地规模最大的端华学校，学生有四五千人；印尼华人耗资数千万美元重建的八华中学完全依靠校友和社会人士投资，近些年来正不断扩大。

当然，东南亚地区的汉语教育发展格局尚不平衡，各国之间的差异甚至是一国内的地区差异都比较明显，但区域教育资源中的优势因素及其对后进地区的辐射作用毕竟为东南亚汉语教育的整体发展提供了契机。而且，20世纪以来东南亚地区社会发展的主题正是文化融合与区域合作，那么借助这样的契机把汉语教育和推广定位在地区整体发展的主题之下，实现汉语教育资源的区域共享或优势互补就是势在必行的，目前新加坡、印尼等国也正是这样做的。

如果从主体性要素的角度来解读东南亚地区的汉语教育资源，较之其他地区，这里的生源优势是比较突出的。按较新的统计数据来看，东南亚地区的华侨华人总数约3348.6万，占东南亚总人口的6%，占世界华侨华人总数的70%以上。[①] 这就构成了一个具有最广泛规模的华人文化圈，是世界其他地区所不可比拟的。海外华文教育最早也正是始于东南亚，经过几

---

① 引自庄国土《东南亚华侨华人数量的新估算》，《厦门大学学报》（哲学社会科学版）2009年第3期。

百年的发展、积累和一段时期的波折后，可以说目前已经开启了一种新的格局，教学机构数量和学生规模都在大幅度增加。“到现在为止，大约有华文学校2700所，师生近1000万人。”① 这些学习者中既有华裔学生，也有非华裔学生，而前者是主体。对于东南亚华裔学生而言，汉语虽然是他们的第二语言，但毕竟是含有母语基因的语言，他们的语言学习活动因其家庭背景、生活环境往往有部分先天优势。即便作为第三代、第四代华人，他们的母语可能已经是所在国的语言了，但华人文化的观念传承还是会影响到他们。实际教学中不难发现，华裔学生对于语言学习材料中所涉及的风俗习惯、人际关系、思维方式、行为特点等，比其他国家的留学生更能够理解和感受。而且华裔学生的汉语学习动机除了被动遵从父辈要求、实用性或职业性目的外，还存在与其他地区不同的特点，就是获得族群认同，以语言确立文化归属。通过新加坡《联合早报》2004年针对400名华族中学生所作的“华文学习调查”，有学者发现他们之中83%的人把华文看做母语，97%的人为能说华语而感到自豪，53%的人觉得自己的华语比英语流利。绝大多数学生都表示对学习华文抱着很积极的态度，也几乎都同意新加坡华人应该学习华文。可见，在族群认同、文化认同的华人社会环境中，主动自觉地学习汉语以及了解、继承中华文化是他们普遍的情感愿望。基于这种内在驱动的力量，只要教师在教学活动中结合年龄、文化程度和学习兴趣等方面的因素来引导学生，其汉语学习的成效还是相对快速和持久的。而对于非华裔学生来讲，华文教育能够吸引他们的则更多在于其体现的价值开放性和文化多元性，“华文教育的价值取向正逐步跳出传统观念，尽力排除意识形态和政治因素的干扰。华文教育的发展不再是民族主义的表现和狭隘的民族间情绪的对抗，而是依靠在办学中更多地持和谐的、融人的包容态度，使华文教育成为一种国际间文化交流共享的平台”②。东南亚的汉语学习者包括华裔的和非华裔的，不但已形成相当的生源规模，而且他们在深刻领悟汉语所包含的文化魅力方面、在借助汉语教育平台认识世界多元文化方面也有更多需求和机会。

较之已有的生源规模和需求，东南亚当地的汉语师资力量显得相对匮

① 引自任江辉《东南亚与日本华文教育比较》，《东南亚纵横》2010年第7期。

② 引自庄汉文、李晓娟《东南亚华文教育的现状及特点浅析》，《兰州教育学院学报》2012年第7期。

乏，由于历史原因造成的教师队伍老化和汉语人才断层影响了目前汉语教育推进的步伐。但通过积极吸纳汉语教师志愿者和有效的师资培训，促成汉语教学理论和方法上的革新，这种教育资源短缺的状况正在好转。东南亚地区汉语教师志愿者在八年间增长了几十倍，已经遍布各国，作为当地执教人员的有力补充，缓解了汉语教育快速增长时期教师资源的不足。近几年来泰国、缅甸、印尼等国的华文教师不断接受来自国家汉办、云南大学、云南师范大学、北京师范大学、暨南大学、华南师范大学、海南师范大学等机构的师资培训，开始探索一条可行的师资本土化的路线，例如缅甸曼德勒福庆孔子课堂通过输送青年教师前往中国攻读研究生的方式，已逐渐实现了汉语教师的全面本土化；印尼以培养华文师资为目标的雅加达新雅学院、万隆外语学院和开设了师训班的八华学校也会将毕业生送到中国深造，待学成后回印尼执教；泰国一方面是接收中国派出的汉语教师最多的国家，另一方面其实力雄厚的朱拉隆功大学、华侨崇圣大学等也都拥有自己汉语水平较高的专业教师队伍。尽管公派教师和汉语志愿者项目相对具有暂时性，汉语教师本土化的建设具有长期性，但东南亚汉语师资建设的初步成效仍是值得肯定的，对其发展前景我们也是可以作出乐观预期的。

近十年来东南亚汉语教育推进的速度、成果和态势都是颇为引人注目的，以上我们所关注的办学层次的丰富、生源储备的优势、师资力量的进步，可视为东南亚汉语教育发展的一个侧面。由此出发，将有助于我们在汉语国际推广的新形势下，对东南亚汉语教育已有的资源作出充分的估计，并正视其中存在的问题，更好地依据自身资源状况进行后续的开发和调整。

参考文献

吴应辉、杨吉春：《泰国汉语快速传播模式研究》，《世界汉语教学》2008年第4期。

（包学菊　北京　中国传媒大学对外汉语教育学院　100024）

东南亚中小学汉语教师交流模式的几点设计

左福林　王祖姝

提　要　东南亚中小学的汉语教学在教材使用、课程设置、课堂教学方法等多方面与国内的中小学汉语教学存在很大差异。通过有效地相互交流与借鉴，对双方的教学都会有很大的促进。文章就东南亚中小学汉语教师来华交流模式提出了几点设计，包括问卷、对比教学展示、主题沙龙等，以提高交流的针对性和有效性。

一　引言

近年来东南亚中小学生汉语学习需求不断增加，据国家汉办的统计，在东南亚地区开设汉语课程的中小学有2500多所，在国内一些大中城市也有越来越多的中小学开始招收留学生，开设对外汉语课程。相同的教学对象使两地对外汉语教师之间的交流成为一种迫切的需求。

近几年，东南亚中小学汉语教师来华交流活动日益频繁，以培训的方式为主，学界已有多人对对外汉语教师的培训方式和模式进行过研究，而交流模式的研究成果还不多见，交流应是双方教师之间的一种互相学习与取长补短的方式，现在的交流活动的设计，如讲座、听中方教师的观摩课等方式，没能充分调动双方教师积极参与，常常出现信息不对称、交流不充分的情况。教学交流应强调双方教师的互动参与这一原则，而不以一方为主导，这样才能达到充分交流的目的。以下几点设计均以此为原则。

二 设计内容

（一）问卷设计

问卷设计是教学交流活动前的热身，是保证交流具有针对性和有效性的重要手段。这个问卷应包括以下内容。

第一，教学对象的情况：对外汉语教学的教学对象存在许多差异，不同的教学对象会影响到教师的课程设计、课堂教学以及教学手段和方式。虽然东南亚中小学汉语教师和国内的中小学汉语教师面对的是同一年龄层次的群体，但是在个体上还是存在很大的差异，如学习目的、学习动机等；

第二，教材的使用：国内外汉语教材的使用存在较大的差异，即使是同一教材，出于不同的教学目的，教师在使用上也会有不同的方式；

第三，课程设置：东南亚国家和国内的中小学在汉语课的课程设置上也存在很大的差异，不同的课程设置影响到教师的整个教学计划。如大部分东南亚国家的中小学汉语课程是作为选修课开设的，与国内中小学的外国学生相比，东南亚学生的学时一般要少，这对教师的授课内容的安排提出了不同的要求。课程设置从宏观上影响了教学行为的方方面面，因此在问卷设计中要有所体现；

第四，课堂教学方法：教学方法的交流是教师交流活动的核心，它包括汉字、词汇、语法等教学方法。不同的课程体系会有一定的教学方法与之相结合。课堂教学方法的运用与课堂教学的效果直接相关，因此这是问卷设计中的一项重要内容；

第五，与交流活动直接相关的问题：如双方教师希望通过本次交流活动在哪些方面有所提高、最希望了解双方教学的哪个方面的情况、在教学中最大的困惑是什么。

设计一：

东南亚中小学汉语教师来我校交流问卷调查

姓名 国籍 学校

（请如实填写，可以多项选择）

1. 您的教学对象是？

□小学生 □初中生 □高中生

2. 学生为什么学汉语？

□学校的必修课程 □学校的选修课程 □父母要求

□自己有兴趣 □为了学分或升学

3. 一个班的学生大概有多少人？

□10 人以内 □10—20 人 □20—30 人 □30 人以上

4. 每周几节课？一节课多长时间？

_ _

5. 是否有以下课程设置？

□综合课（有语法讲练）□口语课 □听力课

□文化活动课 □阅读课 □写作（汉字）课

□HSK 课 □只有一种课型，听、说、读、写不分

6. 使用的教材是什么？

_ _

7. 汉字教学如何开展？

□不教学生汉字，以听、说为主

□教授相关的汉字知识，如笔画、笔顺、部首等

□只认汉字，不写汉字

□认读、书写同时进行

8. 词汇教学如何开展？

（1）每次课的词汇量是多少？

□10 个以内 □10—15 个 □15 个以上

（2）词汇如何讲练？

□图片法 □动作法 □绘画法 □游戏法

其他_ _

9. 语法如何讲练？

□不讲语法 □对话操练 □句型操练

其他_ _

10. 希望通过本次交流活动在哪些方面有所提高和收获？

□课堂管理能力 □教学方法的多样性 □汉语教师所需具备的专业知识

11. 最希望了解对方教学的哪个方面的情况？

□课程安排 □使用教材 □学生的学习情况 □教学方法

其他_ _

12. 在教学中最大的困惑是什么？

_ _

要强调的是这份问卷是需要交流双方共同完成的，以期在交流前，双方都能对对方的情况有一定的了解，为交流主题的设计和具体的活动提供有针对性的依据。

（二）对比教学展示

对比教学展示是交流双方教师对其教学法的一个展示过程，可选择同一教学材料、同一教学对象，由双方教师分别做一节展示课或采取说课的方式介绍一节课的授课过程。双方教师开展互评，在评课的过程中，了解双方的教学模式和教学方法，并从中汲取双方好的教学经验。通过展示课更直观地了解双方的教学差异。选取双方教师都比较熟悉的课堂内容，如初级阶段的学习话题“买水果”“谈家庭”等，并通过以下具体的方式来实现。

第一，对比教案设计。

教案集中了教师对一节课不同环节和内容的思考过程和实现过程，更是教法的集中展示。以一节课的教学过程为例，双方教师展开互评，能起到以点带面的作用，便于熟悉对方的教学风格、教学手段。

设计二：教案设计模版

教案名称：

教师姓名：

教学对象：

教学课时：

听课对象汉语水平：

学生数量：

所用教材：

教学重点：

教学用具：

教学目标：

教学环节：（请用流程图简单示意）

教学过程：

教学步骤	教师行为	学生活动	设计思路
一、导入			
二、讲解			
请按实际情况添加			

双方教师通过标准的教案设计，不仅能清晰地了解其教学过程，而且还能熟悉其教学思路，有利于更深入地、更有针对性地进行互评。

第二，课堂环节的对比。

通过对双方教师课堂环节的对比，能清楚地了解双方教师对教学内容，如语法、词汇、汉字等环节的授课方式。

设计三：

		教师 A	教师 B
导 入			
词汇	展示		
	讲解		
	操练		
语法	引入		
	讲解		
	操练		
对话/课文			

（三）评课

评课过程是交流教学法的重要平台。教师们对评课过程充分参与，在充分的交流过程中汲取双方的教学优点，取长补短，以达到相互提高的目的。

设计四：

	教师A		教师B	
导入	值得学习的地方	需要改进的地方	值得学习的地方	需要改进的地方
词汇				
语法				
对话/课文				

三　主题沙龙

主题沙龙是教学交流活动的重要组成部分。沙龙的主题应根据问卷的结果来设计，主题要围绕教学活动的不同方面，如教材、课程、教法、大纲等，选择其中双方教师最关心的问题，展开讨论并举例说明。方式应以双方教师的展示与讨论为主，而不仅仅只由单方的教师来主导，从而真正达到充分交流的目的。主题沙龙可以通过以下方式来实现。

第一，辩论式讨论。

就问卷调查表中提出的双方教师关心的问题作为论题，展开辩论。双方教师在对某些教学上的问题出现分歧时，可通过辩论的方式，最终达到求同存异的结果。如语法是否要教，如何教？

设计五：

您认为语法是否要教？		
为什么？	原因一	
	原因二	
怎么教比较有效？	方法一	
	方法二	
	方法三	

第二，互助式讨论。

双方教师相互提出一个需要求助的论题，互相寻求解决的办法。汉语教师在面对自己相对固定的教学对象时，常面临一些与教学对象相关的难题，如中小学生学汉语的兴趣问题、汉字学习的困难等。

设计六：

如何对付遗忘，让学生们记住生词	
做法一：	
做法二：	
做法三：	

四 结语

“东南亚中小学汉语教师交流模式的几点设计”是对学校接待了来自菲律宾、新加坡、泰国等东南亚国家汉语教师近百人的交流活动的实践总结。经实践发现，这几点设计有以下优点：一是这些设计符合两地教学差异的实际情况，提高了教学交流的针对性，在一周左右的时间里，双方教师通过以上方式都能较深入地了解到当地的教学实际；二是这些设计有助于将交流内容细节化，经过相互的对比学习，以细节带全面，使双方教师对对方的教学体系有整体的认识与了解。

这类交流模式能达到深入教学实际、最大程度地取双方之所需、相互学习提高的目的。当然这些设计还不能成为固化的交流模式，在以后的交流活动中还需要广大汉语教师进一步修正、完善和补充，以使其更具普遍性。

参考文献

1. 张艳萍：《东南亚汉语教师短期强化培训模式探究》，《云南师范大学学报》2009 年第 1 期。

2. 李坚、唐燕儿：《东南亚汉语教师远程教育教学模式及媒体选择探索》，《广州广播电视大学学报》2007 年第 1 期。

3. 刘晓雨：《对对外汉语教师业务培训的思考》，《北京大学学报》1999 年第 4 期。

4. 付继伟：《对外汉语兼职教师培训模式新探》，《云南师范大学学报》2006 年第 5 期。

（左福林、王祖姝　北京　北京市第三十九中学　100034）

对泰国本土汉语教师培训的思考

李彦春　徐　棠

提　要　随着汉语热的持续升温，海外汉语教师的匮乏成为汉语国际推广的一个瓶颈，培养本土汉语教师是解决问题的根本之道。北京师范大学汉语文化学院培训了三届泰国本土汉语教师，形成了较为完整的培养模式，本文通过对三届泰国本土汉语教师培训的总结，以及对培训过程中存在问题的思考，希冀可以为本土化汉语教师培养提供一些参考。

一　基本情况概述

伴随着全球汉语热的持续升温，国内外的汉语教师的培养和供给已经远远满足不了其日益增长的需求，海外汉语教师的匮乏成为汉语国际推广的一个瓶颈，泰国的情况也不例外。据泰国教育部基础教育委员会办事处统计的资料显示，2004 年整个泰国的普通中学共有 32413 所，另有私立中、小学 3330 所，而目前开设中文课的学校仅占总数的千分之二，如果以一位教师负责 200 名学生来计算的话，仅中学华文教师的缺口就数以万计。① 中国国家汉办每年都会选送不少赴泰汉语教师志愿者和公派教师，但仍难以满足需求。汉语教师志愿者和公派教师只是“输血”先行军，汉语本土教师才是“造血”主力军。“‘输血’治其标；‘造血’固其本。

① 林浩业：《浅谈泰国汉语教学现状及其对汉语教师的要求》，《湖北广播电视大学学报》2007 年第 11 期。

后者是根本之道，是世界汉语教学可持续发展的可靠保证。”① 国家汉办主任、孔子学院总部总干事许琳在《关于2010年孔子学院总部工作计划的汇报》中谈到应该进一步加强孔子学院院长和师资队伍建设，同时强调了扩大本土汉语教师的培养培训规模。② 因此，解决泰国汉语教师匮乏的关键在于培养泰国本土汉语教师。

从2008年开始，中国国家汉办和泰国教育部启动联合培养泰国本土化汉语教师项目，泰国教育部在泰国选拔100名左右学员，先在泰国培训3个月左右，然后来中国的大学（有五所中国的大学参与项目，每所大学接收20名左右的学员）继续深造一年，学成归国后由泰国教育部统一分配到泰国中小学担任汉语教师。从2008年到2011年，北京师范大学汉语文化学院应汉办要求培训了三届泰国本土学员，共计62名。其中第一届22人，第二届20人，第三届20人。在这62名学员中，20%是在职人员（中学汉语教师、导游、公司职员等），80%是大学中文系应届毕业生；他们当中40%是华裔，60%是本地土著；而且大部分学员的汉语水平已经达到HSK中级以上，下表为学员入学时第一次HSK（旧版）的考试成绩。

HSK 级别	通过人数	所占比例（%）
十级	0	0
九级	0	0
八级	4	6.4
七级	6	9.7
六级	29	46.8
五级	18	29.0
四级	2	3.2
三级	3	4.8

① 吴勇毅：《海外汉语教师来华培养及培训模式探讨》，《云南师范大学学报》2007年第3期。

② 许琳：《关于2010年孔子学院总部工作计划的汇报》，http://www.chinese.cn，2009年。

二　管理模式

学员入校后，日常生活管理由中国校方国际合作交流处留学生办公室负责，管理学员住宿、报到、旅游参观活动等，并负责传达汉办各项通知和要求。而所有课程设置和教学活动则由汉语文化学院负责。为了方便和学员及时交流沟通，汉语文化学院指定一名班主任老师管理学员的学习、生活并组织各项活动。

教学编班情况：采取独立编班与插班相结合的方式。由于学员的汉语水平不一，通过分班考试将水平较高的学员安排在高级班，插入其他国家留学生的班级，而其他水平相当的学员安排在同一个班，学员开学的第一周可以随意听每个年级的课，根据难易程度再作出班级的选择。

三　培训模式

（一）培训理念

一是语言训练和教学方法训练并重。与中国外派汉语教师相比，泰国本土汉语教师具有如下优势：熟悉当地的生活环境，在生活上没有不适应的问题；熟练掌握当地语言，非常了解当地文化，因而和学生、同事交流沟通顺畅、相处融洽；而且还比较了解当地学生的学习特点和学习习惯，所以在当地教学时具有较强的针对性。但同时泰国本土汉语教师又有如下不足：语言本体知识掌握得不够系统；对中国文化的了解不够全面；教学方法和技能缺乏。基于泰国本土汉语教师自身存在的不足，我们主张语言训练和教学方法训练并重。

二是重视在体验中学习中国文化。与在泰国培训本土汉语教师不同的是，在中国培训本土汉语教师具有很好的语言和文化环境，因此除了课堂上的学习之外，安排各种丰富的课外活动，让学员在体验中学习和了解中国文化也是非常必要的。

（二）课程设置

刘延东在谈到本土化教师的培训时提到：“课程设置以汉语教师的职业需求为目标，着重培养汉语教学能力、理解中华文化能力及跨文化交际能力，在培养目标、课程设置、训练手段等方面均有别于国内全日制研究生的培养。”① 北京师范大学汉语文化学院针对泰国本土学员的具体情况，在培训理念的指导下，将课程设置为汉语强化课程、教学法课程、文化知识与才艺选修课程三个部分：

（1）汉语强化课程

为了进一步提高学生的汉语听、说、读、写能力，增强其汉语书面语的表达能力，使其系统学习和掌握汉语语法；使学生了解汉语基础课程的教学方法；同时使其深入了解中国国情、社会风俗和文化，我院开设了综合汉语、汉语口语、汉语听力、报刊语言基础及阅读、汉语视听说、汉语语法、HSK 考前培训课等相关课程。

HSK 考前培训课（每周 10 学时/考前三周）：汉办要求学生在入学前和结业前各考一次 HSK，我们应学员的要求在结业前 HSK 考试的前三周安排了辅导课（旧 HSK），以难点和重点为专题，采用讲练结合的方式。通过一年的学习，三届泰国班学员的 HSK 考试成绩都有了很大的提高。培训前后的 HSK 成绩见下表：

HSK 通过级别	入学时	结业时
十级	0 人	1 人
九级	0 人	8 人
八级	4 人	30 人
七级	6 人	17 人
六级	29 人	5 人
五级	18 人	1 人
四级	2 人	0 人
三级	3 人	0 人

（2）教学法课程

为了让学员系统了解对外汉语教学的性质和任务、基本原则、教学法的主要流派，掌握对外汉语语言技能课堂教学的基本要领与一些常用的教学方法和技巧，我院特开设了对外汉语教学法课程。该课程介绍了一些教

① 刘延东：《构筑桥梁 当好使者 积极推动中外人文合作与交流》，《中国教育报》2009 年 11 月 11 日。

学理论与教学技能，并结合课堂教学录像进行案例分析和讨论；同时还组织了不同的教学观摩：对我院各种课型的汉语教学课，北师大二附中、北京育才中学（国际部）的中学汉语、语文和英语课堂教学的观摩；此外，还使学生了解国家汉办推荐的汉语教材《体验汉语》（高中版）的特点，并学习设计教案，准备出一些样本教案，供学员回泰国后教学使用；同时，还为学生安排试讲，教师进行点评，以提高其汉语教学能力。

（3）文化知识与才艺选修课程

为了提高学员理解中华文化的能力和跨文化交际能力，我院还开设了如下课程：书画、剪纸、中国结、太极拳、长拳等中华传统才艺课；介绍鲁迅、孔子、庄子、中医、古代诗词的基本知识、道教、民族与宗教、中国现当代文学的基本知识、中国概况、外贸问题等的文化专题课；此外，每学期每个学员还可任选两门选修课，如普通话正音、中级汉语写作、旅游地理、中国电影欣赏、现代汉语虚词、中国民俗、英语、习惯用语等，以满足学生的不同爱好和需求，拓展学生的汉语知识面。

这些课程不仅使学员了解了中国传统文化，而且提升了学员的文化素养，为以后的汉语教学打好基础。

（三）其他学习体验活动

为了使学员在实践中体验中国文化，我校留学生办公室和我院给学员们安排了丰富多彩的课外活动。

中国文化体验类：如参观北京恭王府、长城、天津古文化街和杨柳青年画，去老舍茶馆体验茶文化，欣赏京剧等；文体比赛类：留学生唱汉语歌比赛、学校运动会、作文比赛等；语言实习类：去北京昌平体验农村生活，与当地农民交谈，了解北京农民的生活情况，去红螺湖拓展训练等；文艺类：泰国班学员与志愿者共庆中秋和元旦晚会，泰国班学员与全院老师共庆新年晚会；举办主题班会：让学员用汉语畅谈自己未来的梦想等。

精彩多样的活动不但丰富了学员的课余生活，也促进了学员的汉语课堂学习，更使他们感受到中华文化的魅力。

四 培训特色

一是注重语言知识与教学方法的结合。针对“本土化”汉语教师培训的特点，教师们在介绍语言知识的同时，也注重教学方法的介绍。在第一个学期，还没有上教学法课时，任课教师们本着先学好语言基础知识的原则，逐渐引导学员开始关注如何有效地进行教学，比如如何讲解生词，是否需要详细讲解每一个生词，如何讲解语法点，如何处理练习，等等；并针对不同课型选用不同的教学方法，请学员们就此分组讨论并发表看法。第二个学期，开设了教学法课，学员们系统地学习了教学理论和教学方法，同时进行教学观摩和案例分析讨论，并设计《体验汉语》教案，课程还将学员试讲和教师点评紧密结合，从而弥补了学员教学经验的不足，提高了学员的教学能力。

二是将教学内容与中国文化相结合，并进行中泰文化对比。教师都会介绍每篇课文的背景知识，并对课文中涉及的内容诸如中国的农民工问题、农村孩子入学问题、户口制度、改革开放三十年来的变化、留守儿童问题等开展课堂讨论，进行中泰文化对比，探讨中泰文化的异同，而且还要在课后结合课文相关内容组织学员们参观，提高学员的学习兴趣。如学完《中国的盒子——四合院》之后，到恭王府参观。

三是把各项体验活动与汉语学习紧密结合。学员们大都是第一次到北京，对北京的气候、生活、名胜古迹等充满了新鲜感，因此在每次活动之后都让他们写下自己的感想。如：《第一次下雪》、《第一次见到长城》、《第一次吃烤鸭》、《体验北京》、《参观颐和园》、《快乐的语言实习》、《唱歌比赛记》、《运动会纪实》……学员的作文中充满了对北京、对北师大、对生活的热爱。学员们还一起创办了泰国班专刊杂志，记录三届泰国培训班的点点滴滴。

四是重视学员语音语调的训练。每门课的老师都非常注意纠正学员的语音语调。此外，在普通话正音课上，老师会针对每个学员的发音问题逐一进行纠正，并鼓励学员参加普通话测试。

五是配备语言志愿者，帮助学员课后练习汉语和进行文化交流。在中国研究生中招募语言志愿者，做泰国班学员的语伴，课下一起交流，互相学习（泰国学员也教赴泰国的志愿者们学习泰语），了解彼此的语言和文化。

五 思考

（一）经验

经过三届泰国本土汉语教师的培训，我们在如下几个方面积累了一些经验。

一是管理严格，分工明确。首先对学员严格要求。按照泰国教育部的要求，学员如果缺课三分之一以上或是有一门课程考试低于75分，回国后不能安排工作，且要加倍偿还奖学金；按照北京师范大学汉语文化学院的规定，学生每门课如果缺课三分之一以上不能参加考试，学生不能无故旷课，有事必须向留学生办公室和任课教师、班主任请假。其次对教师的教学要求也很严格。学院要求凡是在泰国班任课的教师，原则上应参加班级所有活动，期中和期末两次接受学生的评分考核，并按照学生提出的优缺点弥补不足，完善教学。鉴于泰国本土汉语教师培训班的特殊性，我院精心挑选，配备了经验丰富的教师团队，以班主任为中心，其他任课老师密切配合，使得教学管理严谨有序，教师团队分工协作。留学生办公室负责学生的课余活动和传达汉办的要求和精神，班主任全权管理学生的学习和生活，并积极与任课教师团队联系，与留学生办公室的老师沟通与合作，在留学生办公室、班主任、教师团队三位一体的管理和合作下，保证培训工作顺利完成。

二是针对泰国本土学员的特点，结合学院特色，设置培训课程，突出培养特色。泰国本土汉语教师培训的目的性很强，因此在培训前，我们细分学员的汉语水平，并按照他们的HSK水平进行分班。泰国学生的发音有共同的特点和不足，因此在整个培训过程中我们非常重视他们的语音训练，不仅是在每门课上注意，而且通过专门的普通话正音课来纠正他们的发音，努力使其成为一名发音标准的汉语教师。鉴于在中国国内学习汉语，我们充分考虑到在体验中了解中国文化的重要性，安排了各种各样的文化体验活动，将课堂内的学习和课外的文化体验紧密结合起来。分享教学经验，对学员的帮助也很大。各门课程的任课教师除了授课，还与学员们分享自己所担任课型的教学方法和教学特点，并与学员进行教学讨论，以丰富学员的教学经验。

三是根据学员的需求，教学法课突出了观摩与讨论、试讲与教师点评，同时结合泰国教材《体验汉语》（高中版）准备好教案，帮助学员回国后顺利胜任工作。

四是认真做好每届培训工作的总结，及时调整培训方案，使“本土化”教师培养有的放矢。每届学生毕业时都有一个隆重的毕业总结会，会上各位老师和学员畅所欲言，对本届教学和学习进行总结，并通过问卷调查或访谈的方式了解学生的意见和想法，对学生提出的合理意见加以采纳。此外，学院还安排部分任课教师去泰国中学进行考察，通过听课、座谈的方式，了解学生培训归国后的工作情况，给下届培训提供参考意见，逐步完善培训工作。

（二） 存在的问题

（1）试讲中的教学对象没有针对性。学员在培训过程中，试讲是针对本班学员进行，但回国后执教于中小学，教学对象不一致，使得第一次从事教学的学员信心不足，而且由于中小学生的自律性差，班级学生人数多，很多培训时学到的教学方法和技巧难以运用。

（2）备课教案选用《体验汉语》（高中课本），而有的学员回国后任教初中或小学，因此对部分学员来说，回国后要面临新的课程教学。

（3）培训教师本身的局限性，也给培训效果带来一定的影响。因为在泰国本土汉语教师培训班任课的各位教师，从未从事过泰国中小学汉语教学，也不懂泰语，这势必在一定程度上影响培训效果。

（4）学员回国后的反馈工作缺乏。尽管我们派出了部分教师去泰国的一些中小学进行考察，但也不能了解所有的学员所在学校的教学情况，由于学员分散在泰国各个地区的中学，联络起来不方便，无法及时得到所有教学反馈信息。

“为不断满足世界各国对汉语教师的需求，促进中外教育文化交流和合作，有计划、成规模地培养外国本土汉语教师”①，势必成为汉语国际推广的发展趋势，在此，本文只是把我们的一些做法和各位同人进行分享，以期为日后成规模地培养外国本土汉语教师提供一些参考。

（李彦春、徐棠　北京　北京师范大学汉语文化学院　100875）

① 刘延东：《构筑桥梁 当好使者 积极推动中外人文合作与交流》，《中国教育报》2009 年 11 月 11 日。

教师发展策略与东南亚地区的汉语国际教育

吴 平

提 要 教育国际化与教师本土化是当前世界教育改革的发展趋势和发展目标。不言而喻，汉语国际教育更是这一发展趋势的典型代表。要积极努力培养本土化汉语教师就必须关注教师发展，就要重视和开展汉语教师发展的研究与实践。汉语教师发展是汉语国际教育改革与发展的核心部分，其教学能力发展、专业发展、组织发展和个人发展都是值得认真审视的要素，并且必须采取应对的策略，如为教师发展创造良好的政策环境和学术环境。

随着科技进步、信息发达，现今社会不断蜕变，各地文化趋向多元及开放，而知识的更新周期愈见短促、更新幅度日见巨大。在这个追求优质甚至卓越的年代，专业化已是社会对各行业人员的基本要求，终身学习与在职进修更成了每个人的重要课题。

教育是人类社会活动最重要的一环，承受着最前线的冲击及严峻的考验。知识型的社会要求教师不再囿于知识传授者的角色，而需转型为知识的启发者。为持续提升专业水平及工作效能、掌握最新的教学知识及技术，教师发展已成为教师的一项终身活动。

现代教育是由掌握各种学科及其专业高深学问的教师组成的。因此，在现代教育中，教师起着决定性作用，掌握各种学科及其专业高深学问的教师，尤其是其中学术造诣深的学者、大师，是现代教育综合实力最主要的标志。教师发展是教师和学校取得成功的关键，对学校增强其教学、研究、管理和社会满意度是非常重要的。

一　教师发展的概念及内涵

（一）基本概念

20 世纪 50 年代以来，教师发展（Faculty Development，FD）逐渐被视为教育教学改革的核心要素，重视教师发展已经成为当前各国教育教学改革的普遍趋势。教师发展是一个专业化、终身化的动态发展过程，是一个涉及教师、学生、学校和社会相互协调发展的系统工程。

教师发展既是指教师的专业成长过程，又是指促进教师专业成长的过程（教师教育）。因此，狭义的教师发展主要是指教师的教学能力的发展。“高等教育专业与组织发展网络”（POD）是全球规模最大的、专门致力于大学教师与教学发展的国际院校联盟，该组织认为：教师发展的目的是创造性地利用享有的资源（教职员工、课程和项目），使他们的潜能得以发挥。因此，广义的教师发展包括教师在教学、研究、服务、自我评价、参与管理、人际交往、团队合作等诸多方面的发展；一般来说，教师发展强调以下四个方面内涵：教学发展（instructional development）、专业发展（professional development）、组织发展（organizational development）和个人发展（personal development）。

（二）关于教师发展的不同阶段

教师在不同的工作阶段或岗位会面对不同的挑战及需要，故此教师发展具有多元化和持续性的特点。

霍奇金森（Hodgkinson）、布拉斯坎普（Braskamp）、弗里德曼（Freedman）、鲍德温（Baldwin）、布莱克本（Blackburn）等把成人发展理论运用到大学教师发展研究，对教师发展进行了分析，并划分出教师发展的不同阶段。Tsui（2003：10－11）曾经把教师的不同发展阶段划分为五个层次：（1）生手；（2）高级初学者；（3）合格的实践者；（4）熟练的实践者；（5）专家，并对每个发展阶段的教师的特点进行了描述。其中生手是第一个也是最低的一个层次，专家是最高的层次。从低层次向高层次的发展能否实现，受到诸多因素的制约。而每一个层次向高一级层次的发展，其制约因素也会有所不同，但总体上来说，这些制约因素是相似的。

综合他们的研究成果，教师发展可以分为以下四个阶段：（1）适应与关注期；（2）初获认可期；（3）继续发展与职业高峰期；（4）职业转折与引退期。大学应该针对教师的各个发展阶段的不同特点和工作任务，开发不同的发展项目，给每个阶段的教师都提供服务和机会，并促进其发展（见表1）。

表1　　教师发展的阶段

阶段	特征描述	所面临的挑战	应对策略
适应与关注期（入职5年以内）	对在大学内的角色有简单的认知，并且主要关注自己的专业，乐于接受有经验的同行的帮助。	（1）适应新环境和新职业；（2）短期内胜任教学任务；（3）教学技能的掌握与应用；（4）教学与科研关系的处理；（5）建立新的人际关系。	（1）加强专业道德建设，使新教师明确什么可为，什么不可为；（2）提供大学的服务资源，协助制订个人职业生涯规划；（3）使教师明确知道大学的方针政策。
初获认可期（入职5—15年）	具备一定的教学经验，大部分人获得不多的教学成果和学术成果。	（1）个人职业能否达到预期的效果；（2）压力：更多的教学任务、更多的教学策略调整、更多的参与大学的服务、更多的教学和学术交流、更多的研究和论文写作、更多的职称晋升和学术影响力的焦虑等；（3）几乎没有时间及时了解专业领域的最新动态。	了解他们的压力，不断采取支持措施，因人而异，为其教学和研究提供全方位服务。
继续发展与职业高峰期（入职15—30年）	建立了一定人际关系，教学和学术工作经验较为丰富，获得了学生的认可，参与了大学的多种活动，职业满意度较高。	（1）担心其职业已达到高峰或在专业上少有发展空间而导致其“休眠”；（2）更加注重工作与生活的平衡。	（1）继续强调教学研究和职业能力发展、社会服务两个方面的内容；（2）全方位关心教师的工作和生活。
职业转折与引退期（入职30年以上）	随着职业高峰的来临和年龄的增长，既对自己的职业成就感到满意，在大学里获得了受人尊敬的地位和声誉，同时也对职业的结束表现出矛盾或焦虑的心情。	对教学和研究的热情可能会降低，对职业剩余时间无明确的目标。	（1）制订激励计划帮助他们在其职业生涯结束时减轻压力和焦虑，明确目标；（2）让年轻教师和他们一起工作，增进他们和年轻教师之间的沟通和理解；（3）认可和尊敬他们的工作和成就。

二 汉语教师的职业要求

Bailey、Curtis & Nunan（2001：14—15）认为教师作为一种职业具备四大特征：（1）需要教育和培训。教育和培训的内容应包括两个方面的知识：说明性知识（指语言所描述的知识）和程序性知识（指方法和过程知识）；（2）有一套自己的实践标准；（3）依赖于某一学科的存在。但对教师职业来说，教育却是一个超级学科，它囊括了教育学、心理学和社会学的内容，而语言教学还受到语言学、心理语言学、文学、社会语言学、认知科学和大量其他学科的影响；（4）通常有自己的专业学会。专业学会所发挥的作用比较大，对本职业具有一定的统领作用。

Richards（1998：1）提出：教师教育的核心知识内容应该包括六个方面，即教学理论、教学技能、交际能力、专业知识、教学推理和决策能力、语境知识。

王蔷、罗少茜、王蕾（1999）认为中国外语教师的基本素质结构应该包括如下六个方面：（1）现代教育理论和学科理论；（2）较高的科学文化素养；（3）优秀的个人品格；（4）灵活的教学方法和技巧；（5）扎实的语言基本功和丰富的学科知识；（6）较强的学习能力和教育研究能力。

中国国家汉办制定的《国际汉语教师标准》包含五个模块十个标准，即：语言基本知识与技能模块（汉语知识与技能；外语知识与技能）、文化与交际模块（中国文化；中外文化比较与跨文化交际）、第二语言习得与学习策略模块（第二语言习得与学习策略）、教学方法模块（汉语教学法；测试与评估；汉语教学课程、大纲、教材与辅助材料；现代教育技术运用）、教师综合素质模块（教师综合素质）。这说明，除了具有扎实的语言基础知识和基本技能外，合格的汉语教师还应该具备语言学、社会学、心理学、认知科学等相关领域的理论知识，并具备将这些理论运用到自己的具体教学实践中去的能力，如具备教案设计、教学实践、教学决策、教学评价等各方面的能力。最为重要的是，汉语教师还应该具有在本领域中可持续发展的潜能。

三 促进教师发展的策略

（一）成立教师（教学）发展中心，促进汉语教师发展

（1）美国是较早重视大学教师发展的国家。起先，教师发展直接甚至完全等同于提高教师的学术水平；继而转向提高教师教学质量；随后又强调通过教师发展激发教师活力，实现对教师能力的有效开发，以发展教师个体的教学能力和素质，使教师自我更新。在美国，已经形成了一套完善的大学教师发展保障机制，其指导思想强调通过大学教师发展活动促使学生产生更为丰硕的学习成果。

（2）英国认为教师发展的目的是协调教师的个人与专业发展，要提高其教学和科研能力，促进个人及团队发挥潜能，这是教师个人和大学取得成功的关键。加拿大建立了以学术价值和资源共享为基础的全国性发展框架，该框架包含多种更有效教学和建立学习环境的不同方式，为从事教学实践的大学老师提供了更多的发展机会。澳大利亚制定了大学教师一般专业标准和相关政策，为教师提供形式多样、内容丰富的发展途径。俄罗斯教师发展在继承了苏联注重教学技能的传统基础上，更加重视教师业务素质的提高。日本则已经进入了教师发展制度化阶段。

为提高教育教学质量，促进教师发展，提升大学的核心竞争力，以达到培养优秀人才的最终目的，世界多所大学都把教师发展作为一项重要工作，并成立了促进教师发展的组织机构——教师（教学）发展中心，这类中心一般属于大学教务部门，直接服务于整所学校，人员配备包括专业人员、技术人员、行政人员及学生助理，许多人员都在其他院系兼职，经费也有充分的保证。此外，还建立了一些国家性与国际性的大学教师发展组织与联盟，这种组织化的方式为教师发展提供了实现平台和制度保障。

从表 2 可以看出各大学教师（教学）发展中心的定位与任务大体是相似的。

表 2　大学教师（教学）发展中心的定位与任务

	定位	任务
美国密歇根大学	1962 年，第一个教师与教学发展中心在该校建立。中心的使命是支持和改善密歇根大学的学习和教学。	1. 教师和研究生发展服务，包括：为教师、系和学院的教学创新活动提供经费；在课程设计和评价方面提供咨询服务；为教师开设多元文化课程提供服务；设立关注学生的多样性教学项目；为教师和研究生助教提供个别化的教学咨询服务；组织全校教师及研究生的教学研讨班和培训；协助院系举办研讨班；促进形成有助于有效教学的环境。2. 评估与评价，包括：协助教师和院系进行评估，如教学、教学技术、课程评价等；协助教师对学生进行学习评价等。3. 教学技术服务，包括：对教师宣传和推广改善学习与教学的技术；提供有效运用教学技术的信息。4. 研究和推广，包括：在密歇根大学开展如何促进学习和教学的研究，并形成相关成果；对全校教师、学术管理人员以及全美高等教育界宣传和推广研究成果。5. 促进教师发展的合作，包括：与学校其他行政管理部门合作；为学习和教学研究中心的工作人员提供充满挑战、合作性和支持性兼具的环境。
英国剑桥大学	协助教师发展。	落实剑桥大学教职员工发展政策，依据大学战略中的人力资源战略与教学战略设计大学教师发展项目；组织各院、系、所，了解个体发展需求，并提供指导意见；传递有关教职员发展机会的信息，为各院、系、所等单位组织提供量身定做的课程，包括为新入职的教职员工提供专门项目：为青年教师制定的发展项目、为教职员提供的个人发展项目、针对不同个体的咨询活动等；与大学的服务与支持机构保持密切联系，与计算机、财务以及大学内外部相关发展部门建立伙伴关系，保证教师发展工作的顺利进行；评估和汇报教职员发展活动和执行情况、评价活动质量；制订大学职员发展行动计划，列出未来三年教师发展目标及拟定培训项目。
台湾大学	服务导向型。	新进教师研习营、先导计划、教学助理研习会、提升教学质量计划成果发布会、教学工作坊、教学咨商、教学改进研究计划甄选等。
香港中文大学	提供各项教学相关的服务，期待与全校师生共同追求卓越的教学质量，培育优秀的人才。	规划研究、提供咨询、培训助教、设计课程、辅导学生自学，以及以举办演讲与工作坊的方式，协助教师改进教学方法，激励学生主动学习，善用学习资源，以创造优良的教学环境。

（二）以世界汉语教学学会或地区联盟为平台，促进汉语教师发展

20 世纪 70 年代中后期，美国高校纷纷成立了大学教师发展机构，北美其他国家、欧洲也开始关注这一议题，最终形成了地区性的大学教师发展组织联盟。其中成立于 1976 年的“高等教育专业与组织发展协会”（Professional and Organizational Development Network in Higher Education，以下简称 POD）已经发展成为北美乃至全世界规模最大的、专门致力于大学教师与教学发展的国际院校联盟。

POD 的宗旨是促进高等教育业内人士终身的、全面的、个体的及专

业的学习、成长和变化。为实现这一宗旨，需要有效而成功的教学、领导和管理作保障。POD 的功能定位是：致力于为任何对大学教师发展项目感兴趣的大学和学院提供帮助。

世界汉语教学学会的宗旨是“促进国际汉语教学、研究和推广，加强世界各地汉语教学与研究工作者之间、机构之间的联系，增进各国人民之间的友谊和相互了解”①。目前，学会每年不定期组织汉语教学专题研讨会；为会员提供信息咨询和交流；组织编写、认定和推介教材；提供师资培训；赠送汉语教材及汉语教学相关读物；组织会员优先参加国家汉办（孔子学院）总部的相关项目。会刊《世界汉语教学》，目前已发行至世界许多国家和地区，受到汉语教学界的欢迎和重视，成为汉语教学和研究的重要园地；电子刊物《世界汉语教学学会通讯》，汇集各国、各地区汉语教学最新动态和发展情况，成为业内人士交流活动信息和教学经验的新平台，通过学会网站发布，并发送至会员电子信箱；学会设有网站，网址是 www. shihan. org. cn，为会员提供汉语教学的各类学术信息及教学资源。

位于新加坡的东南亚教育部长组织区域语言中心（RELC）是东南亚教育部长组织（SEAMEO：Southeast Asian Ministers of Education Organization）下设的一个教育机构，自 1968 年成立以来，一直致力于促进东南亚国家的语言教学。该中心的主要目标是协助会员国提高语言教学水平，目前中心提供高级训练课程（包括学位课程）、研究出版刊物并主办与本区域教学需求及教学难题相关的活动。

世界汉语教学学会和东南亚教育部长组织区域语言中心在促进教师发展方面起到了以下作用：第一，通过会议与网络，为其成员提供支持和服务；第二，为对汉语感兴趣的人提供服务与资源。

（三）有效利用教师发展策略，促进汉语教师发展

Richards & Farrell（2005）总结出促进语言类教师发展的 11 种学习策略，包括：

（1）教师工作坊（workshop）：短期的集中学习活动（研讨式）；

（2）自我监督（self - monitoring）：对自身行为进行观察、评估和管理；

---

① http：//www. shihan. org. cn/about/intro.

（3）教师支持小组（teacher support groups）：指教师组成小组，经常碰头并讨论各自的目标、关注的问题、遇到的困难和成败的经验；

（4）撰写教学日志（teaching journal）：教师以书面形式记录课堂观察、反思及教学行为；

（5）同伴观察（peer observation）：教师相互听课并进行反思；

（6）教学档案（teaching portfolios）：将教学材料归档；

（7）关键事件分析（analyzing critical incidents）：分析教学过程中发生的意想不到的事件；

（8）案例研究（case analysis）：利用收集到的信息对教学情况进行深入的分析；

（9）同伴辅导（peer coaching）：由一个教师帮助另一个教师或相互帮助；

（10）团队教学（team teaching）：两个或更多的教师共同承担教学并讨论有关问题；

（11）行动研究（action research）：以解决教学中遇到的问题为目的的研究活动。

综上所述，教师发展是教育改革的核心要素，并已成为当前发达国家和地区教育改革的重要趋势。教师发展应加强保障体系和环境的建设，改革教师评价和晋升机制，制定多种形式的、内容丰富的、个性化的发展项目，促进不同阶段、不同层次的教师专业成长，协调教师个人与团队、与学校和事业的共同进步。以政府、学校为本建立激励协调政策，以行业协会为本建立行业标准，以同行为本建立团队合作机制，以自身为本借鉴各种发展策略，最终实现可持续发展的目标。

参考文献

1. 陈明伟、刘小强：《台湾的经验与启示》，载《中国高等教育评估》，东北师范大学出版社1993年版。

2. 董金伟：《促进大学英语教师专业发展的学习策略》，《外语教学理论与实践》2012年第2期。

3. 林杰：《致力于大学教师与教学的发展——高等教育专业与组织发展网络的构建》，《大学》（学术版）2009年第11期。

4. 林杰：《美国大学教师发展的组织化历程及机构》，《清华大学教育研究》2010

年第 4 期。

5. 林杰、李玲：《美国大学教师发展的三种模型理论》，《现代大学教育》2007 年第 1 期。

6. 刘济良、王振存：《美国大学教师发展的经验及启示》，《教育研究》2011 年第 11 期。

7. 孙平华：《英语教师职业发展的制约因素与对策》，《中小学外语教学》（中学版）2007 年第 12 期。

8. 涂文记：《剑桥大学教师发展政策及其对我国的启示》，《集美大学学报》2012 年第 1 期。

9. 王春玲：《美国高校教师发展阶段与维度》，《比较教育研究》2011 年第 4 期。

10. 王琳：《美国高校教师发展的现状及启示》，《浙江外国语学院学报》2011 年第 11 期。

11. 王蔷、罗少茜、王蕾：《基础教育阶段外语学科素质教育问题初探（下）》，《中小学外语教学》1999 年第 11 期。

12. Bailey, K. M., A. Curtis, D. Nunan, *Pursuing Professional Development: The self as source*, 高等教育出版社 2004 年版。

13. Richards, J., T. Farrell, *Professional Development for Language Teachers: Strategies for Teacher Learning*, London: Cambridge University Press, 2005.

14. Tsui, A. B. M., *Understanding Expertise in Teaching: Case studies of ESL teachers*, London: Cambridge University Press, 2003.

（吴平　北京　北京第二外国语学院汉语学院　100024）

浅谈东南亚华语教师培训中的问题
——以马来西亚为例

杨　桦

提　要　本文以作者2011年赴马来西亚进行交流的见闻为基础，分析了中国国内对外汉语教学界与以马来西亚为代表的东南亚地区华语教学界的交流，尤其是华语教师培训方面容易出现的问题，以及问题产生的原因。作者认为，目前交流中存在的实用性不足的情况，是由于针对性不强，特别是忽略了东南亚地区在华语教学和华语教师培训方面独特的需求而造成的。由于东南亚地区华语教师在掌握教学中所需要的知识和技能时，有着相当高的交叉性特点，这和中国国内的对外汉语教学师资培养有着较大的差异，应该引起重视。只有充分考虑到包括交叉性在内的东南亚地区华语教学规律与特点，充分做好有针对性的准备，才能不断提高培训的实用性，使培训真正起到应有的提高作用。

在东南亚地区较为集中地生活着几千万华人，堪称中国语言与文化在海外最重要的推广基地；而北京是中国对外汉语教学起步最早、规模最大、综合实力最强的推广基地。这两个基地的交流与合作，可以有效地推动东南亚地区华语教学的发展，对中文和中国文化在当地乃至全球的推广都有着十分积极的作用。

当然，这种交流与合作必须注重实用性，而要收到较好的实际效果，首先就需要提高交流与合作的针对性，针对当地的特殊需求开展具有高度实用性的活动。同时，考虑到在海外地区推广汉语教学的情况和当地的特殊需求，合作向着汉语国际推广的大目标进发的过程中，多学科交叉的现象越来越突出，这也是对作为合作一方的北京对外汉语教学界的新要求。

实用性、针对性和交叉性这三个需要重视的问题，在北京与东南亚地区国际汉语推广交流与合作的各个方面都有体现，而在对华语教师进行培训的过程中最为突出。这一方面是因为作为教学过程的主导，教师的作用至关重要，因此相关问题也会集中体现在教师的需求和对教师的培训上；另一方面是因为我们在合作交流中的培训往往从国内传统的对外汉语教学角度出发，使得培训在实用性、针对性和交叉性这三个方面都与东南亚地区的实际情况存在着相当大的距离。因此，从教师培训方面对以上三个问题进行分析，对我们提高培训的质量，促进汉语国际推广，有着十分积极的作用。

下面笔者就以马来西亚为例，对相关问题作一初步的分析。

之所以选择以马来西亚为例，是因为笔者曾于2011年受北京市国际教育交流中心委派，赴马来西亚进行华语教师培训的交流活动，因此对当地的情况有一些基本的了解。就笔者所见所闻而言，印象突出者有以下几点：

1. 马来西亚华语教学的环境较好。无论是和东南亚地区其他国家相比，还是与世界其他地区相比都是如此。马来西亚人口中华人比例高，日常生活中使用华语和接触华语媒体较多，华语教学开展历史长，虽有波折但至今已具有相当规模，特别是有丰富的教学经验和成熟的教学体系。

2. 马来西亚华语教材中收录的中国文学内容较多，尤其是在学校的高级阶段，接近中国国内使用的一些高级汉语教材。尽管这些教材所反映的内容对于今天的马来西亚华人学生来说已经比较陌生了，但仍然得到许多学生的喜爱。

3. 马来西亚华语教学带有一些自己的特点，如有华语诗歌朗诵比赛，因此对于朗诵方面的教学辅导有自己的需求。

以上三点只是笔者在马来西亚雪兰莪、新山两地与当地华语教师交流的一周间最为突出的感受，但从中也可看出以马来西亚为代表的东南亚地区华语教学既不同于国内，也有别于世界其他地区的特殊之处。由于历史与现实的种种原因，东南亚地区华人数量较大，成规模的华语教育出现较早且发展较好，在所处的特殊的环境中逐渐形成了自己的风格特点。马来西亚以华人为主要教学对象的华语教学，不仅仅是要教会学习者语言，也无可避免地承担着作为祖居地文化的中华文化传承的使命，并在客观上隐约带有族群标记的作用（郭熙，2005）。这种情况与中国国内开展的对来华留学生进行的对外汉语教学有很大的差异，同时也与世界其他地区兼顾华人移民后代和当地人的中文教学有一定的差异，需要我们进行特别的关注与研究。在东南亚地区，马来西亚的华语教学整体态势相对较佳，而随着中国与本地区其他国家的关系不断发展和深化，目前马来西亚华语教学的一些特点势必在其他国家出现，因此，以马来西亚为切入点着手分析，对提高与东南亚地区华语教学界尤其是教师培养领域的交流合作水平，有着重要的意义。

以马来西亚为代表的东南亚各国，要开展华语教学，势必需要各方面的协作帮助，而提供这些协作帮助，是包括北京市在内的中国各地对外汉语教学界义不容辞的责任。但是，由于双方在一些基本问题的理解上存在差异，导致协作和帮助的实用性还不够，而究其根源，在于我们的了解不够，交流活动缺乏针对性。

如前所述，东南亚地区的华语教学不仅仅是要教会学习者语言，也无可避免地承担着作为祖居地文化的中华文化传承的使命，这和中国国内的对外汉语教学是不同的，因此，如果在交流活动中依然从国内的视角出发，强调结构，强调由结构到文化，把课文仅仅当做结构的载体，就很难满足当地教师的需求，难以实现预期的目标。

例如取材自中国现代文学的课文，通常出现在高级阶段的教材中。在教学方面，这样的课文为进一步扩大学生的词汇量，特别是了解掌握带有文学色彩的高层次词语，以及灵活的语用规则提供了良好的范本，教师在备课时也大多以此为出发点进行准备。一般来说，课文中表现出的包括思想、历史和社会背景在内的文化因素，往往作为引起学生兴趣的知识出现，教师不会为这些内容花费过多的课堂教学时间，以免不能完成语言结构方面的教学任务。而当学生对文化知识没有太大兴趣的时候，教师就更加不会强调这些文化因素。这是我们的教学目标决定的。

如果按照这样的思路与马来西亚华语教学界进行交流，特别是进行教师的培养交流，就会由于针对性不足而造成实用性差的问题。我们要介绍的，并不是对方所需要的；而对方需要的，由于传统的教学观念影响，又不是我们特别了解的。在这种缺乏准备的情况下，往往容易造成交流效果相对较差的局面。

尽管目前也存在着争论，但是马来西亚许多华语教师和华人学生的家庭，都将华语教学作为传承本民族文化的重要方式和途径，因此，文学作品出现在教材中的作用就不仅仅是语言的载体那么简单了。由于这个原因，对同一篇文学作品课文的处理，从教学目标，到教学程序和结构，再到教学方法，都会与中国国内有不同程度的差异。从教学目标上说，马来西亚的华语教学中文化因素较为突出，因此使学生理解课文中的文化内涵就是一项相当重要的任务。要实现此项教学目标，教师的工作势必要在教学程序和结构中体现出来：是将文化因素设置为单独的环节，还是安排在其他要素教学中穿插进行；占用多少课堂教学时间；如何使文化教学和语言要素教学实现有机结合；如何推进教学步骤；如何考查学生掌握的程度；……都是必须在设计中考虑的。

同样，诸如中文诗歌朗诵比赛之类的课外语言文化活动，虽然在中国国内各地的汉语教学中也有举办，但多是作为丰富学生学习生活的补充形式，无论从教师的关注、重视程度还是从朗诵本身的要求来说，都与我们在新山了解到的情况有差距。在中国国内，评判学生朗诵水平高低的主要依据是语音，包括发音和句调是否标准、朗诵是否流利、分词断句是否准确等。这些当然是评判朗诵水平高低的重要标准，但在中国国内之所以重视这些标准，其根本原因还在于是将朗诵当作汉语学习特别是语音学习的一种练习方式，因此和语言学习关系不大的其他方面就不在考虑之列了。而在新山，有当地教师希望在朗诵技巧上和我们进行交流，这就超出了我们能力所及的范围。这说明在许多马来西亚华语教师看来（黄志光，2006），朗诵的技巧不仅与朗诵本身相关，也与朗诵者对作品本身的理解感悟有关，这就涉及作品所反映与蕴涵的文化内涵。而即便对作品的文化内涵和文学写作技巧有着深刻的理解和准确的把握，如果对朗诵本身没有一定的研究，也很难对学生进行有效的指导，这就给我们提出了一个新的要求，要重视交流中新出现的交叉性问题。

上面所说对教材中文学内容的处理与诗歌朗诵两个问题，实际上都是与马来西亚独特的华语教学历史和环境密切相关的，对于当地华语教学工作者来说，面对这些问题、解决这些问题是自然而然的，在交流中提出这些问题，希望从交流中获得新的思路、方法也是自然而然的。但对于中国国内一方的交流者来说，这些问题是全新的，任何一个领域的参与交流者都很难单独应对。

要解决上述问题，使交流合作更有效，首先就要切实增进对情况的全面了解。不仅要了解对方在华语教学方面的一般情况，更要了解特殊的、不同于中国国内的情况。只有这样，才能做到有针对性地解决问题。

交流的目的就是为了了解差异，取长补短，这也是合作的前提。但是对两地华语教学差异的了解，不能仅仅停留在学生的语言程度、教师的教学方式等方面，而是要细致入微地了解对方因自身独特情况而产生的实际需求。比如以“华语教材中的中国现代文学”为交流的主题，大家都明白，但是提出者和接受者的理解可能不一样，甚至有很大的差异。双方对主题的理解不同，对交流的期许也就不同；而期许的不同甚至错位，势必造成交流效果的不理想。为了改变这种情况，当我们在拿到交流计划的主题时，应该提醒自己，眼前的主题虽然看似熟悉，但仍有可能是与自己熟悉的内涵存在极大差异的。要放下既有的思路，以尽可能避免干扰，把确定的主题与对方的华语教学传统和实际情况联系起来，尽可能多和细致地了解这些背景，把整体背景和具体主题相结合，才能对交流的内容有深入的了解和理解。也只有这样，才能使交流具备必需的针对性。

正如小学教师固然很难教大学生，而大学教师也很难教小学生一样，看似相同的主题会因为特点不同、规律不同而需要不同的解决方法。在培训中，只有充分了解背景和基于背景的特殊规律，才能为对方提供具有实际价值的解决方案，而不是简单笼统的理论。交流的价值在于起到应该起到的效果，这也是评判交流成果理想与否的标准。通过全面深入的了解，解决了针对性的问题，实用性的问题也就相应地解决了一大半。

具备了实用性的交流，就是要通过交流，有针对性地解决从理论架构到具体操作的各方面的问题。在以东南亚为代表的海外地区进行华语教学，由于历史和现实的原因，具备可操作性的、实用性强的交流内容，可能是更受欢迎的，而这也正是中国国内作为汉语国际推广的基地，理所应当提供的帮助之一。能很好地提供这样的帮助，就能证明交流的价值和帮助者自身的价值。如果在交流之初的准备阶段，就设计出有针对性的交流方案，兼顾理论背景、实践技巧和对方的个性化需求，交流的实用性目标就不难实现。当然，这是建立在大量前期准备工作的基础上的。

由于交流主题所涉及的内容可能和我们习惯的内容有很大差异，其中有很大程度涉及知识的跨专业交叉问题，所以交流者首先遇到的问题，很可能是自己的知识储备无法满足交流的需求。比如关于诗歌朗诵，对诗歌作品本身进行分析和理解，与朗诵涉及完全不同的两个专业。如何将二者结合为一体，同时又要对华语教学和传播起到推动作用呢？这就成了三个专业交叉在一起的问题。再如对汉语教材中现当代文学作品的处理，也是涉及文学、汉语和汉语教学三个专业的具有交叉性的问题，按照以往国内对外汉语教学界习惯的交流思路，是很难解决的。

面对这种情况，是同时派出三个专业的专家进行交流，还是尽可能寻找具备三个专业基本知识的专家？汉语国际推广领域的组织领导部门和各教学科研单位，能否自己培养这样具备跨专业知识的专家？如何在每次交流前先准确全面地了解对方个性化需求方面的信息，并相应地选择参与交流的专家，依据获取的信息制定有针对性和实用性的交流方案？这些问题直接关系到今后交流的效果甚至成败，都是值得我们认真思考的。

上面所谈的问题虽然是基于笔者在马来西亚短暂交流期间的所见所闻而引发的一些初步思考，但亦可反映出目前交流中存在的某些不足及其原因。随着中国与东南亚地区各方面交往的不断扩大与深化，今天在马来西亚出现的情况势必会在整个地区陆续出现。尽管表现的形式和程度会各不相同，但在与中国国内传统的教学和培训思路存在差异这一点上，却是一致的。因此，有必要从现在已经出现的问题着手，即时总结并积极探索，以更有效地应对即将到来的挑战。

参考文献

1. 马来西亚华校董事联合会总会（董总）：《马来西亚华文教育 185 年简史（1819—2004）》，董总网站（http：//www. djz. edu. my/resource/index. php? option = com_ content&view = article&id = 817：1851819 - 2004&catid = 76：185&Itemid = 77，2009 - 08 - 04）。

2. 郭熙：《多语言文化背景下官方语言的推行与华语的拼争》，《暨南学报》2005 年第 3 期。

3. 黄志光：《独中教育教学研究——华文朗读教学刍议》，《马来西亚华文教育》2006 年第 5 期。

（杨桦　北京　首都师范大学国际文化学院　100089）

东南亚地区华语教师来华培训的实施与建议

林秀琴

提　要　本文通过东南亚地区华语教师来华培训实践，探讨了海外教师来华培训的目标、特点与培训模式，并对东南亚地区华语教师培训提出了建议，认为应在分析东南亚各国华语教学的共性与个性、研究华语教师自身特点的基础上，建立适合东南亚汉语教学现状的培训体系；应进一步拓宽培训渠道，以校际教学交流的方式促进教师自我发展，使之成为教师培训的一个途径；同时应力求培训模式的多样化，将短期效应与长期机制结合起来，从根本上解决国外师资短缺的问题。

一　海外华语教师培训——汉语国际教育面临的重大挑战

随着中国综合国力的增强和国际地位的提高，“汉语热”在国外持续升温，随之而来的是对教师需求的激增，一些国家甚至出现了“汉语教师荒”。据北青网报道，联合国教科文组织预测，到2010年全球将需要汉语教师140万人；到2050年，则需要500万名汉语教师。而目前却只有3万名教师从事对外汉语教学工作（包括内地、港台和国外）。汉语教学需求与教师数量的严重不足成为一对巨大的矛盾，向汉语国际教育领域提出了巨大的挑战。

早在2005年，陆俭明先生就曾指出，“提高教学质量的三大条件是：要有高素质的教师队伍，要有高质量的汉语教材，要有高效率的教学方法”。这里，高素质的教师队伍是核心，有了高素质的教师，教材和教法问题才能迎刃而解。然而实际情况却不容乐观。目前海外汉语教学的主力军是本土教师，但由于种种原因，海外在职教师的情况错综复杂，良莠不齐，很多地区教师的专业水平有待提高。即便如此，一些国家甚至还面临青黄不接的窘境。以海外华人集中的东南亚各国为例，他们的华文教师多为第二、三代华侨，母语多为汉语粤闽方言。他们热爱中华传统文化，能长期在逆境中坚持开展华文教育，但普遍没有受过汉语教学理论和方法的训练，也不大熟悉汉语发展的现状。文化素质偏低、年龄偏大也是不容回避的事实（周健，1998）。因此，对海外在职教师进行培训是解决教师问题的当务之急。我们要思考和探索的是，怎样运用有效方法进行培训，使他们能在不太长的时间里真正胜任教学工作，以解燃眉之急。这是摆在我们面前的一大难题。

基于上述原因，近年来，国家汉办、侨办、北京市教委、北京市汉语国际推广中心都积极寻找途径，采取“请进来”的办法，邀请外国本土教师来华培训。受他们的委托，首都师范大学多次承担海外东南亚地区华语教师的培训工作，在培训内容和方式上进行了积极的尝试。本文就是在上述实践的基础上进行的思考与探索。

二 东南亚华语教师来华培训实践

（一）受训教师概况

如上所述，自 2002 年起，首都师范大学承担海外华语教师培训工作已经十年，受训教师基本情况如下：

（1）国别结构：受训教师分别来自美国、俄罗斯、加拿大、澳大利亚、马来西亚、菲律宾、韩国、新加坡、印度尼西亚等国，其中以东南亚地区的教师居多。教师大约 1/4 为外籍，3/4 为华裔；东南亚地区汉语教师全部是华裔。

（2）教师所在的教育机构：大部分东南亚华语教师在华校任教，少部分在国立中小学，还有一部分在大学或语言学校从事华语教学。

（3）年龄结构：大学教师中青年居多，而中小学或语言学校教师则多为中年人。

（二）来华培训的目标

1. 丰富知识背景

根据东南亚地区大部分教师学历不高的现状，来华培训的重点是提高其语言知识、文化知识及教育理论知识。虽然在短期内全面掌握系统的汉语语言学知识有难度，但丰富其知识视野是可以实现的，通过培训多数教师提高了自学意识，相信他们会在未来工作中自觉充电，逐渐成为合格的汉语教师。

2. 提高教学技能

提高教学能力是教师培训的根本。东南亚地区大部分汉语教师具有多年汉语教学经验，但他们不熟悉汉语作为第二语言教学的基本理论与原则，我们在培训中着重强调调动他们的背景经验，通过他们的教学经历学习相关理论，以帮助他们获得将理论创造性地运用到教学中的能力。

3. 体验国情文化

东南亚的华语教师基本为华裔，他们对中华文化具有深厚的感情，但由于各种原因，他们对传统文化涉猎较多，而对现代中国却缺乏了解、所知不详，因此，培训的重点在对中国文化和国情的全面认识上。

4. 提高学术能力

根据需要，我们对大学教师的培训突出了学术性，用普通语言学、社会语言学、心理语言学、语言学习理论和教育学等理论知识对语言和教学现象进行分析，重点在增强他们结合教学进行科学研究的意识。

（三）东南亚地区华语教师来华培训的主要模式

1. 培训内容：专业知识、中华文化与教学法培训并重

请看下面这份“中小学华语教师培训团”的培训课程（操作时选修其中2/3的课程）：

《汉语国际教师标准》介绍、普通话语音及语音教学、普通话朗读与朗读训练、语法及语法教学、词汇及词汇教学、汉字及汉字教学、识字心理与识字教学、口语教学、汉语课堂教学的方法与技巧、汉语视听说教学、中文信息处理与写作课教学、中小学汉语教材与工具书介绍、青少年心理学、儿童少年学习动机激发、中小学语文教学案例研究、学生心理发展的个别差异与教育、中国古代诗歌欣赏、当代中国社会概览、民族舞蹈欣赏与教学、民族音乐欣赏与实践、太极拳介绍与实践、中国书画欣赏与实践、手工制作剪纸和中国结、微型教学实践。

由上面内容可以看出，目前实施的东南亚华语教师来华培训主要涉及三方面的内容：（1）汉语专业或教育专业知识类；（2）国情、文化与中华才艺类；（3）教材、教法类。除此之外，还包括朗读等东南亚地区特别需要的教学内容。

2. 培训方法：研修与交流紧密结合，理论讲授与教学实践紧密结合

这两个结合充分考虑了受训学员的教师身份。参加培训的华语教师来华目的性强，学习的主动性、积极性也很强。他们都有教学经验，很多人在教学上有自己的绝活儿，因此采用讲授与讨论相结合的教学方法很适合他们，充分的交流和真正意义上的“教”“学”相长更能够调动他们的热情与激情，能使他们时刻处于兴奋状态，碰撞出灵感的火花。同时，在一些技能课培训时，我们设计了“讲（课堂授课）——观（教学观摩）——谈（教学经验交流与分享）——试（教学实践）”的循环教学，受训教师很乐于参与，并反映这样的方式特别有效。此外，我们还特别开办了教学工作坊，供中外教师交流与分享汉语教学经验，比如就汉语口语课、综合课、中外汉语教学的异同、多媒体课件制作等话题展开了充分而有效的交流。这些活动对参加培训的老师很有帮助，有教师这样评价：“我觉得不同国家的教师的工作经验交流非常重要，也非常有帮助。我深信，我们的合作必将为汉语教学作出贡献。”

另外，海外教师来华培训时间都不长，基本在3—4周。在时间有限的前提下，培训的实施既要避免枯燥的理论讲述，又要避免泛泛的经验之谈。在实践中，坚决贯彻“在理论指导下突出实用性”的原则，全部教学以应用与操作为中心，重视实际教学问题的处理与解决，这种方法受到了海外教师的高度认可与好评。

3. 培训形式：专业培训与文化体验相结合

为使海外教师更深刻地体验中国文化、了解并理解现代中国，我们在培训中安排了丰富多彩的文化体验活动，还聘请经验丰富的导游带领教师们参观首都博物馆、故宫、长城、十三陵、天坛、颐和园等北京著名景点，还访问孔子学院总部，参观中华文化体验中心和汉语教材展，使海外教师对中国历史和中国文化有了更为深入的体味与理解。

结合文化体验，我们还开设“中国社会面面观”“中国现当代电影”

等与当代中国社会密切相关的课程，教师们反映热烈，受到了广泛欢迎。

4. 课程设置：常规课程与点菜式课程相结合

在实践中我们发现，来华培训时，各国教师对培训的要求也不相同，因此，个性化、针对性是教师培训应遵循的首要原则。为使培训能够达到应有的效果，我们十分重视培训前与组织来华培训机构的前期沟通，充分了解对方的培训需求，课程设置在《国际汉语教师标准》五大模块的基础上增减，根据需要突出一两个重点。比如，某些团队对教育技术需求强，我们增设了“如何制作课件”“如何制作音频资料”等课程，授课形式突出实践性，使全体学员都学会了多角色效果录音、电影资料采集等技术；再如，一些国家的华语教学介于母语和外语之间，对朗读教学需求强烈，我们给他们设计了中华文化及朗读类的课程，在培训时，对教师朗读和如何进行朗读教学都作了具体有效的指导，学员们感觉很解渴；另外，对某些大学团队，还增设了“汉语作为第二语言论文选题与写作”讲座，请专家对学员的论文进行点评与修改；……这些个性化的课程设计，充分考虑了对方的需要，收到了良好的效果。实践证明，这种点菜式的课程设计对于提高教学效果起到了特别重要的作用。

三 对东南亚地区华语教师培训问题的思考与建议

（一）建立适合东南亚地区华语教学现状的培训体系

在汉语国际教育“三教”问题中，教师是首要因素，教师培训是关键。海外教师作为国际汉语教学的主力军，对他们的培训是我们必须重视并加以研究的。

教师培训是一个系统工程，东南亚华语教师来华培训已经过十多年的实践，很多学校参与其中，积累了丰富的经验。下一步，我们应该在调研和总结经验的基础上建立和完善针对东南亚地区的华语教师培训体系。

1. 总结东南亚各国华语教学的共性与个性，研究华语教师自身的特点

据统计，我国现有海外华人华侨 3500 万，其中将近 90% 集中在东南亚地区。东南亚各国的华文教育都经历了曲折的发展历程，发展虽不平衡，但有其共同之处，即由于绝大多数华侨入籍成为外籍华人，华侨教育也演变为华文教育，其特点是不同于母语教学，也不同于外语教学，介于二者之间。东南亚地区的华语教师培训应立足与此，这是他们的共性。

根据东南亚各国华文教育的历史发展进程，我们也需要研究各国的个性。总的来说，应研究以下几个方面的问题。

研究各国的华语社会：汉语在社会生活中的地位、作用与价值，华语社会使用汉语情况，比如拼音、繁简字的使用，等等；

研究各国华文教育政策：华文教育的沿革，华文教育的层次，华文教育的方针、内容和方式，政府对华文教育的政策，等等；

研究华校：华校的地位，华校的教学现状，使用的教材，教学大纲的制定，华校的课程体系，等等；

研究华语教师：师资来源，教师待遇，教师年龄，教师的教育水平，教师队伍是否稳定，等等；

研究华语学生：学习汉语的动机，学生对汉语的认识，学生的家庭背景及其影响，学生的汉语水平，等等。

通过以上研究，探讨什么样的课程体系最适合东南亚地区的教师培训，由此提供最有效的课程，运用最适当的方法。

2. 建立合理的、个性化的课程体系

合理的课程体系要考虑不同教师的不同需求。有研究表明，东南亚华文教师培训的覆盖面已经很大，有不少教师已经参加来华培训 2—3 次，目前的培训课程体系必须深化、细化，即在目前普及性培训的基础上，对培训对象分门别类，建立专门化课程体系，比如针对有经验、无学历教师的课程体系，针对有学历、无经验的青年教师的课程体系，针对非专业出身的华语教师的课程体系；再如，大学教师参加培训应更重视学术研究能力的提升，而中小学教师更在意技能、技巧及管理能力的提高，等等。

合理的课程体系还要考虑国别需求。东南亚各国华语教学虽有共性，但个性也显而易见。比如，新加坡等国教师的教学对象基本为华裔，而泰国教师的教学对象以泰国本土族裔为主，培训时，教学重点不应相同，课程设置当然也要有所区别。

3. 开辟不同类型的教学观摩基地

教学观摩是教师培训的重要一环，但目前教学观摩基地严重不足，造成华语教师多在受训大学观摩的困境。应至少开辟幼儿园、小学、初中、高中、大学、私立语言学校六种观摩基地。建立基地的好处是观摩可以作为培训中的必要环节得到精心设计，而不因条件的限制流于形式。在操作中，应考虑将观摩基地与对等交流结合起来，选择那些适合观摩与交流的学校，帮助中外双方建立合作关系，这样，既解决了观摩基地不足的问题，也为中外学校的交流合作提供帮助，实现双赢。

4. 丰富教学方法，建立适合东南亚教师培训的教学案例库

在职教师培训是一个专业性很强的工作，而东南亚地区华语教学及华语教师情况又比较复杂，很难用一种方法统一培训。理论联系实际、根据需求突出实践性，是应特别强调的。不过，随着汉语教学国际化进程的推进，引进最新教学理念和方法是大势所趋。基于东南亚地区教师的复杂情况，引进案例教学法不失为有益的尝试，尤其对于在职教师的短期培训，运用案例教学法能更快地直达主旨。不过，要采用案例教学法进行培训，当务之急是建立适合东南亚情况的案例库。这项工作需要相关部门或机构（如国家汉办、北京市教委、北京市汉语国际推广中心）牵头，调动多国、多机构力量一起作持久的努力。

（二）进一步拓宽培训渠道，力求培训模式多样化

1. 以校际教学交流促进教师自我发展，这可以成为教师培训的一个途径

理论上说，师资培养可以分成师资培训、师资教育与师资发展三类，其中师资发展侧重于提高在职教师的专业发展意识，即“当了老师以后怎样不断提高自身素质（自我发展意识）”。有研究表明，一位教师能够成为专家，在很大程度上要归功于这位教师在岗位上不断学习、努力进取，所以除外界条件的支持（如提供培训），增强教师的自我发展意识和自我成长的内在动力，具有更深远的意义。因此，通过中外学校教师间的交流与分享拓宽教师自我发展渠道，也是未来教师培训的一个很好的途径。

2. 短期效应与长期机制结合，从根本上解决师资短缺问题

海外教师来华进行短期培训，这是解决国外师资问题的一个权宜之计，这种方式，每期只有20—30名教师参加，全年的受训人数也屈指可数，无法满足实际需求。从长远看，以专业化方式进行师范教育、定向培养本土学历生，将他们充实到教师队伍中去，才是解决海外师资问题的必由之路。近年来，孔子学院以提供奖学金的方式资助海外青年进行学历教育，是一个有远见的做法；对于那些不太年轻、时间较少的在职教师，如能提供进修资助，让他们以分段进修的方式在一定年限内完成系统课程的

学习，也会使得培训更有吸引力。

总之，师资培训问题是汉语国际教育的根本问题，需要我们进行长期的、不懈的努力。

参考文献

1. 周健：《浅议东南亚华文教师的培训》，《暨南学报》（哲学社会科学版）1998年第4期。

2. 陆俭明：《汉语教员应有的意识》，《世界汉语教学》2005年第1期。

3. 彭小川、贾冬梅：《浅谈东南亚华文教育的未来趋势》，《高教探索》2005年第2期。

4. 虞莉：《美国大学中文教师师资培养模式分析》，《世界汉语教学》2007年第1期。

5. 李嘉郁：《海外华文教师培训问题研究》，《世界汉语教学》2008年第2期。

（林秀琴　北京　首都师范大学国际文化学院　100089）

浅论对外汉语专业的建设与人才培养

李洪波

提　要　对外汉语专业经过20多年的发展，逐渐成熟并体现出较大的社会影响力，但也在专业定位、课程设置、人才培养模式等方面面临着调整改革的需求。本文通过深入调研，梳理了对外汉语专业的发展历史与现实问题，主要从人才培养模式改革角度进行了初步的探讨，认为目前的对外汉语专业应该围绕培养专业化的复合型人才这一目标，在课程体系与实践教学平台构建等方面凸显出一定的特色。

近些年来，随着国家汉语国际推广战略的确立和国家汉办领导下各高校及相关教育机构的努力，对外汉语教育事业蓬勃发展，孔子学院如雨后春笋，迅速推广开来，全球掀起学习汉语的热潮，强烈的人才需求和巨大的师资缺口赋予了对外汉语专业令人憧憬的前景，从近些年各高校纷纷申报建设对外汉语专业和考生踊跃报考的火热局面来看，对外汉语专业正迎来她最美好的发展时期。国家重视，社会认可，前景看好，潜力巨大，这是当前人们对对外汉语专业的一般认识，但在这一片盛景中，对外汉语专业内对专业定位、课程设置、发展方向等的探讨与反思却有逐渐深入之趋势，可以说，对外汉语专业的发展正处于一个关键的时期。

一　对外汉语专业发展的理想与现实

对外汉语专业承载了许多学生与家长的梦想与期望，人人都知道它前景美好，津津乐道于它的社会需求，但出口的狭窄和单一却确确实实地影响着学生的就业，处境尴尬。从需求来看，国内外对外汉语人才市场缺口巨大；从招生情况来看，生源素质高，报考持续火暴；从培养模式来看，强调中英双语，可谓特色鲜明；从培养目标来看，亦不可谓不高远。但实际情况是，近年来对外汉语专业本科毕业生就业情况并不理想。一是就业率低；二是就业不对口①，这种情况在全国各高校都存在，开设此专业时间较长、历史悠久的高校如北语、北外、上外、华师大等都是如此，近年来紧跟形势开设本专业的其他高校就更无法避免。对外汉语专业一次性就业率偏低，很多高校不到40%。据安博教育集团与清华大学媒介调查实验室联合制作的《2008 年专业景气度调查报告》② 显示，对外汉语专业毕业生毕业两年的薪酬指数、职位级别指数、舒适度指数高于各专业平均值，专业与职业匹配度、毕业一年薪酬指数、毕业三年薪酬指数、应届就业率指数、毕业深造指数、发展前景指数、创业指数、全球化指数、学习压力指数低于平均值。其中在从事职业与所学专业匹配度调查中，对外汉语毕业生认为从事职业与所学专业很不匹配和不太匹配的比例为 9% 和 15%，同时，仅 10% 和 16% 的毕业生认为从事职业与所学专业的匹配度为“很匹配”和“比较匹配”。另外，对外汉语专业的对口就业率低，在就业方向调查中，对外汉语专业毕业生去向分布最为集中的前五个选择分别是国有大中型企业、民营小型企业、国有小型企业、事业单位、外资大中型企业，也充分说明了这一问题。

在一个以就业为导向的高等教育发展的阶段，一个本科阶段就业形势如此严峻的专业，说它面临着生存危机也并不为过。

那么造成当前这种局面的原因何在呢？从我们初步的考察来看，对外汉语专业的人才培养模式不能适应当前社会、教育等各方面的变化，是一个最为核心的问题。

众所周知，对外汉语本科专业初设于 20 世纪 80 年代初，到 1985 年，全国有北京语言学院、北京外国语学院、华东师范大学、上海外国语学院四所院校设立此专业，此后一直到 2000 年都是教育部“控制设点”专业。在这一时期，对外汉语专业的主要目标是培养高校需要的对外汉语师资，实行的是精英式教育。从当时的情况来看，这一培养目标定位是准确

① 耿淑梅：《基于就业的对外汉语专业建设——以北京语言大学为例》，《大学》（学术版）2009 年第 4 期。

② 报告来源：百度文库（http://wenku.baidu.com/view/2839bb1152d380eb62946d52.html）。

的，适合当时的学科发展情况及社会基本需求，而从完成情况来看，也较好地达到了培养目标，为80年代以来不断发展的对外汉语事业培养了一大批优秀的专业师资。

但随着高等教育事业的发展，尤其是对外汉语教学学科建设中硕士、博士点的建设，教育部对到高校工作人员的学历要求是具有硕士以上学历，这就使对外汉语本科毕业生到高校工作有了制度上的障碍，导致本专业本科毕业生的对口就业率迅速降低。另一方面，近年来，为适应对外汉语教学形势的发展，专业审批权下放各省市，使得对外汉语专业设置呈现爆发式增长，由于新设立此专业的高校增多，各高校的办学层次、师资力量、管理水平、地域位置不同，在实施专业建设时指导思想、培养目标存在很大的差异，也影响着专业的完善和发展。① 另外，从2007年以来，国家对汉语国际教育硕士的发展予以大力推动，也在一定程度上挤压了对外汉语本科专业学生的就业空间。

在这种形势之下，对外汉语本科专业的人才培养任务和要求也势必会发生改变，如果不对其培养目标进行重新定位，将会影响专业的进一步发展及人才培养的质量，因此在2000年以后，各高校对外汉语专业的培养目标基本上都有所调整。厚基础、宽口径、国际化、实用型（或曰复合型）的对外汉语人才培养目标，成为各院校对外汉语本科专业建设的基本共识。具体来说，就是不再以培养对外汉语教学师资作为唯一的目标，而是强调培养学生的中英双语能力与跨文化交际能力，要求学生具备能够将汉语作为第二语言进行教学的能力，同时具备进一步深造为高层次汉语国际推广的专门人才的能力，培养能够在国内外学校、机关、公司、企业从事对外汉语教学，以及胜任涉外文秘、翻译、中外文化交流等相关工作的专业人才。人才培养目标由专业人才转向复合型、应用型人才，在本科教育越来越趋向通识教育的今天，是符合高等教育发展的趋势的。具体来看，各院校强调的重点不同，比如北京语言大学强调厚基础、宽口径、高素质、复合型；上海外国语大学强调宽口径、国际化、实用型；华东师范大学则标举双语、双文化、双能力（汉语教学能力、中国文化传播能力）。但基本上都包括国际化、复合型、应用型等几个方面。

---

① 李铁范：《对外汉语本科专业建设几个主要问题的思考》，《淮北煤炭师范学院学报》（哲学社会科学版）2004年第5期。

可以说，这是目前各高校对外汉语专业培养方案中对于人才培养目标比较一致、有较高认同度的描述，也能够反映出近些年来面对客观形势的变化，对外汉语专业所作出的积极调整与改变。

二 对外汉语专业的人才培养思路

对于大多数的高校来说，对外汉语专业一定要强调培养复合型、应用型人才，提高人才的适应性才有出路。这本身没什么问题，但复合型人才如何复合、如何培养却是一个大问题。按一般的讲法，所谓复合型，是指人才培养的出发点和培养过程是知识和技能的复合，既强调汉语言理论知识的主体性，又重视汉文学、文化的必要性；既突出汉语言文化知识的基础性，又强调外语知识、技能的重要性；既重视语言理论知识的培养，也重视学生语言教学技能的培养。复合型不是课程的简单相加或者内容的简单累加，复合应是一种有机的组合。但从实践来看，由于教学条件、师资力量、办学传统、地域环境等的差异，很多高校的对外汉语专业，在各类知识之间、知识与技能之间，并未能真正建立起一种有机的联系，培养出的人才也就很难说是复合型人才。

比如，有些院校的对外汉语专业为了拓宽就业渠道，培养目标扩大为涉外文秘、涉外贸易人才，课程体系变得庞杂，表面看是体现复合型特色，适应面更广，实际上过泛的培养目标和庞杂的课程设置反而会泯灭专业的特色，无法体现专业优势。

按照我们的理解，复合型并不排斥专业化，专业化是对外汉语专业建设首先必须要强调的，这是专业之所以成立的根本与前提。对外汉语专业要适应当前的形势，必须走专业化复合的道路，要强调培养专业化的汉语国际推广人才。

专业化并不否定通识教育，与当前淡化专业的趋势也并非背道而驰，而是强调培养具有对外汉语专业特色的人才。这是符合我国当前高等教育现状的，因为现在的大学课程毕竟是分专业的，分专业招生，分专业就业，分专业评核，专业培养可以强调通识教育，可以强调复合型人才的培养，但不能忽视专业特性。

专业化也不是狭窄化，更不是要回归到以前的培养思路上去，专业化是要体现出当前对外汉语专业的专业特性，培养专业人才，尤其是其他相邻专业不能轻易取代的具有特色的人才。

因此，所谓的专业化，是对外汉语专业区分于其他专业的根本所在，要求对外汉语专业所培养的学生是适应汉语国际推广事业的专业化人才，具有专业化的知识结构和基本技能。是汉语言文学专业、外国语言文学专业等相邻专业所不可轻易替代的。

一直以来，有一种观点认为，对外汉语专业的专业性太强，内容太过专门，是造成毕业生就业难的一个主要原因，其实笔者不敢苟同。从目前国家汉办国际汉语教师志愿者选拔考试中有大量汉语言文学、新闻、教育、外语等专业背景的学生参与的情况就可以看出，所谓对外汉语专业其实处境有些尴尬。学汉语言文学、外语、历史、教育等人文学科的学生，都可以轻易涉足汉语国际推广这项事业，当然和管理部门选拔师资的思路有关，从另一个角度也说明了对外汉语专业的专业特色并不明显。因为社会上的对外汉语培训机构中，相当一部分教师也不是来自对外汉语专业，而来自中文、外语、经贸等专业。因此，提高并强化对外汉语专业的专业特性，势在必行。作为一个专业，培养的学生在本领域一定要与其他的专业有鲜明的区别性，有特别的竞争力。

我们也看到，目前一些高校的对外汉语专业人才培养理念，也体现出这样的转变趋势，特别强调专业知识与专业技能的培养。比如上海外国语大学的对外汉语专业，其人才培养目标定位，就是特别强调培养具有三方面均衡发展优势的、多层次国际化汉语人才，即达到教育部外派汉语教师标准（国家汉办《国际汉语教师标准》），具有熟练运用作为国际通用媒介语进行国际汉语教学的技能，初步掌握使用一门第二外语进行国际汉语教学的技能。[①] 将专业知识与专业技能放在首位。

三 如何培养专业化的复合型人才

（一）要培养专业化的人才，课程设置与教材建设是重要的基础条件

课程设置、课程内容与教材，一定要体现出对外汉语专业的特点。对外汉语专业的基础课中，现代汉语、古代汉语、语言学概论、中国古代文

① 周上之：《宽口径国际化实用型汉语人才培养模式》，载《2010 年全国高校对外汉语专业建设研讨会论文集》，未刊。

学、中国现当代文学、外国文学等，从内容到教法，如何与汉语言文学专业区别，是必须要认真对待的问题。现在的情况是，许多高校对外汉语专业的此类课程基本上是汉语言文学专业相关课程的翻版，体现不出对外汉语专业的特点，当然也就不能从促进对外汉语教学的角度进行课程建设。教材也是如此，对外汉语界一直有编写本专业通用教材的想法，专门面向对外汉语专业，但因为各种各样的原因，有很多课程的教材编写一直未能付诸实施，仍然沿用汉语言文学专业的教材，这往往是外界误解对外汉语专业是外语加中文的一个很主要的原因。因为我们目前的英语课基本上也体现不出针对对外汉语专业的特点，专业课又有相当一部分与汉语言文学专业区分不开，由此误解也是可以想见的。

这样看来，专业化的复合型人才培养，不是将各种课程组合在一起就可以了，一定要从专业要求和专业规律角度去作全面的建构，这样才可能达到我们的培养目标。

以现代汉语课为例，我们认为应在传统现代汉语课教学内容的基础上作出处理和调整，以符合对外汉语专业的培养要求。第一，教学内容上可以采取“基础知识+教学侧重”的模式。“基础知识”是传统现代汉语课所讲授的内容，“教学侧重”是与对外汉语教学相关的侧重点。这一模式既保证了学生全面掌握现代汉语知识，又让学生了解了对外汉语教学中的重点和难点，为今后的对外汉语教学打下基础。第二，向教学语法倾斜。学生通过现代汉语课的学习，不但要将现代汉语知识内化于自己的知识结构中，而且还要能够在以后的教学中将这些知识传授给汉语学习者，仅仅掌握了理论语法，恐怕很难胜任以后的教学工作，理论语法不能直接应用于语言教学，所以，在现代汉语课上可以采取适当的措施，语法教学中在理论语法的基础上向教学语法倾斜。

如上所述的现代汉语教学才可以说是针对对外汉语专业的，其他的相关课程，也应该有相应的调整和改革，才能更好地体现出对外汉语专业的专业性。比如古代文学、现当代文学，现在更多的是从课时上加以区别，对外汉语专业的课时数少于汉语言文学，这不仅不能体现本专业的特点，反而凸显了本专业的知识讲授不足。如果要体现专业特点的话，可以考虑增加古代文学在国外的传播以及与异域文学互动交流的内容，在现当代文学中可考虑加入华文文学内容以及近代以来中国文学与东西方文学的传播与接受的内容，这样既保证了对外汉语专业中国文学知识的系统性，又能够有助于本专业学生将来更好地参与汉语国际推广工作，对外汉语专业的专业性也就能凸显出来。

（二）对外汉语专业的课程体系改革

按照教育部高教司《普通高等学校本科专业目录和专业介绍》的规定，对外汉语专业的课程设置，按照基本内容可以分为语言类、文学类、文化类、对外汉语教学类四大块。

过去各院校对外汉语专业的课程设置，基本上是以上四个模块的组合叠加。有条件、师资力量强、传统深厚的院校，课程设置得完善一些，条件较差的、师资不足的也尽可能达标。从各院校的课程设置来看，基础课程之外，差别还是很大的。

随着对外汉语事业、高等教育的发展，本专业课程体系面临调整和改革。趋势之一是越来越系统化、科学化、规范化；趋势之二是面向汉语国际推广新形势的现实需求调整课程设置。

举例来说，北京语言大学对外汉语专业所设课程体系围绕提高学生的知识和能力构建，从类型上可分为五大部分：（1）通识教育类课程（包括人文学科、社会学科、自然学科三大类，拓宽汉语教师的文化视野和基础）。（2）汉语言专业课程（汉语教师将来要传授的汉语言专业知识和技能，不仅包括汉语语音、词汇、语法、汉字等要素知识，还包括汉语听、说、读、写等汉语技能，以及一些语用知识和交际技能，这些是对外汉语专业课程体系的核心）。（3）教育理论类课程（教育学、心理学、课程论、教学论等知识内容）。（4）汉语教学方法技能类课程（包括汉语教学方法、课程与教学设计、教学语言表达、课堂教学测量与评价、多媒体辅助教学等）。（5）汉语教学实践课程。

华东师范大学根据汉语国际教育对师资专业素质的要求，也对专业课程体系进行了重构。分为汉语课程、外语课程、文化课程、教学法课程、综合素质课程五大板块。特点是：（1）加强文化课程建设。提炼中国文化核心价值体系和中国民族精神，凸显中国文化中具有普世价值的内容，体现教学内容的时代特色；重视文化多元性教育和跨文化交际能力的培养；培养学生的全球意识，养成不同文化间相互理解的意识和沟通意识。（2）加强汉语和第二语言教学类课程建设。（3）加强外语基础课和双语课程建设。进一步提高学生的英语能力，培养学生用英语译介和传播中国文化的能力。

为了适应专业发展的新形势与汉语国际推广事业的现实需要，我校对对外汉语专业的课程体系也进行了探索和创新，从类型上分为通开课、专业必修课、专业选修课。通开课涵盖语言、文学、文化、传播等不同知识领域，特别强调对学生扎实的文化素质的培养；专业课在原有的现代汉语、古代汉语、语言学概论、语言学理论的基础上，注重第二语言习得、汉语修辞学、汉外语言对比、社会语言学、语用学、对外汉语教学法等课程的建设，提高学生对第二语言教学的理性和感性认识，提高教学基本技能，注意拓展学生的专业视野和理论素养，增强其对语言现象的敏感性和分析能力。另外依托外语院校的优势，强化专业英语课程，并通过第二外语辅修课程，提高学生的外语能力，加大海外汉学、世界华文文学、中外文化交流、跨文化交际等课程的建设，培养学生的全球文化视野与跨文化交际能力。经过调整，基本上接近当前对外汉语专业课程设置的主流体系，并在实践教学等方面体现出一定的特色。

（三）技能培养的专业化

积极构建实习实践平台，提高学生将已经掌握的各种理论知识转化成职业技术的能力。

从我国开始对外汉语教学至今，国际汉语教师主要来自各大定点院校的对外汉语专业。随着需求的多元化，院校派出的老师已经不能满足对外汉语教学的需求，现在面临的是一个年龄层次、目的层次错综复杂的市场。据教育部对外汉语教学发展中心统计，近 80% 的国际汉语教师担任中小学、幼儿园和非专业语言培训学校的汉语教学工作，只有 20% 左右的教师是被派往国外大学的专业汉语教师岗位。

针对此种情形，对外汉语专业的培养要注重提高学生针对不同类型的学习对象讲授汉语的能力，提高学生的专业技能。目前各高校对外汉语专业为提高学生的教学技能，除了丰富教学技巧类课程设置之外，通过多种渠道积极开拓实践、实习基地的建设，为学生进行教学实践提供条件。包括充分利用校内资源，安排学生对留学生课程进行听课、观摩学习和教学实习；开拓校外资源，与国内外其他中小学校或培训机构建立合作关系，让学生进行短期教学实习或做兼职教师。但不可否认，大多存在着实践时间严重不足的现实问题，甚至很多学校只能通过模拟教学来完成培养方案规定的实践教学课时，这就严重影响了对学生专业化的应用能力的培养，是一个亟待解决的问题。近年来，我们在北京市汉语国际推广中心的支持下，积极推动国内外实习实践平台的构建，组织学生赴东南亚地区中小学校进行教学实习，并与北京市汉语推广中小学基地学校建立实习实践联系，与校内的专业教学形成良好的互相促进的局面，取得了较为显著的成果。

目前，对外汉语专业发展的大环境是极为有利的，在国家教育事业发展“十二五”规划纲要中，明确提及要推动对外汉语事业的发展。而对外汉语事业发展，关键是培养合格的师资。此前一段时期，对外汉语专业所面临的一些困境应该是专业发展到一定历史时期的必然。可喜的是，经过近些年来对外汉语专业同人的共同努力，对专业建设思路、人才培养模式的改革调整已经显露成效，未来的对外汉语专业亦将走上更为光明的路途。

参考文献

1. 李铁范:《对外汉语本科专业建设几个主要问题的思考》,《淮北煤炭师范学院学报》(哲学社会科学版) 2004 年第 5 期。

2. 耿淑梅:《基于就业的对外汉语专业建设——以北京语言大学为例》,《大学》(学术版) 2009 年第 4 期。

3. 崔希亮:《北京语言大学对外汉语专业建设回顾与展望》, 载《2010 年全国高校对外汉语专业建设研讨会论文集》, 未刊。

4. 周上之:《宽口径国际化实用型汉语人才培养模式》, 载《2010 年全国高校对外汉语专业建设研讨会论文集》, 未刊。

5. 唐贤清、廖加丰:《对外汉语专业本科人才培养目标、模式研究》,《中南林业科技大学学报》(社会科学版) 2010 年第 4 期。

6. 马洪波、杨冬梅:《对外汉语专业人才培养方向的探索与实践》,《齐齐哈尔大学学报》(哲学社会科学版) 2010 年第 7 期。

(李洪波　北京　北京第二外国语学院国际传播学院对外汉语系/语言学及应用语言学研究中心　100024)

国际汉语教师文化素质培养策略管见

刘光婷

提　要　教师是制约国际汉语教学向纵深发展的核心因素。新的时代背景再次强化了国际汉语教师肩负的语言教学与文化传播的双重使命。汉语教师如何成为一名合格的文化传播大使，需要我们积极探索出一套适切的国际汉语师资文化素质培养策略。

一　问题的提出

与新中国几乎同岁的国际汉语教学事业已经历了60余年的长足发展，在几代学人的辛勤努力下，如今这项事业已卓有成效。据统计，截至2011年底，中国在占世界人口86%的105个国家和地区建立了358所孔子学院和500所中小学孔子课堂。在孔子学院的带动和影响下，全球汉语学习人数已逾5000万。在这一良好态势下，如何进一步促成此项事业“质”的发展与飞跃，学界对“三教”问题在其中的关键作用已达成共识。我们认为，教师因素应该处于更加核心的地位，将直接影响到汉语教学的高度和未来。《国家“十二五”时期文化改革发展规划纲要》明确指出：“以教师、教材建设为重点，健全体制机制，加强基础能力建设，全面提高孔子学院办学质量和水平。”“加快推进海外中国文化中心和孔子学院建设，形成中华文化海外展示、体验并举的综合平台。”这表明，国家文化发展战略背景下，国际汉语教师不仅在语言教学方面，而且在文化传播方面，都应具备更高的业务素质，要努力把自己打造成适应文化发展“走出去”需要的国际化人才。那么，目前我们处在一个怎样的发展阶段？存在哪些问题？应如何确立适切的师资培养目标？本文拟对汉语教师文化素质培养过程中的相关问题谈谈自己的一点拙见。

二 现状分析

自 20 世纪 80 年代以来，对外汉语教学中的文化教学问题日趋受到重视。吴欢章（1980）《对外国进修生进行中国文学教学的几个问题》，李又安、杨海平（1980）《对外汉语教学中文化问题的认识发展过程》等系列文章拉开了对外汉语文化教学研究的序幕。随着研究的不断深入，至 90 年代，文化教学中的一些分歧及存在的问题也逐渐凸显出来。比如有的学者提出在汉语教学中“导入”（陈光磊，1992）、“引入”（常月华，1992）文化因素等，而有的学者则认为文化因素是“隐含”（林国立，1997）在语言中的，需要恰当地“揭示”（刘珣，2000：142）出来。我们认为，在语言学习的初级阶段，教师的任务主要是“揭示”文化因素，而在语言学习的中高级阶段，教师的任务则是“导入”文化因素，下文将作出进一步地阐释。与之相应，为了准确地“揭示”或“导入”某种文化因素，国际汉语教师应具备怎样的文化素质？这一问题在众多论述汉语师资业务素质的文章中都有提及。不足之处是，“由于还没有一个文化教学的大纲，对教什么、怎样教等问题，教师本人有很大的随意性”（王学松，1993），所以虽然学界普遍都能意识到提升教师文化素养的重要性，但如何有针对性地开展教师培养工作，则缺乏一个具体的、操作性较强的统一认识。其中也不乏有些学者作出了积极的探索，如王学松（1993）提出将文化教学分为“民俗文化教学”和“精神文化教学”两个层次，并强调后者的重要性。陈光磊（1994）、林国立（1997）、张英（2004，2009）均一再强调制定“对外汉语文化大纲”势在必行。

我们以北京两所设有对外汉语教学本科专业，并长期承担各类师资培训的高校在文化类课程设置方面的情况为例，粗略地考察一下目前汉语师资文化素质培养的现状。具体内容如表 1 所示。

汉语师资文化素质培养的现状

		学校 1	学校 2
本科生		中国古代文学史、中国现当代文学史、外国文学、中国文化概论、中外文化交流史、跨文化交际学、中国民俗学、世界文化概论	中国古代文学史、中国现当代文学史、外国文学史、中国文化概论、跨文化交际、中国古代史、世界近现代史、西方文化入门、海外汉学、日本文化研究、中华才艺。
师资培训	长期	中国概况、中国历史、中国文学、书法、武术	中国文化概论、中国文化基础知识、当代中国社会概览、中国古代诗词欣赏、中国民族舞蹈文化、舞蹈及实践、中国民族音乐概览、传统音乐欣赏与实践、太极拳介绍与实践、太极扇实践、民间艺术——瓷州窑瓷器制作实践、中国书画欣赏与实践、美工实践（中国结/剪纸等）。
	短期	中国画、中国音乐、书法、剪纸	太极、中国画、中国歌、中国书法。

从表 1 中不难看出：

（1）无论是对汉语教学本科师资的培养，还是针对汉语师资的中短期培训，在课程设置方面均能为文化教学留下一席之地。同时，当学制时间较长时，如四年制的本科学习，我们开设的文化类课程多为理论型的，如中国文化概论、西方文化入门等；而在一些短期培训中，文化类课程多为实践型的，如中国画、中国书法、剪纸等；对于一些时间相对充裕、授课内容相对灵活的中长期培训，则会较好地兼顾理论型和实践型文化类课程。

（2）由于文化自身的范畴很大，目前对与对外汉语教学紧密相关的文化因素还没有一个较为明确、统一的认识。多数院校将文化类课程狭义化，提到理论类课程多为中国文学、中国历史等；提到实践类课程，则往往将其等同于有限的几种才艺，多是根据各个学校自己的理解以及师资力量的情况来决定授课内容。如“民间艺术——瓷州窑瓷器制作实践”，我们相信，并非所有院校都有能力开设这样的课程的。因此，自王学松（1993）认识到文化教学的随意性，经过了 20 年的发展，这一问题仍未得到解决。

综上，虽然汉语教学界十分认同文化教学是其重要的组成部分，并努力使其在课程设置中得以体现，但由于对国际汉语教育领域“文化”的内涵缺乏全面透彻的把握，加之受师资储备不足这一现状的制约，当前的文化类课程设置个性十足，共性不够，无论是授课内容还是课时安排均显得比较随意。以实践类课程为例，目前，多是一些具有某种艺术才能的兼职老师业余授课，师资流动性大，教学体系不够完善，缺乏相应的考核机制，学习效果难以保证。这些直接导致了汉语师资文化素质的培养没有一个明确的目标，也成为制约当前对外汉语教学向纵深发展的关键问题之一。

三　应对策略

（一）学理背景

首先，语言和文化密不可分，是文化的重要组成部分和有效传播途径之一，这一点已毋庸置疑。刘珣（2000：122）指出："要真正理解或研究一种文化，必须掌握作为该文化符号的语言；而要习得和运用一种目的语，必须同时学习该语言所负载的文化。对目的语的文化了解越多，越有利于语言交际能力的提高。"对于汉语学习者而言，他们更愿意将汉语作为一把打开中华文化宝库的钥匙，从而能够更广泛地参与到与中国人民的各项交流事业中来。所以，对外汉语教学必定包含着语言因素教学和文化因素传播的双重任务。二者的关系是，语言教学为主，文化传播为辅，文化传播伴随着语言教学的始终。不同的学习阶段，文化传播的内容和方式均有差异。基于此，我们认为，国际汉语教学领域，文化与语言的关系尤为密切，文化因素与语音、语汇、语法、语用等语言要素处于同等重要的地位，共同构成了汉语教学的有机组成部分。语言学习者对文化背景知识的需求要求师资必须具备较强的文化传播能力，这对汉语师资的文化素质提出了更高的要求。

（二）政策支持

随着《国家"十二五"时期文化改革发展规划纲要》的颁布和文化发展战略的提出，中国文化建设迎来了大发展的良好机遇。"文化是民族的血脉，是人民的精神家园。当今世界，文化的地位和作用更加凸显，……越来越成为综合国力竞争的重要因素。"为此，国家提出了中华文化"走出去"的战略目标，并给予了一系列有效的政策支持。如提出"加强海外中国文化中心建设，统筹宣传文化系统与地方文化资源，形成布局合理、功能多样、内容丰富的中华文化海外展示、体验综合平台”。同时要“建设具有中国特色、中国风格、中国气派的哲学社会科学，……推进哲学社会科学创新体系建设”，“扎实推进社会主义核心价值体系建设”，等等。这一系列发展规划的制订，为我们进一步明确“中华文化”的内涵，在对外汉语教学领域制定科学、规范的“文化教学纲要”搭建了良好的平台。

（三）实施办法

为了更加有效地提升国际汉语教师的文化素养，从而进一步增强他们的文化传播能力，我们认为以下几个问题亟待解决。

1. 明确国际汉语教育领域“中华文化”的内涵和外延，研制《文化教学及考核大纲》

“文化”一词似乎包罗万象，关于它的定义不下百种。《现代汉语词典》（第五版）这样界定“文化”：“人类在社会历史发展过程中所创造的物质财富和精神财富的总和。”具体到汉语教学领域，我们认为，这里的“中华文化”应该是一个内涵丰富、外延明确、凝聚着中华民族核心精神的“大文化”概念。建议学界开展一次大讨论，重新提炼中华文化的核心价值体系，作为“中华文化”的内涵；同时，形成一个易操作的、量化的《文化教学大纲》作为中华文化的外延，具体指导我们的师资培养工作。这一思想陈光磊（1994）、林国立（1997）、刘珣（2000：140）、张英（2004、2009）已经作了较为完备的阐述。我们认为，制定《文化教学大纲》应首先明确其对象是母语非汉语的二语习得者，因此大纲在条目的设置上也应以增强二语习得者的语言交际能力为主要目的，兼及汉民族物质生活和精神生活的主要领域，尽量全面地将中华文化的精髓呈现在语言学习者面前。

同时，作为一套完整的培养体系，我们还需研制较为科学的《文化考核大纲》，通过相应的测查，学习效果可以量化考核。相信有了这一机制的督促，汉语教师不仅从观念上高度重视文化素质的养成，而且会在能力上有一个切实的提高。

2. 完善文化类课程建设，构建文化教学层级体系

首先要对“蕴涵在语言因素中的文化因素”以及“与语言教学相对

独立的文化教学”这样两个概念作一区分。

前者陈光磊（1994）将其细分为语构文化、语义文化和语用文化，这些因素主要隐含在词汇、语法以及语用系统之中，可以看作语言系统的一个子系统，属于前文所言的需要教师在语言教学过程中进一步“揭示”的那类文化因素。目前其主要与两个问题密切相关：一是教材研发。“课文本身就可以介绍某一文化习俗，学习语言的同时也就学到了文化”（刘珣，2000：142），目前大部分教材都属于这种做法，“我们也可以尝试以文化为纲、结合语言点教学的语言教材”（刘珣，2000：142）。在课文的选用、语言点的编排上更加合理、精当地融入中华文化因素，于无声处传播中华文化，从点滴处不断树立和完善良好的国家文化形象。二是教师的文化知识储备。能否准确地挖掘出语言点背后的文化因素，并进行科学、精准的解释，这主要取决于教师的文化素养，这里要解决的问题就是探索一种行之有效的提升教师文化素养的途径和办法。

再来看后者，相对独立的文化教学主要存在于语言学习的中高级阶段，是为了帮助学生更加深入地掌握某种语言而增设的与使用该语言的民族相关的文化知识，属于我们前文所言的需要“导入”的文化。目前这部分教学存在问题较多，即大家对导入的内容、方式及其在整个语言教学中的比重等均有不同的认识。

我们认为，“揭示”与“导入”是文化教学的两种主要模式。

为适应不同文化教学模式的要求，可以从三个层面完善文化类课程建设。第一，道的层面。一方面，我们通过对中华文化核心内涵的讨论，统一认识，制定明确的学习大纲，进一步完善文化理论类课程的建设，不应仅局限于文学、历史、地理的知识等，还更应包括哲学的、精神文化的知识引入；另一方面，汉语国际教育是面向母语非汉语习得者的语言教学，为了教学工作的顺利进行，汉语教师不仅要精通中华文化知识，还需了解语言习得者自身的文化背景，以及国外主要文化思潮，要能准确把握不同文化之间的异同，找准对话的切入点，增强跨文化交际的能力。目前，为了解决这一问题往往只是开设一门比较笼统的“西方文化入门”之类的课程，这是远远不够的。第二，技的层面，即文化实践类课程。要加大与对外汉语教学相关的中华文化元素的遴选力度，我国是一个多民族国家，我们的文化也应是一种多元文化，要力求最终确立的中华文化的代表元素兼顾民族共性与个性。同时，文化实践教学要有针对性，可以尝试进行国别化教学。我们相信，亚洲学生和欧美学生想要了解的中华文化应该是存有差异的。第三，作为一种能力拓展，我们可适当学习一些传播学的知识，不断完善自己的知识网络，为我们在语言教学的同时科学、规范、实效地传播中华文化提供有力的支撑。

3. 加大文化实践类课程的师资储备

目前文化实践类课程的师资显得尤为短缺。一方面，因为实践类课程自身的随意性使多数院校对此类师资的培养和储备不够重视；另一方面，因为实践类课程多为中华传统技艺的介绍，而传统文化的传承本身也存在一些问题，需要我们加大投入力量，加强人才队伍建设。我们可以根据需要选派有潜质的教师参加某种技艺的专门学习，作为我们的储备师资；也可以长期聘用相对固定的校外专家作为我们的兼职教师，以保证教学的稳定性和连贯性。

四 结语

我们在习得一种语言时，不可避免地会和语言背后的文化发生碰撞；我们在教授一门语言时，也会毫无疑问地将语言背后的文化传播开来。因此，国际汉语教师应该顺应时代的需求，肩负起传播中华文化的使命。要想担当起这一重任，不仅需要我们教师具有过硬的汉语本体知识，而且要具备较为扎实的中外文化素养，掌握一定的跨文化交际能力，教授语言、传播文化，使自己成长为合格的汉语师资。

参考文献

1. 常月华：《对外汉语教学与中国文化——谈听说课对中国文化因素的引入》，《郑州大学学报》1992 年第 4 期。

2. 陈光磊：《从“文化测试”说到“文化大纲”》，《世界汉语教学》1994 年第 1 期。

3. 李又安、杨海平：《对外汉语教学中文化问题的认识发展过程》，《语言教学与研究》1980 年第 4 期。

4. 林国立：《构建对外汉语教学的文化因素体系——研制文化大纲之我见》，《语言教学与研究》1997 年第 1 期。

5. 刘珣：《对外汉语教育学引论》，北京语言大学出版社 2000 年版。

6. 王学松：《对外汉语教学中文化教学的层次》，《北京师范大学学报》1993年第6期。

7. 吴欢章：《对外国进修生进行中国文学教学的几个问题》，《语言教学与研究》1980年第4期。

8. 张英：《对外汉语文化教材研究——兼论对外汉语文化教学等级大纲建设》，《汉语学习》2004年第1期。

9. 张英：《“对外汉语文化大纲”基础研究》，《汉语学习》2009年第5期。

（刘光婷　北京　北京第二外国语学院对外汉语系/语言学及应用语言学研究中心　100024）

国际汉语推广背景下对外汉语专业人才培养面临的机遇与挑战

张　欣

提　要　在国际汉语推广背景下，对外汉语专业面临更大的机遇，同时也面临着更大的挑战，如对外汉语全球热的同时，对外汉语专业毕业生对口就业难的问题。对外汉语专业毕业生对口就业难，主要原因是国内就业平台少，国外教职难申请，志愿者制度不完善。改变这个局面可参考有以下几点建议，改进对外汉语教师志愿者制度，缓解对外汉语教师短缺与对外汉语专业就业难问题；实事求是地确定对外汉语专业的人才培养定位，优化本专业课程设置；加强对外汉语专业学生实践能力的培养。

一　引言

随着经济的迅猛发展和国际地位明显提高，中国对世界经济、政治和文化的影响也越来越大，汉语应用价值不断提升，加上中国政府的大力扶植，世界各国学习汉语的人数不断增多，世界上掀起了一场“汉语热”。近年来，汉语教学的主战场逐渐由国内转向国外，我国政府也积极推进国际汉语推广的进程，这给国内对外汉语专业的发展带来了机遇，但是同时也带来了巨大的挑战。

二　国际汉语推广给对外汉语专业带来的机遇

汉语作为第二语言在许多国家进入了高等院校和中小学校的课堂，这标志着汉语正在进入这些国家的国民教育体系。“汉语热”引发了国内对外汉语专业的快速发展和招生规模的迅速扩大，从1985年开始招生到目前为止，我国已有近300所高校招收对外汉语专业的本科生，每年招生人数达1.5万人。

学习汉语的具体人数难以统计，但是每年总体呈增长趋势。2011年12月12日在北京国家大剧院召开的第六届孔子学院大会开幕式上，国务委员、孔子学院总部理事会主席刘延东表示“截止到2011年底，中国在占世界人口86%的105个国家和地区建立了358所孔子学院和500所中小学孔子课堂。2011年全球学习汉语人数增长39%”。世界上很多国家的大中小学开设了中文课程，如95%以上的日本大学都将汉语作为最主要的第二外语（日本大学第一外语为英语），开设中文的高中数量已达历史最高纪录；韩国开设中文课程的大学增加到200余所，2007年在全国的中小学普遍开设汉语课；印度尼西亚全国8039所高中大部分开设了中文课程；2003年，英国文化委员会与英国教育部合作制定了中学汉语教学大纲；2004年，德国将中文纳入了许多州的中学会考科目；据美国现代语言学会提供的数据，全美3000多所大学中，开设汉语课程的有近800所，美国大学理事会于2007年启动AP（Advanced Placement）中文项目，这标志着中国语言文化教学开始进入美国国民教育的主体学校。

随着国际汉语推广力度的增大，汉语教师的需求必定也呈迅速增长的趋势。“当务之急是解决‘汉语教师荒’，要和解决大学毕业生就业结合起来，加大培训力度，研究相应配套政策，增加投入，努力满足‘汉语热’不断升温的需求。”（2009年3月李长春同志重要批示和指示。转引自马箭飞）国家汉办曾经预测，全球汉语教师缺口将超过400万。

三　对外汉语专业面临的挑战

（一）对外汉语专业就业难题

国际汉语推广形势大好，高校的对外汉语专业招生数量也呈逐年增长的趋势。但是从毕业生就业情况来看，对外汉语专业毕业生的就业情况并不乐观。当然，这并不是一个新问题，对外汉语专业就业难早有端倪，但国际汉语推广背景下对外汉语专业招生人数的激增加剧了问题的严重性，“截止到2000年，北京语言大学对外汉语专业毕业生在专业领域工作的本科毕业生应该为40%左右，但是近几年，这个数字下降到不足20%；同样的，对外汉语专业硕士研究生在专业领域就业的毕业生人数也呈下降趋势”（林建平，2007）。北京师范大学2010年对外汉语硕士专业共毕业82人，其中有31.7%（26人）的毕业生从事了专业对口的工作，也就是说高达68.3%的本专业硕士毕业生都“转行”了。北京大学2011年对口从事对外汉语教学工作的硕士只有13.9%（北大中文论坛数据）。

一方面是对外汉语教师极度匮乏，另一方面是对外汉语专业的学生毕业后很难找到对口的工作，造成了一种对外汉语专业外热内冷的矛盾局面。造成这种局面的原因总结起来大约有以下几种。

1. 国内就业平台少

国内对外汉语教学机构主要是高校，而高校准入门槛较高，一般要求博士学位，甚至即使拿到了博士学位，也多是进地方高校，而地方高校的留学生生源远不能和北京、上海等地高校相比。

除高校外，国际学校和中学国际部也能提供一些对外汉语教学岗位，但是这些单位留学生数量有限，大多数科目的教学都采用英文，实际上对对外汉语教师的需求并不大。

另外，近年来社会上出现了大量的对外汉语培训机构，这些培训机构稳定性较差，很难提供有吸引力的薪资和保障，而且为了降低成本这类培训机构更愿意招聘兼职教师。

除此之外，现在国内还有不少涉外汉语教学的项目，如北京大学的康奈尔大学项目、培泽项目、美国大学项目等；清华大学的IUP项目；首都经济贸易大学的ACC项目等，这些项目一般是由国外机构开办或中国院校与国外机构合作的，薪资较高，但汉语教师的需求量有限且不稳定，而且教师招聘主要针对的是硕士，本科生很难进入这些项目。

2. 国外教职申请难

对于对外汉语专业的学生来说，到海外做对外汉语教师应该是最对口的选择，但由于各国政策如教师资格认定、学历要求、引入汉语教师政策等再加上语言障碍等原因，毕业生自主出国做汉语教师的途径并不通畅，海外机构来华招收汉语教师的途径也不通畅，所以申请海外汉语教师成功比例极低。以东南亚国家为例，东南亚各国华侨数量很大，传统上就非常重视华语教育，汉语教师需求量很大，但当地政府对华语教育或是不支持或是抵制，从政策层面看，我国对外汉语专业毕业生很难直接进入这些国家任教。另外东南亚国家把华语教学的长远发展定位在培养自己的华语教师上，如果我们把我们的培养目标定位在培养中小学汉语教师上，似乎不是长久之计。

另外，做一名对外汉语志愿者到海外任教也是不错的选择，但是志愿者教师任教期满，仍然重新面临找工作就业的问题，所以志愿者并非是一个稳定的职业，对于个人职业发展来说，也并非长久之计。

（二）国际汉语推广背景下的对外汉语专业建设面临新问题

传统的对外汉语专业培养的教师主要是面对来华学习汉语的留学生，但是在国际汉语推广背景下的对外汉语专业不但要面对来华学习汉语的留学生，更主要的是要面对在海外学习汉语的学生，尤其是中小学生。海外汉语教学研究已经积累了很多成果，但是不管是本体研究还是应用研究，总体来说还没有形成一个科学的学科体系。本专业的人才培养模式和课程设置有些部分已不适应国际汉语推广的需要，而国内对外汉语专业目前这方面还处于摸索阶段，没有成熟的经验。

四 对“对外汉语专业”所面临挑战的几点思考

没有就业就无所谓人才培养，虽然对外汉语人才需求量较大，但是对外汉语专业的毕业生对口就业情况并不乐观。在国际汉语推广以及对外汉语专业就业难的背景下，国际汉语推广策略及对外汉语专业人才培养模式应作适当调整，既要满足国际汉语推广的需要，又要为毕业生就业开拓思路。

（一）改进“志愿者”制度，缓解对外汉语教师短缺与对外汉语专业就业难问题

对外汉语专业国内就业渠道较窄，国外汉语教师又急缺，所以应该拓宽国外就业的渠道，使对外汉语专业的毕业生能走出国门。

目前，毕业生走出国门的主要渠道是汉办派遣志愿者到各地的孔子学院、孔子课堂，但是志愿者工作不稳定，回国后仍然面临重新就业的问题，而孔子学院也面临着教师队伍不稳定、教师急缺的问题。

我国的对外汉语教学志愿者来源主要有以下几种：在职教师、在读研

究生、本科以上应届毕业生（国家汉办网站）。在职教师志愿者没有回国以后的就业压力，但是在读研究生，尤其是本科应届毕业生在志愿者服役期结束以后将会面临重新就业的压力。对外汉语教学志愿者在推广中华文化、增进中国与各国人民之间的相互交流和友谊等方面发挥了重要的作用，而志愿者在国外教学过程中，积累了大量的一手教学经验和对外交流经验，如果志愿者（应届毕业生）服役结束即重新就业或失业，这不仅是对志愿者本身的不负责任，同时也是一种资源浪费。所以应该改进志愿者制度，使有意愿继续从事志愿者工作的优秀毕业生有机会再上岗，免除对外汉语教学志愿者社会保障及职业发展的后顾之忧，同时也能解决对外汉语专业人才缺乏的问题。

（二）在国际汉语推广背景下确定对外汉语专业的人才培养定位，优化本专业课程结构

在国际汉语推广背景下的汉语教学与传统的对外汉语教学有很大的不同，一是发展战略从对外汉语教学向全方位的汉语国际推广转变；二是工作重心从将外国人“请进来”学汉语向汉语加快“走出去”转变；三是推广理念从专业汉语教学向大众化、普及型、应用型转变；四是推广机制从教育系统内推进向系统内外、政府民间、国内国外共同推进转变；五是推广模式从以政府行政主导为主向政府推动的市场运作转变；六是教学方法从以纸制教材面授为主向充分利用现代信息技术、多媒体网络教学为主转变（许琳，2007）。国家汉办针对汉语国际推广研制了《国际汉语教师标准》，该标准对从事国际汉语教学工作的教师应具备的知识、能力和素质进行了全面总结：（1）语言基本知识与技能；（2）跨文化交际技能：（3）汉语作为第二语言的学习规律和学习者特点；（4）语言教学技能；（5）职业发展能力和职业道德素质。

这些新情况的出现，对对外汉语专业的人才培养提出了新的要求。传统的对外汉语专业开设的课程一般包括：汉语语言学类课程、外语类课程、对外汉语教学法类课程、文学文化类课程和实践教学课程。根据国家汉办的《国际汉语教师标准》，这些课程可作相应的调整，以适应国际汉语推广的形势。

汉语语言学类课程是对外汉语专业的核心课程，一般包括：现代汉语、古代汉语、语言学概论、应用语言学等。汉语语言学类课程主要解决

汉语教学“教什么”的问题。重点培养学生对现代汉语语音、词汇、语法、汉字等知识系统的掌握和良好的运用能力。为了加强学生现代汉语的应用能力，我们建议开设相关的专业选修课，如语音学、词汇学、对外汉语实用语法、文字学、汉外对比等课程。

外语类课程主要培养学生的双语能力，主要以英语为主，如英语精读、口语、听力、写作、英汉翻译等课程。另外有条件的学校可开设一到两门第二外语。

对外汉语教学类课程主要解决“怎么教”的问题，国内目前还没有形成国际汉语推广背景下的成熟的对外汉语教学法，本专业的课程设置可在沿用传统对外汉语专业课程基础上加入一些国外成熟的外语教学理论课。另外，教材的使用和研究方面，我们现在使用的对外汉语教材普适型的居多，专门针对某一个国家的国别化教材较少，或者不太成熟，所以对外汉语教师还应对教材和教材的编写有一定的研究，所以我们的课程设置中也应该包含一些国别化教材研究和教材编写的内容。

文学文化类课程是对外汉语专业非常重要的一门基础课程，国际汉语推广除了推广汉语外，还承载着推广中国文化的重担。对外汉语教师不但应当了解本国的文化，还应该对世界文化有所了解。文学文化类的课程应主要包括：中国古代文学、中国现当代文学、外国文学、文学概论、中国文化概论、外国文化与礼仪、国外汉学研究、中外文化对比、跨文化交际、中国国情、国际经济与政治等。

实践类课程强调的是学生汉语教学能力、技能的培养，在对外汉语专业应用型人才培养中，要特别强调实践类课程的设置。实践类课程是学生综合素质养成和提高的重要途径，课程设置可适当灵活一些，有些学校设有实践周，集中开设实践课程，如对外汉语教学实践观摩、课堂见习和实习、海外见习和实习等。由于国内招收留学生的学校有限，并多集中在大城市，所以对外汉语专业的实践课教学安排起来较难，现在北京有十几所中小学招收留学生，并与汉办合作接收对外汉语专业实习生，我们可以充分利用这个条件加强学生实践，提高学生综合素质和能力。如北京工业大学耿丹学院每学期都会向这些对外汉语实习基地派驻实习生，参加基地学校的对外汉语课堂教学及日常管理工作。此外北京工业大学耿丹学院还参加了国家汉办组织的海外汉语教学实习项目，如新加坡、马来西亚等国暑期的华语教学实习或见习项目。另外，实践课还可以包括一些中华才艺类课程，如中国结制作、太极拳技法、抖空竹技法、中国传统菜肴制作等。

另外，对外汉语教学只是国际汉语推广过程中的一个重要环节，除教学外，国际汉语推广还面临市场运作、教学教务管理等问题，我们认为在课程设置方面，除了要开设上述课程外，还应该开设一些与本专业相关的选修课程，以扩大学生的知识面，提高学生的综合素质及就业竞争力，如开设报刊编辑、教材研究、应用文写作、计算机技术、行政管理等课程。

五 结语

国际汉语推广背景下对外汉语专业面临着很大的机遇和诸多的挑战，这些问题需要我们进一步深入探讨和研究。面对“汉语热”和对外汉语专业毕业生就业难的矛盾，我们应该找出问题存在的根源，采取相应的解决手段。此外，在国际汉语推广背景下，对外汉语专业的课程设置需要进一步优化和调整，加强实践教学力度，以提高本专业培养的人才质量，使本专业能够长足发展。

参考文献

1. 金立鑫：《试论汉语国际推广的国家策略和学科策略》，《华东师范大学学报》（哲学社会科学版）2006 年第 7 期。

2. 李凌艳：《汉语国际推广背景下海外汉语教学师资问题的分析与思考》，《语言文字应用》2006 年第 6 期。

3. 林建萍：《调整就业心态 转变就业观念》，《北京教育》2007 年第 2 期。

4. 马箭飞：《汉语国际推广的形式及对教师培养的新要求》，http：//blog. sina. com. cn/s/blog_ 4835e3000100gefx. html.

5. 吴应辉、刘玉屏：《中央民族大学率先开展国际汉语教学学科建设》，《语言文字应用》2011 年第 2 期。

6. 许琳：《汉语国际推广的形式和任务》，《世界汉语教学》2007 年第 2 期。

7. 北大中文论坛（www. pkucn. com）。

8. 国家汉办官网（http：//www. hanban. edu. cn/）。

（张欣 北京 北京工业大学耿丹学院 101301）

浅析汉语国际教育硕士培养中的几个细节问题

孙红玲

提　要　本文对汉语国际教育硕士培养中的几个细节问题作了分析，包括招生院校认识上的诸多问题、学生的实习实践问题以及学生的就业问题。形成这些问题的原因有多方面，要解决这些问题，就必须对申请 MTCSOL 学位点的高校严格把关和审批，对已经得到授权招生的学校定期评估和检查，把好生源入口关，提高学生的培养质量，扩大汉语国际教育硕士留学生的招生比例，大力增设海外实践实习基地，完善各项制度和体制，适时作出相应决策。

一　引言

在汉语国际推广新形势中，师资问题和教材问题被普遍认为是影响汉语国际教育发展的关键，是制约汉语加快走向世界的瓶颈。而汉语国际教育硕士（MTCSOL）专业学位正是为适应这一新形势需要，解决其中的师资问题而设立的，即培养适应汉语国际推广新形势需要的国内外从事汉语作为第二语言的外语教学和传播中华文化的专门人才。MTCSOL 专业自设立以来，已经走过了五个年头，招收了五届学生，为汉语国际教育培养了一大批专业人才，也为尚不能满足实际需求的国际汉语教师队伍不断地注入新生力量。从这个意义上说，MTCSOL 专业为汉语国际推广所作出的贡献是巨大的。但不可否认的是，与发展相对成熟的欧美发达国家专业学位（如英语国际教育硕士专业学位）相比，MTCSOL 专业学位毕竟是一个新生事物，其成长过程中不可避免地会出现各种问题，正如李泉（2009）所说："MTCSOL 的设立在海内外尚属首次，理论上的科学和可行不等于实践中的科学和可行，因此包括培养目标、课程设置、教学理念、培养模式等，都还需要在教学实践中不断加以调整、改进和完善。"

二　MTCSOL 培养中存在的几个细节问题

目前 MTCSOL 培养中存在的问题来自不同方面，针对这些问题的分析也是众说纷纭，各家不一。但综其所述可以发现，大家普遍注意到的问题大多都集中在课程的设置、教学理念、培养目标与模式、生源的素质及知识背景等较为突出的大问题上，而一些细节问题却很少有人注意甚至被忽视，比如与招生院校认识有关的一些问题、与学生实习实践及就业有关的诸多问题。细节虽小，处理不好却往往会因小失大，因此，诸如下面这些方面的"小题"值得"大做"。

（一）与招生院校认识有关的诸多问题

MTCSOL 专业学位自 2007 年设立以来，到 2011 年全国已有 82 所高校得到教育部授权招收学生。总体上看，设置专业学位的各校绝大多数都尽职尽责，认真按照《汉语国际教育硕士专业学位研究生指导性培养方案》（以下简称《方案》）中的目标和要求，培养并输送了一大批合格的国际汉语教师。不过，也有部分院校因为认识不足，在落实 MTCSOL 培养计划时缺乏责任感，许多做法带有敷衍性，一定程度上背离了《方案》所预期的培养目标。如赵金铭（2012）在谈 MTCSOL 发展状况时所指出的，"2009 年曾对试点的 24 所院校进行评估检查，结果其中 7 所学校存在不同问题，需进行整改。另外一些尚处于专业学位建设初始阶段的学校也有若干不足之处"。而这些问题和不足，普遍都表现为一些认识上的问题。

1. 对两种不同的硕士学位类型辨识不清

"汉语国际教育硕士"是一种专业学位，主要培养高层次的、具有专业和专门技能的应用型人才，以培养教学技能为主；而传统概念上的"对外汉语教学硕士"是一种学术型学位，主要培养大学教师和科研机关的研究人员，以培养研究能力为主。前者作为一种新生事物，目前还尚未被普遍认识与接受，而传统的学术型对外汉语教学硕士学位的概念早已深入人心。许多院校还未搞清楚两种学位的根本区别，就仓促上阵忙于申请设置 MTCSOL 专业学位点，这就导致部分已经设置 MTCSOL 学位点的院校，还是按照原有的培养学术型对外汉语教学硕士的模式和理念去培养 MTCSOL，这一点尤为明显地表现在课程的设置上。如某名牌大学 MTCSOL 专业的学生曾在网上公开质疑：不明白为什么我们学校挂的是两个牌子（“汉语国际教育硕士”和“对外汉语硕士”），上的却是一样的课，没看出课程上有什么区别。赵金铭（2012）也曾指出：“有的学校以培养对外汉语教学学术型硕士学位的课程，代替汉语国际教育硕士专业学位的课程。极端的情况是，个别学校在原中文系课程基础上，加上一门对外汉语教学概论，作为专业学位的课程来培养学生。”更值得注意的是，存在类似问题的院校还不在少数。

2. 承担 MTCSOL 培养任务的组织机构不对口

很大一部分院校因为准备不足或认识简单，直接把 MTCSOL 学位点设在文学院。众所周知，文学院承担的教学任务大都是针对中国学生的学术性专业知识的教学，尽管也有少数会招收留学生，但规模并不大，因此总体来看，文学院承担教学与科研的教师大多都不具备国际汉语教学的经验，不是一线教学的专家、教授等，而主要工作更是基本不涉足国际汉语教学领域。在这种情况下，把 MTCSOL 学位点设在文学院很明显是一种不太恰当的做法。当然，这并不是说文学院就一定不能胜任 MTCSOL 的培养工作，但至少相对于对口的组织机构来说，遇到的问题可能会更多，遇到教学计划不完备、课程设置不合理、对口专业教师缺乏、培养的学生实践能力差等诸如此类问题的可能性也更大。

3. 态度不严谨，敷衍应付，缺乏责任感

部分院校因为对国家设立 MTCSOL 专业学位的大背景和初衷认识不足，对 MTCSOL 的培养目标不够明晰，对 MTCSOL 这一学位的认识不够深入，导致申请设置 MTCSOL 学位点的动机不够纯正，以至于一旦申请成功，在后期落实 MTCSOL 培养计划，具体实施和操作时，许多做法缺乏责任感，带有敷衍性。这部分院校大都本着一种完成任务即万事大吉的态度，仅仅满足于“设定了目标，安排了课程，学生修满了学分，完成了教学实习计划，写就了一篇合格或优秀的学位论文”（李泉，2009），然后学生顺利毕业拿到学位，对培养质量不作过多要求和关注。另外在组织管理、教师配备以及课程的设置上，也缺乏系统的安排；在教学资源与设施的提供上，往往准备不足。还是以某大学 MTCSOL 专业的学生为例，该校 MTCSOL 专业的几位学生曾数次当面抱怨：学校是重点名牌大学，但他们 MTCSOL 专业的学生都被安排在外地的校区，而因为校区的位置，许多资深或对口专业教师根本不愿去承担他们的教学，因此学校为他们配备的教师大多都是刚参加工作的年轻教师或在读研究生，讲授的课程也都是纯理论的，甚至很多都与专业无关。在教学资源与设备的提供上，也是简而又简，不能满足教学需要。在教学实习与实践的安排上带有随意性，既不安排学生听课观摩，也没有系统的教学技能训练，以至于这几位学生强烈要求到笔者所在院系听课、实习。类似这样的做法，其实与组织机构的能力和条件无关，因为这样的名牌大学是完全有实力和能力承担 MTCSOL 的培养任务的，说到底这是一种态度问题，而这种敷衍的态度完全背离了设立 MTCSOL 专业学位的大背景和初衷，应该引起足够重视。

（二）与学生实习实践有关的问题

汉语教学，光纸上谈兵是不行的，一线的经验非常重要。MTCSOL 专业的培养目标是高层次、应用型、复合型的教学专门人才，这些专门人才将主要面向海外的学生进行汉语教学，因此必须经过实习历练自己，而最理想的实习地点当然应该是海外的中小学及大学。但是，与各大院校纷纷增设 MTCSOL 学位点的局面相反，与之配套的学生迫切需要的海外实习基地却寥寥无几，尽管国家汉办和教育部等有关部门已经在努力寻求解决办法，并与海外教学机构积极拓展联系，建立了部分实习基地，但还是远远不能满足实际需要。目前对汉语国际教育硕士提供的实习基地大都是国内的中小学，国家汉办已经在全国 26 个省（自治区、直辖市）建立了 107 所汉语国际推广中小学基地，可以对外派志愿者进行培训并安排实习，同时也接受 MTCSOL 的实习。至于承担培养任务的各校，目前多数能做到的最多也是安排学生进课堂听课、观摩、探讨、进行微观教学等，好一点的能让学生参与真实的课堂教学，但数量很少。所以就目前总体状况来看，学生要想进入海外课堂环境进行教学实践尚有难度，即使有机会，也只倾向于极小的一部分人。海外的汉语教学与国内是完全不同的，无论是从语言环境、文化习俗，还是从体例制度、个人适应能力看，其复杂性和困难程度远超出我们的想象。许多赴海外进行汉语教学的志愿者都表示，“这个经历是宝贵的，在国内的学校里是体会不到的”。因此，对一个将来很可能要从事海外汉语教学的 MTCSOL 专业学生来说，仅仅在国内进行教学实践是不够的，MTCSOL 专业急需开辟大量海外教学实习基地。

（三）与学生就业有关的问题

汉语国际教育近几年的发展可谓如火如荼，尤其是在海外，用大家熟知的一句很形象的话来说，就是“国内开花国外香”。国外方面，孔子学院和孔子课堂发展迅猛，汉语学习者层次有教无类，群体庞大；国内方面，汉语国际教育硕士适应形势需要，应运而生，短短五年招生学校数已达 82 所，来华留学生的数量也是与日俱增，异常火热。而与这种“火热”极不相称的，却是与此同时形成的两种怪象。

怪象一，与“火热”形成鲜明的对比，为适应国际汉语教学需求形势而生的 MTCSOL，毕业后学生踏入对外汉语教师行列的状况却颇为“清凉”——在国内就业从事本专业工作的毕业生寥寥无几，去国外从事汉语国际教育与文化传播的也十分有限；相反，多数 MTCSOL 专业的学生在毕业之际即不得不告别所学专业，另寻出路。可谓冰火两重天，内外脱节。

怪象二，一方面，海外汉语师资捉襟见肘、严重告急。据国家汉办数据显示，全球汉语教师缺口将超过 400 万人，尤其是东南亚诸多国家，一直呼吁要求中国为他们增派汉语教师。另一方面，国内大量的 MTCSOL 毕业生又纷纷被拒之门外，找不到对口工作，成为“过剩产品”。国外师资告急紧缺，国内师资过剩饱和，可谓旱涝不均、供需失调。

MTCSOL 专业学位原是适应形势需要，为解决汉语师资短缺问题而设立，结果却出现这样的情景与怪象，问题在哪里？为什么会这样？这不能不引起我们的深思了。

三 问题背后引发的思考

胡锦涛总书记说过：“汉语加快走向世界是件大好事，存在问题需引起重视，并研究解决的具体措施。”对 MTCSOL 培养中存在的这些细节问题，我们必须正视并尽快找出解决的办法。当然，解决问题的前提是找到问题背后的原因。

（一）原因分析

其实部分问题本身已经是另一部分问题产生的原因所在。比如正因为招生学校认识上有问题，做法上才会出问题，做法上有问题，培养的学生也就有问题，既然培养的学生有问题，自然学生的就业就有问题。当然，问题的产生绝非这么简单，而是由多方面原因导致。

现象背后必有原因，不妨就从学生就业的两种怪象谈起。照理说，严重短缺的海外汉语师资，应该正好可以让 MTCSOL 专业的毕业生来充实，但事实却正好相反：多数 MTCSOL 专业的毕业生没能充实到紧缺的海外师资队伍中，也无法加入国内已近饱和的对外汉语教师行列，既造成了人才资源的浪费，也背离了 MTCSOL 专业学位设立的初衷。而究其原因，不能不考虑如下这些方面的因素。

第一，从海外用人学校来看，符合他们标准的教师太少，因此师资“短缺”，MTCSOL 毕业生“就业难”。如果说国内的对外汉语教学已经相对成熟和专业，那么就要说我们在国外的汉语教学离专业化还有相当的距离。不管是有志从事汉语国际教育事业的 MTCSOL 毕业生，还是在国外教汉语的志愿者，他们的敬业精神是不容置疑的，但他们在汉语教学方面的知识储备和教学技能还十分有限，这是不争的事实。虽然我们派出的汉语教师有相当一部分都是不错的，但相对于海外数百万的巨大需求来说，这个数量还是太少。另外，多数海外的汉语学校都希望聘用经过专业培训的本土种子教师，而不愿聘用刚毕业的 MTCSOL，一是因为前面的原因，即 MTCSOL 必须经历至少半年甚至一年的历练才能真正投入工作，而外派汉语教师的合同签订期一般都只有两年，也就是说，派去的老师刚刚能开始承担重任，结果不到一年就要回国，再来的新老师又要重复这一套程序，用人学校当然不希望付出这么大的“成本”；二是因为，中国派出的汉语教师到了国外，普遍都会面临异国他乡生活所带来的各种文化差异，语言、制度、习俗等方面都会有相对本土教师来说更多的麻烦和不便，因此，海外的学校更喜欢用自己的本土教师，用他们的话说：这样我们会比较省心。然而，这样的本土教师也是数量有限。所以，对海外汉语教育来说，符合标准和要求的汉语教师一直都显得“短缺”。

第二，能在海外长期从事汉语教学的人不多，因此师资“短缺”，

MTCSOL 毕业生“流失”。这里的“能”有两层含义：一是指客观条件允许，二是指自己愿意。客观条件上，外派的汉语教师一般都是两年合同制，时间不可能长，对 MTCSOL 专业的毕业生来说，没有稳定的工作依然是他们最为担忧的问题，因为两年回国后，他们还是面临就业的问题；主观上，海外生活势必要与家人分离，尤其是对已经成家或有孩子的人来说，考虑到亲情、孩子的教育等问题，长期留国外任教不太可能。由此带来的结果是，某高校的专家去了，两三年后回来了，另一个高校的专家又去了，又回来了。如此一来，不同的教学理念、不同的学术观点都会导致海外汉语学校在科研与教学上难以保持一致性与延续性，这对汉语国际教育的发展是极为不利的。

第三，国内从事对外汉语教学工作也很难，因此 MTCSOL 毕业生有的“就业难”，有的“流失”。首先，国内汉语教学机构并不多，现有的为数不多的汉语教学机构大都集中在北京、上海、深圳等大城市，因此总体能提供的就业机会很少；其次，来华留学生大都集中在高校，而由于师资整体评价和学科发展的需要，各学校趋向于聘用高学历、有较强科研能力并已有相当研究成果的科研型人才，对科研能力较弱擅长教学的教学型人才来说，要想进入高校不太可能，换句话说，要想在对外汉语教学行业获得稳定的工作，很难。两种现实情况意味着，大部分 MTCSOL 专业的毕业生不能在国内从事本专业工作，加上该专业也没有与教师资格证挂钩，那么大部分 MTCSOL 专业的毕业生根本就不会进入学校工作。

第四，社会上对 MTCSOL 专业学位的认识不足，存在误解与偏见，因此 MTCSOL 毕业生“就业难”。MTCSOL 专业学位毕竟是一个新生事物，认识、了解的人还不多，好多人甚至不知道有这么一个专业，这就导致很多人对此专业的认识有偏差，一听是教育硕士，总感觉不是什么正规的学位，在认知印象上大打折扣，因此不愿聘用。

（二）建议与措施

找到了问题和问题背后的原因，就要想办法寻求解决的措施。

既然海外学校更希望用本土教师，那么我们完全可以提高 MTCSOL 留学生的比例，也可以多为他们提供汉语教师的培训机会。

既然我们的海外汉语教学距离专业化还有差距，那么我们就应该想办法解决国内汉语教育与海外汉语教育接轨的问题，在培养 MTCSOL 时多注意不同国家汉语教学的特性。承担培养任务的学校尽职尽责，认真做好培养工作，从生源着手，把好入口，尽量选择那些肯学习和钻研，能吃苦能坚持，善于在实践中细心积累经验和提升自我的人，以培养出高素质高水平的 MTCSOL 学生。培养学校做得好，学生质量才可能高，MTCSOL 自身形象才可能提升，社会也才会主动去认识和接受。

既然招生院校还存在那么多认识上的问题，那么我们的政府相关部门就应该站出来，行使自己的权力，对各项程序严格审批和把关，定期督促检查和评估，对做得好的院校给予奖励，对不合格的限期整改或果断关闭。对招生学校自己来说，应该严格要求自己，认真对待教学，如果自己都不重视自己，如何要求学生引以为荣和认真对待，自然也不可能期望得到社会的承认和看重。

既然我们的 MTCSOL 就业那么难，流失也多，那么政府相关部门就应该根据形势需要适时作出各种必要的决策，改进和完善各项相关制度，毕竟很多问题归根结底都是制度、体制及各种决策所造成的。

四　余论

每一个专业，都是从不成熟走向成熟的。MTCSOL 专业毕竟刚走过五个年头，我们不能只看眼前，要看到未来。汉语学习热的前景很美好，国家日益强大的后盾够坚实，中国影响世界的力量在壮大，MTCSOL 专业的前景一定很灿烂。当然，前景不是摆在眼前唾手可得的，要靠现在的人们去拼搏和打造。为此，我们要正视自己的问题，积极寻求解决的办法。

首先，招生学校认真负起自己的责任，踏踏实实践行自己的职责，凭良心办学，用口碑征服社会。不再让学生有抱怨的借口，不再让社会有过多的偏见。培养者尽心竭力，被培养者不合格的外在原因才可能减少甚至消除。

其次，有志攻读 MTCSOL 专业学位的学生，先攻克自身的难关。要坚定献身汉语国际教育事业的信念，要有积极学习和研究探索的精神，用不断积累的经验和知识去提高认识，完善自我，用自己的行动去影响甚至改变周围的人。

再次，政府有关部门积极改进完善各项政策，与海外教学单位积极磋商并解决有利于汉语教师的各种保障问题，为汉语国际教育的发展保驾护航。

最后，海外各汉语学校与国内各大学加强联系，多为 MTCSOL 提供实践实习基地，尽可能想办法留住符合自身标准和要求的汉语教师，缓解师资紧缺问题。

参考文献

1. 李泉：《汉语国际教育硕士培养目标与教学理念探讨》，《语言文字应用》2009 年第 3 期。

2. 崔希亮：《汉语国际教育“三教”问题的核心与基础》，《世界汉语教学》2010 年第 1 期。

3. 冯丽萍：《论汉语国际教育专业硕士培养中的若干问题》，《长江学术》2009 年第 1 期。

4. 田艳：《基于英国 MTESOL 课程体系对汉语国际教育硕士课程设置的思考》，《世界汉语教学》2012 年第 2 期。

5. 崔希亮：《对外汉语教学与汉语国际教育的发展与展望》，《语言文字应用》2010 年第 2 期。

6. 吴慧：《基于任务型的汉语国际教育硕士培养模式探析》，《内蒙古师范大学学报》2012 年第 3 期。

7. 汪国胜：《对汉语国际教育硕士培养相关问题的反思》，《湖北大学学报》（哲学社会科学版）2011 年第 4 期。

8. 赵金铭：《赵金铭国际汉语教育论文集》，北京语言大学出版社 2012 年版。

（孙红玲　北京　首都师范大学国际文化学院　100089）

国际汉语教师培养浅谈

王世利

提　要　随着汉语国际推广步伐的加快，世界范围内出现了汉语教师荒，培养高质量的国际汉语教师已经被提上日程。本文主要探讨国内对国际汉语教师的培养。认为国际汉语教师的培养应该注重能力和素质两方面，应该切实改变国内汉语教师培养中的重知识、轻能力的倾向，这样才能符合汉语国际推广的需要。

一　引言

对外汉语教学从1950年清华大学的“东欧交换生中国语文专修班”开始到现在已经一个甲子有余了。60多年的发展使得对外汉语教学工作重心从招收来华留学生为主转向了以汉语的国际推广为主。相应地，从事国际汉语推广的教师培养也应该跟上事业发展的要求，但实际上国际汉语教师的培养远远滞后于国际汉语推广的步伐。这从两个方面体现出来，一是学汉语的人数和从事国际汉语推广的教师的人数严重失衡。据不完全统计，现在世界范围内学习和使用汉语的人数超过了5000万，按照一个中文教师比20个学生测算，需要汉语教师250万，但是现在全世界教授汉语的教师不会超过10万，缺口巨大①。二是国内对外汉语教学专业还是大部分沿用了以前的培养模式，只注重了学生汉语知识和中国文化的培养，而忽视了对国外多元文化和社会的了解，更重要的是忽视了教学能力

---

①　全球学汉语人数据《人民日报》2012年8月10日头版文章《为不同国家、不同肤色的人们提供交流、互鉴、合作新平台——孔子学院：中国文化拥抱世界》；教师人数乃据国家汉办主任许琳2010年8月19日在沈阳召开的第十届国际汉语教学研讨会上的发言提到的数字的估计。

和教师个人素质的培养。结果派出去的汉语教师很多出现了水土不服的情况，使得汉语国际推广的效果并不尽如人意。国外从事汉语教学的人员也良莠不齐，有的根本就没接受过汉语推广的任何训练，教学效果也就可见一斑了。鉴于国外汉语教师的复杂状况以及文章的篇幅，我们这里主要对国内的国际汉语教师的培养谈些看法，旁及海外本土教师的培养。对于国际汉语教师的培养，国家汉办于 2007 年发行了《国际汉语教师标准》，本文想结合这一标准谈谈国际汉语教师的培养。

二 《国际汉语教师标准》概说

《国际汉语教师标准》是国家汉办为了提高国际汉语教师的专业素质和教学水平，借鉴 TESOL 等国际第二语言教学和教师研究新成果，吸收了国际汉语教师实践经验而组织众多国内外专家研究制度的，对从事汉语国际推广的教师的培养具有指南作用。这个标准由五个模块组成，分别为：语言知识与技能、文化交际、第二语言习得理论、教学方法、综合素质。五个模块又细分为十个标准，其中语言知识与技能模块包括“汉语知识与技能”和“外语知识与技能”两个标准；文化交际模块包括“中国文化”和“中外文化比较与跨文化交际”两个标准；第二语言习得理论模块包括“第二语言习得与学习策略”一个标准；教学方法模块包括“汉语教学法”、“测试与评估”、“汉语教学课程”、“大纲、教材与辅助材料”、“现代教育技术及运用”五个标准；综合素质模块包括“教师综合素质”一个标准。每个标准又有分项，每个分项又有基本知识或基本概念和基本能力两个具体要求。这个标准有几个特点：

是内容比较全面，标准涉及了作为国际汉语教师所应该具备的各种知识。包括：汉语的语音、词汇、语法以及汉字的基本知识；外语的语音、语调、词汇、语法等方面的基本知识；中国文化和中国国情方面的基本知识，包括社会、历史、哲学、文学、艺术、民俗等中国的文化和国情；世界文化和文明的知识，包括政治法律体制、宗教派别与哲学流派、当今世界重大时事以及跨文化交际的基本知识；第二语言习得研究领域的基本理论和知识；外语教学的基本方法以及汉语作为外语教学的基本原则、各种测试和评估的方法及其局限性方面的知识；汉语教学课程与大纲的内容、范围和目的，汉语课堂教学的基本环节，以及教材及教辅材料的知识；现代教育技术的知识，等等。

二是突出了作为汉语教师所应该具备的各种技能。这是该标准最突出的特点，掌握了知识只是个基础，关键还在于把这些知识应用到教学实践中去。所以每个标准里，基本知识或基本概念的要求之后紧接着就是能力的要求。如第一模块，对汉语的语音、词汇、语法、文字的基本知识进行掌握后，紧接着就是对汉语的听、说、读、写能力的要求。其他模块也是这样。

三是强调了教师综合素质的培养。标准专门把教师综合素质作为一个模块，体现了对教师综合素质的重视。综合素质包括教师应具备的教学反思的意识，基本的课堂研究能力以及改进教学的能力，自我发展的意识、参与意识、责任意识、合作意识以及良好的心理素质和职业道德素养，等等。内容非常全面，要求也比较高。有人认为一个优秀汉语教师的素质包括：良好的职业道德、与时俱进的教学理念、高超的汉语教学能力和教学技巧、强烈的终身学习与自我发展的意识。① 这些可以说都在《国际汉语教师标准》里体现了。

《国际汉语教师标准》是一个比较全面而有针对性的好标准，对国际汉语教师的培养具有很重要的指导作用。但它也不是十全十美的，我们认为其不足之处表现在以下两方面：一是标准缺乏分级，所有的基本知识和基本技能都是在一个层面上的。我们认为这不便于操作。国际汉语教师的受教育背景可以说千差万别，国内的国际汉语教师有科班出身的，也有从其他专业半道转过来的，科班出身的有本科毕业的，有硕士毕业的，有博士毕业的。国外的情况更是复杂，可以说良莠不齐，就美国的师资情况看，教授汉语的老师既有中国人（这里面有来自大陆的也有来自台湾的），也有本土汉语说得不错的本地汉语教师；既有受过专业训练的，也有从没接触过这专业，甚至连汉语拼音都不会的；既有在大学教授汉语专业的，也有在社区做汉语志愿者的。② 相信在其他国家也是这种状况。国外的情况暂且不管，就国内来说，如果这个标准是国际汉语教师必备的知识和能力的一般标准，那么相信大部分国际汉语教师是不合格的。而如果

---

① 吴勇毅：《对外汉语教学法》，商务印书馆 2012 年版。

② 周士宏：《汉语国际传播师资培养问题初论》，《暨南学报》（哲学社会科学版）2009 年第 1 期。

是国际汉语教师比较高的标准的话，那么我们最好还要有个入门的标准，以便让更多有志于这个事业的人进入国际汉语教师的队伍。再说现在的对外汉语教师资格也有高级、中级、初级的划分，如果结合这个资格来制定相应的教师标准，我们认为还是合适的。二是标准只是给中国的国际汉语教师制定的，缺乏国际意识。虽然国际汉语教师的主体还是中国人，但是随着事业的发展，必然会产生大量的海外本土教师，这个标准对绝大多数海外本土教师来说还是太高了。比如听力方面，能让他们听懂比较标准的普通话就已经很不错了，而要让他们听懂“带有地方口音的普通话”，简直是不可能的。其他方面的标准也都有类似的问题存在，这似乎和该标准的主旨，即“建立一套完善、科学、规范的教师标准体系，为国际汉语教师的培养、培训、能力评价和资格认证提供依据”有些出入。

下面我想结合《国际汉语教师标准》的五个模块，就国际汉语教师的培养提出自己的一些浅见。

三 国际汉语教师培养试说

（一）语言知识与技能方面

任何语言都有语音、词汇、语法三大要素，都有文字这种最重要的辅助性工具，任何语言教学的最终目的都是让学生能利用该语言顺畅地听、说、读、写。国内对外汉语教师的培养一向很注重这方面，表现在各种标准中此项所占比例都比较高。据赵金铭先生的考察，“国内标准中语言知识、语言能力和文化的内容约占66%”，而“国外标准中语言知识、语言能力和文化的内容约占20%”。[①] 这个比例说明国内的国际汉语教师培养更注重语言知识而较少地注重教学能力、学习能力的培养。我们认为在本科阶段，知识标准的考察多一些是必要的，毕竟这是国际汉语推广的基础，没有扎实的汉语知识作为底子，有再好的教学能力也无能为力。但比例要不要这么大还值得进一步商榷。要同时加强教学能力的培养，毕竟教学活动是实践性很强的教育活动。如果开始阶段就忽视教学能力的培养，那么传递给学生的思想就是实践是不重要的，那么他们做了老师后也就会想当然地认为传授知识是主要的，从而忽略了对语言的操练。我们认为国

① 赵金铭：《汉语作为外语教学能力标准试说》，《语言教学与研究》2007 年第 2 期。

际汉语教师培养就语言知识方面的传授来说应该以实践为主，这和对中文系的学生的授课应该是不一样的。比如语音方面，对对外汉语系的授课方式应该更注重讲清楚针对不同的学生，如何确定哪些音是重点和难点，怎么突破，而非单纯地传授完汉语的语音系统了事。再如语法，我们应该更注重教学语法的教学，而不是学者的语法。同时说明在实际的教学中应该淡化语法概念，语法的教学应该以实际操练为主，并让他们自己去探索语法操练的方法。这样即便是本科毕业不再继续深造，也能胜任国际汉语教师的工作。至于研究生阶段的深造，则应该更多地去进行实际操作和更进一步的理论探讨，而知识的考察在标准里面就应该占很少的比重了。

（二）文化交际方面

语言是文化的载体，也是文化的组成部分。文化交际通过语言表现出来。母语为汉语的国际汉语教师无疑是国际汉语教师的主力军。对于这部分国际汉语教师来说，《国际汉语教师标准》规定的对于中国的历史、哲学、文学艺术、民俗、国情的了解相对可以不作为重点。因为很多基本的东西在中学乃至小学就已经学到了，并且这部分教师一直在中国这个环境中生活着，对民俗、国情有天然的了解。所以应该把培养重点放到跨文化交际上。跨文化交际首先应该过外语关。对于国际汉语老师来说，掌握的语种越多对教学越有好处，因为教师会说学生的母语，一方面可以更了解学生所在国的文化，另一方面也会自然地拉近与学生的距离。但对于没条件掌握多门外语的国际汉语教师来说，我们认为外语关主要是英语关，毕竟英语在世界上还是说得最普遍的语言，并且用英语做媒介语跟学生交流也可以大大缩短用汉语交流的时间。作为国际汉语教师，跨文化交际的能力的培养尤为重要，良好的沟通能力可以很快缩短师生之间的距离，从而让学生很快进入乐于学习汉语的状态中。同时，教师良好的沟通能力对学生来说也起到良好的示范作用。培养良好的沟通能力需要掌握一些必要的交际策略，有人认为教师的跨文化交际可以用的策略包括：回避的策略、协调的策略、宽容的策略。① 我们认为，回避的策略就是能回避一些敏感话题，包括可以轻松地把敏感话题转移到其他话题的策略；协调策略包括

---

① 刘晶晶：《试论对外汉语教师自身跨文化交际能力的培养》，《辽宁教育行政学院学报》2006年第3期。

用自己的言行感染学生尽快参与到话题里去，以及化解课堂出现的文化冲突的策略；宽容策略则包括宽容学生因不了解文化而出现的冒犯言行。这些策略在国际汉语教师的培养过程中应该作为必要的环节，而不仅仅是对文化和跨文化知识的简单了解和运用。对于母语非汉语的国际汉语教师的培养来说，我们认为由于其面对的学生相对单纯，所以主要把培养重点放在中国的历史、哲学、文学艺术、民俗、国情的了解上。而由于实际教学过程中不涉及跨文化交际，因此可以不作为重点。但是对中国文化的了解最好也分出些等级，以免他们被浩瀚的中国文化吓退。

（三）第二语言习得方面

第二语言习得课是汉语教师的专业课，吕必松、刘珣等先生都把第二语言习得归为对外汉语教学体系里的基础理论部分。[①] 虽然现在第二语言习得的理论主要是西方学者以印欧语系语言为基础研究出的成果，但很多具有普遍性。如第二语言获得的心理因素与神经因素、语言发展的顺序、中介语理论等。对这些理论的了解与掌握无疑会指导教师更好地开展第二语言的教学。我们认为在国际汉语教师培养的初期阶段，就应当把第二语言习得理论课作为必修课来设置，让他们对第二语言习得的一些基础理论有所了解，并且自觉地把这些理论应用到教学实践中去，同时也用汉语教学来验证这些理论的普适性。对于不适合汉语实际的习得理论，可以在研究生阶段鼓励学生进行研究，得出符合汉语实际的习得理论，来丰富第二语言习得理论并更好地来指导教学。

（四）教学方法方面

关于教学法，一般认为“教学有法，教无定法”。作为知识，国际汉语教师必须了解各种教学法，知道各种教学法的教学流程。我们认为各种教学法分别产生在特定的历史阶段，都是适应当时的教育理念而产生的。这些教学法在特定的语言项目的教学上并没过时，还在继续发挥重要的作用。比如直接法之于口语教学，情境法之于听力教学，听说法之于语音教

① 吕必松：《对外汉语教学概论（讲义）》，教育部汉语作为外语教学能力认定工作委员会办公室，第 74 页；刘珣：《对外汉语教育学引论》，北京语言文化大学出版社 2000 年版，第 15 页。

学，阅读法之于词汇教学等。只有了解了业已存在的教学法，才能立足于旧有的方法而有所创新。李泉先生认为：一个优秀的教师绝不应仅仅是他人经验和方法的实践者、应用者，而应是教学方法和技巧的探索者、创造者。[①] 这个观点是很有见地的。

关于教材使用、现代教育技术及运用、测试与评估，我们认为在这几方面主要是训练国际汉语教师处理相关问题的灵活性。训练他们拿到教材不是照本宣科，而是根据教学的实际情况合理调整内容。在现代教育技术的运用上真正能让它促进教学，使教学更有乐趣，如果能开发相关教学软件那就更好了。对于测试与评估，应该培养国际汉语教师利用这个手段来促进学生学习，例如有个有经验的老师是这么处理的，他为了顾全考得不好的学生的面子而借给他分数让他及格，但是说好了下学期考试时要加倍还回来。我们认为这就是一种很好的处理办法，体现了这位老师的教学经验和智慧。而这种灵活处理问题的能力才应该是国际汉语教师所应该具备的。

（五）综合素质方面

《国际汉语教师标准》把国际汉语教师的综合素质划定为反思并改进教学的意识、自我发展的意识、良好的交际意识和具有良好的心理素质与职业道德。其实综合素质的内涵远不止这些，但以上四个模块都体现了国际汉语教师最基本的综合素质。美国教学专家保罗·韦迪博士花费了近40年的时间，通过分析9万封学生的来信，总结出优秀教师的12种素质：友善的态度、尊重课堂上的每一个人、耐心、兴趣广泛、良好的仪表、公正、幽默感、良好的品行、对个人的关注、灵活性、宽容、有方法。[②] 我们认为一个好的国际汉语教师也应该具备这12种素质，这也是培养国际汉语教师过程中要着重强调的。因为知识是一个快变量，可以在相对短的时间内通过读书获得，知识需要补充、更新，有可能增加，也可能因遗忘而减少；而能力是一个慢变量，需要经过较长时间学习、训练而形成，而一旦形成，就不会轻易失去。[③] 从这里也可以看出，上文谈到的

---

① 李泉：《汉语国际教育硕士培养目标与教学理念探讨》，《语言文字应用》2009年第3期。

② 张宁志：《国际汉语教师手册——新教师必备81问》，商务印书馆2012年版。

③ 张和生、鲁俐：《再论对外汉语教师的素质培养》，《语言文字应用》2006年第11期。

国外在教师的培养上轻知识、重能力的标准是更具科学性的。

四 余论

随着中国国力的增强，汉语国际推广的步伐也随之增快，以至于学汉语人数的增长远快于汉语教师的增长。这一个是培养汉语教师的周期比较长所致，再一个就是从事汉语国际推广这一职业的渠道还不畅通，成为国际汉语教师还很难。现在开办对外汉语教学专业的高校已经达到了 285 所（http：//www. yuloo. com/gk/news/1104/586384. shtml），按平均每个学校每年培养 60 名本科生计算，每年培养的国际汉语教师将有 1. 71 万人之多，这个数字还不包括本专业的硕士、博士生，如果渠道畅通的话，完全可以满足国家汉办每年派出 1 万名左右教师的需求。但是现在的状况是一方面国外汉语教师荒越来越严重，另一方面国内对外汉语专业的本科毕业生，包括硕士博士生因为不能从事这项工作而不得不转行，造成资源的大量浪费，这是很令人痛心的。所以要想真正地实现汉语国际推广的良好发展，国家必须拓宽从事汉语国际推广的渠道，使学习这个专业的人都能学有所用，这样也可以促进整个专业的健康发展。当然为了保障汉语国际推广的效果，国家必须把好汉语教师的入门关。国家在这方面也做了很多工作，如制定了很多国际汉语教师标准，现在有：2004 年教育部颁布的《汉语作为外语教学能力认定办法》，2005 年国家汉办推出的《汉语作为外语教学能力等级标准》，2007 年 3 月国务院学位办发布的《汉语国际教育硕士专业学位设置方案》，以及同年国家汉办发布的《国际汉语教师标准》。我们认为执行好这些标准的关键还是要注重实际操作的考察，真正从注重知识的考察转向能力的考察，这样也才能保证国际汉语推广的效果。

（王世利　北京　北京第二外国语学院国际传播学院对外汉语系/语言学及应用语言学研究中心　100024）

教学行动研究与国际汉语教师个体专业化发展

张笑难

提　要　作为反思研究方法的一种形式，教学行动研究是促进教师个体专业化发展的一种重要方式，也是教师从事研究的一种好方式。教学行动研究将理论与实践相结合解决实际教学问题，有助于国际汉语教师实践性知识的形成和新手教师的成长，促使国际汉语教师成为研究者和反思实践者。本文在介绍教学行动研究与国际汉语教师专业化发展的基础之上，阐述了两者之间的关系，指出教学行动研究对国际汉语教师个体专业化发展的重要意义和作用。

一　引言

随着国际汉语的蓬勃发展，迫切需要建立一支数量巨大的从事国际汉语教育的教师队伍。高水平的国际汉语教师队伍是国际汉语传播与推广事业成败的关键。虽然目前国际汉语教师队伍在迅速扩大，但师资建设却没有完全适应国际汉语的发展需要，无论是知识结构、教学组织与适应能力、跨文化交际能力，还是作为汉语教师的基本素养，都有待提高和完善。如何培养能胜任多种教学任务，具有熟练的教学技能和跨文化交际能力的国际汉语教师？为国际汉语教师找到一条促进其专业化发展的道路显得尤为重要。

教师专业化是当今世界教师教育发展的趋势和目标，包括教师职业专业化和教师个体专业化两方面内容。教师个体专业化发展只有在具体的教学实践活动中，在对自身教学不断进行反思研究中才可以实现。教学行动研究是国际流行的一种教师研究和教师校本培训模式，是促进国际汉语教师个体专业化发展的一种有效途径，对提高国际汉语教师素质具有重要意义。

二 教学行动研究

行动研究是一种自我反思的方式，社会工作者和教育工作者通过这种方式来提高他们对自身所从事的社会或教育事业的理性认识并作出正确评价；对自己的工作过程的理性认识并作正确评价；对自己的工作环境的理性认识并作出正确评价（Kemmis，1988）。

行动研究被广泛运用于教育领域，称为教学行动研究。它的基本要点就是"行动"和"研究"二者的结合，强调"为行动而研究"和"在行动中研究"（袁振国，1997：173）。Posch（1993：47）等总结了教学行动研究的五个特点：（1）是教师直接参与的、针对自己的课堂所进行的一种研究；（2）提出的问题是教师在日常教学中遇到的、非常具体和实际的问题；（3）过程与目标必须与教育的总体价值观、学校环境和教师工作条件相符合；（4）采用一套简便的研究方法，不干扰正常的教学秩序；（5）倡导教师的反思，是一个持续推进行动与反思的循环过程。

教学行动研究所采用的主要方法有教学日志、学生日志、课堂录像、教学观摩和问卷访谈等。一般具有以下几个步骤：（1）教师发现教学中存在的问题；（2）提出解决方法；（3）实施新方法以期解决问题；（4）评价新方法的实施效果；（5）重新确定教学问题，以便进行下一轮研究（McNiff，1988）。

教学行动研究最大的优势在于与教师的具体教学工作有直接的联系，具有明确、快捷的效果。能够提高教师对教学过程以及学习过程的理性认识，其结果是教学的不断改进和教师可持续发展的动力和能力的形成。

三 教师个体专业化发展

这里的"专业"不是指教师所教的"学科专业"，而是把教师的教育行为与教育活动视为其专业表现的领域，是指"教师个体专业水平提高的过程以及教师群体为争取教师职业的专业地位而进行努力的过程，前者是指教师个体专业化，后者是指教师职业专业化”（刘 捷，2002：80）。这两者共同构成了教师专业化。

教师个体在整个职业生涯中，不断学习专业理论知识，进行专业技能训练以及不断提升专业素养，由一个一般的职业从业人员成长为专业人员，这个过程就是教师个体专业化的过程。它是一个人从“普通人”变成“教育者”进而变成“研究者”的专业成长过程；是教师不断接受新知识，增强专业能力的过程；是教师通过个人行为，如反思、自学等，提高自身水平，达到专业成熟的过程。教师个体专业化发展离不开某种形式的教育、培训，但更重视的是通过教师的自主性、个性化，促进其自主学习、自我提高。

四　国际汉语教师个体专业化发展

国际汉语教师这一称呼现在越来越被人接受。国内叫做对外汉语教师，美国叫做中文教师，东南亚地区叫做华文教师，日本和韩国叫做中国语教师。而国际汉语教师这一称呼可以把世界各国的教汉语的老师统一起来。

国际汉语教师专业化有着和其他教师的专业化同样的要求，但国际汉语教师的专业化又有着与其他教师不同的内容，其专业化发展因而也体现出一定的独特性。国家汉办（2007）研制的《国际汉语教师标准》从汉语基本知识与技能、第二语言习得与学习策略、中外文化比较与跨文化交际、汉语教学法、教师综合素质等方面对国际汉语教师应具有的能力做了明确说明。其中国际汉语教师的综合素质规定：教师应具备对自己的教学进行反思的意识，具备基本的课堂研究能力，反思自己的教学实践和教学效果并据此改进教学；教师应具备自我发展的意识，能制定长期和短期的专业发展目标；教师应具备良好的心理素质，能应付教学过程中的突发事件，并在任何教学场合中，都能体现良好的职业道德素养。

国际汉语教学系统是一种特别的开放系统，与其他教学系统存在着较大的差异。这个教学系统要面对学生来源、数量、构成国的不稳定，要面对学习目的和要求的不统一，因而教师必须以灵活多样的教学类型、教学原则和教学途径来适应这些不稳定、不统一的教学需求。这使得国际汉语教师个体专业化发展具有与实践相结合，不断反思和与教学情境结合的特点。国际教师除了要对本体文化有展示、介绍的积极态度外，还要有对异质文化宽容、适应的精神。对不同文化的尊重、理解与认识对国际汉语教师非常重要。比如摸小孩儿的头在中国表示亲切、关爱，但如果你是一名在泰国任教的汉语教师，那就一定要了解，对泰国人来说，头是神圣不可侵犯的，所以不能触摸泰国人的头部。当一个人向另一个人传递东西时，也一定不能越过他人的头顶传递。

五 教学行动研究是国际汉语教师个体专业化发展的有效途径

现代教育心理学研究认为，教师专业化的标志是教师自我教育、反思能力的形成（熊川武，1999：12—13）。而反思的结果就是要开展自我行动研究，从这个意义上说，教学行动研究是促进教师专业化发展的重要途径。

（一）教学行动研究有助于国际汉语教师实践性知识的形成

有学者对教师的知识结构进行了总结，并将教师的职业知识概括为本体性知识（即学科知识）、条件性知识（即教育学和心理学方面的知识）和实践性知识（即教学经验）三个方面（林崇德，1999：38—41）。越来越多的研究表明，教师在教学上的独特之处，是由于实践性知识的不同。但个人实践性知识具有“只可意会不可言传”和“情境性”等特点，无法通过理论传授得来，只有经过教学实践的磨砺才能形成。而教学行动研究可以说是“基于实践”、“在实践中”和“为了实践”的活动，可以弥补传统教师专业发展中只注重书本知识或可传递知识的不足。国际汉语教学情境变幻莫测，如何管理课堂，处理课堂上的偶发事件？如何在非常规化班级进行教学？对低龄学习者和成人学习者采取何种不同的教学方法？如何处理跨文化碰撞？这些问题单靠理论知识解决不了，必须不断地拓展实践性知识，才能完善教学。

（二）教学行动研究有助于国际汉语新手教师的成长

国外较为流行的理论认为：教师成长可以划分为新手阶段、高级新手阶段、胜任阶段、熟练阶段和专家阶段（曾玉华，2003：37—38）。国内有学者把中间的三个阶段合称为熟手阶段，形成新手—熟手—专家三阶段理论（廖美玲，2002：4）。新手教师在学校中获得的主要是陈述性知识，由于缺乏情境性学习的机会，他们难以获得运用教学原则、选择教学方法、采取教学策略与教学行为等方面的实践性知识，而培训中学到的知识也很难有效地运用到实际教学情境中来。加之刚刚从事汉语教学，处于缺乏教学经验的探索阶段，在教学过程中预见性和针对性不强，缺乏灵活性。比如新手教师由于对教学内容的重点、难点的把握不十分准确，在注意力的指向上多以自己的教学为核心，较少考虑学生的学习活动和学生的不同反应，使学生的主体性体现不足。在实际教学中笔者观察到，新教师往往利用多媒体来贯穿一个单元的教学，而不是利用师生互动和活动方式的转化来设计教学。

我们无法按照一个模式去培养出能适应复杂多变的教学情境的国际汉语教师。新手教师的专业成长，必须来自长期不断的课堂教学实践。实践中的教学会告诉新手教师许多书本上没有的东西，诸如如何提问，如何纠错，如何板书，如何导入，如何讲解、呈现，如何控制教学节奏，如何吸引学生和提高学习兴趣等。只有认真地观察、研究自己所教的学生，在教学中不断反思，新手教师才能向自己固有的教学观念提出挑战，有意识地和有针对性地选择和改变教学的方法与手段，使教学不再是个盲目的或者一成不变的，而成为一个丰富的、多变的、充满乐趣的和富有创新精神的过程。

（三）教学行动研究促使国际汉语教师成为研究者

教学行动研究倡导的“教师也是研究者”是教师专业发展理论的核心内容之一。叶澜（2001：301）指出：“教学行动研究意味着教师开始了有自己个人特点的专业知识结构的构建，不再仅仅是接受别人总结出来的经验或教学规律，而是教师个人一种积累、发展与创造的过程。”国际汉语教师应在这一理念的指导和引领下，以研究的态度对待自己的教育教学行为，成为研究型教师。传统的技术型教师和以胜任为本的教师，只注重对专家制定好的教学目标、内容和方法的认同、理解和接受，缺乏对具体教学实践的质疑、研究和创新。研究型教师运用先进的教育教学理论，针对教学实践中遇到的各种问题，不断地去分析、研究直至解决。通过创造、反思，把获得的经验性知识加以理论化和个体化。

比如，在国际汉语课堂教学中，小组自由讨论是应用较为广泛的一种课堂交际活动。但简单地将学生进行分组任其自由讨论，很容易出现偏离任务的现象，而且学生参与的积极性并不高。如果对这样的问题视而不见，甚至产生苦恼和抱怨，那么不仅课堂教学利用汉语交际的目的很难达到，而且教学水平也难以提高。但在“教师也是研究者”理念指导下，“如何解决汉语课堂上学生不积极参与小组讨论的问题”就可以作为一个研究课题。教师对这个课题进行分析、讨论直至解决，并最终形成自己的观点。诸如“如何改进课堂提问效果”、“促进交际能力的师生交互模式设计”等，都可成为行动研究的方向。善于研究的教师，会把身边鲜活的教学资源看做研究、创造、发展的好机会。

（四）教学行动研究促使国际汉语教师成为反思性实践者

佐藤学（2003：247）认为：“在技术熟练者模式中，教师专业成长的场所是研究、推广教育知识与技术的场所——大学与教师研修中心；反之，反思性实践家模式中，教师专业成长的核心场所是实践性问题产生的课堂与学校。”在教师专业发展中，对教师反思性实践者角色的定位，就来源于行动研究。因为教学行动研究是反思性教学的具体操作方法，它的核心内容就是对已有实践提出问题并进行反思。再出色的教师，也必须根据不同的情境，在与学生的互动与对话中不断反思，改进完善自己的教学，达到教学实践能力的不断提高。反思性实践者具备敏锐的观察能力，是一个富于理性的批判者，能积极地与学生、同事、专家合作交流，认真对待来自各方面的反馈信息，以促进反思。比如“如何解决汉语课堂上学生不积极参与小组讨论的问题”，教师首先通过一段时间的观察，记录学生的偏离任务行为，如“和同伴用母语交谈”，“议论和自由讨论与教学内容无关的事情”等，以此来衡量学生的参与程度。然后通过问卷调查，分析自由讨论中影响学生参与度的主要原因。在分析得出问题的成因后，针对这些问题的成因提出改进教学方法的具体措施，将改进后的教学方法重新运用于教学实践，并在实践中检验其教学效果。如果问题没有解决，就再进行新一轮的行动研究，直至问题解决。

六　结语

在实践中反思、不断地改进与创新是教师向专业化发展的必经之路。教学行动研究使国际汉语教师在理论的指导下，根据教学的实际情况，不断追求解决问题的办法和适应新的变化，实现在教学中研究、在研究中教学、教学与研究相长，使教师能够可持续发展，把教师个体专业化发展引向深入层面。

参考文献

1. 廖美玲、连榕：《新手——熟手——专家型教师成就目标定向与人格特征》，《研究应用心理学》2002 年第 8 期。

2. 林崇德：《教育的智慧》，开明出版社 1999 年版。

3. 刘捷：《专业化：挑战 21 世纪的教师》，教育科学出版社 2002 年版。

4. ［美］维尔斯曼：《教育研究方法导论》，袁振国主译，教育科学出版社 1997 年版。

5. 熊川武：《论反思性教学》，华东师范大学出版社 1999 年版。

6. 叶澜：《教师角色与教师发展新探》，教育科学出版社 2001 年版。

7. 曾玉华、金华：《专家型教师的职业素质结构》，《教书育人》2003 年第 4 期。

8. ［日］佐藤学：《课程与教师》，钟启泉译，教育科学出版社 2003 年版。

9. 国家汉语国际推广领导小组办公室：《国际汉语教师标准》，外语教学与研究出版社 2007 年版。

10. Kemmis, S., R. McTaggart: *The Action Research Planner*, Deakin University Press, 1988.

11. McNiff J., *Action research: Principles and Practice*, Macmillan education, 1988.

（张笑难　北京　北京第二外国语学院汉语学院　100024）

浅析远程网络教学培训外国汉语教师的特点

刘士勤

提　要　通过分析对比多种培养外国汉语教师模式的特点与不足，着重说明远程网络教学培养外国汉语教师的做法与特点，强调应在总结实践经验的基础上，加强研究，扩大实验，使其成为培养外国本土汉语教师的重要途径。随着各国"汉语热"的升温和孔子学院课堂的快速发展，不断充实汉语教师数量、提升他们的能力与水平，成为当前汉语国际推广事业亟待解决的问题。本文拟通过分析对比多种培养外国汉语教师模式的特点和本人参与"远程互动华文教学法培训班"的体会，谈谈如何运用远程网络教学培训外国汉语教师的工作。

一　现有培养外国汉语教师模式的特点与局限

"请进来"和"走出去"是我国目前培养外国本土汉语教师的基本途径。办学形式主要有下列几种。

（一）外国汉语教师来华研修

这是中国国家汉语国际推广领导小组办公室（以下简称"国家汉办"）针对不同国家、不同层次汉语教师的需求，设立并资助的培养外国汉语教师的项目。现在分别在北京、上海、南京等地开设《国际汉语教师培训大纲》研修班、中小学教师研修班、大学及成人教师研修班、专项技能研修班、大中小学普修班等。开设的课程有汉语知识、文化知识、现代教育技术应用和中外汉语教师座谈交流等，内容丰富多样。每个班15人左右，研修周期1—4周。受训人员可视自身情况选择来华学习时间。据报道，截至2010年，国家汉办和孔子学院总部已培训了2000多名外国汉语教师。这种研修具有中国教师面授、内容针对性强、实地体验中国、收获比较全面等特点。不足之处是来华人数有限，机会难求。研修人员混合编班，需求参差不齐，难以尽如人意。

（二）中外大学合作培养汉语教师

培养对象为外国大学中文专业三、四年级学生。在华培养周期1—2年。培养目标为外国中小学汉语教学师资。它的优势是：实行跨国、跨文化培养，在华时间长，教学内容多，师资水平高，培养目标明确，就业有保障。但要求条件高，实行2+2或3+1学制。据了解，目前只有泰国、印度尼西亚、越南、菲律宾等少数国家的大学与中国福建师范大学建立了这种合作办学机制。

（三）中国汉语专家组赴国外培训

这是国家汉办与国外汉语教学机构联合培训汉语教师的一种方式。根据国外实际需求，国家汉办派遣国内汉语教学专家组前往所在国家，培训当地汉语教师，并与他们交流教学经验。培训时间2—4周。经费由国家汉办提供。申办方负责招收学员、组织管理培训、接待专家组人员。这种培训由中国专家直接面授，师生同场交流，授课内容针对性强。但学员需要集中学习，离职脱产受训，与中国交往少，缺乏浓烈的汉语气氛。另外，它需要具备50名以上学员才有申请资格，申请与验收手续比较烦琐，在多数国家与地区难以推广。

身在外国政府机构、大学或孔子学院执教的中国汉语专家教授，近年来依据所在国需要和法律规定，有的指导或直接培训当地学校汉语教师，有的通过在校讲授汉语课程、举办汉语教师培训班、专题讲座等形式，培训所在国汉语教师。这种方式时间机动、简便易行、省钱省力，很受欢迎，呈现日益发展扩大趋势。

（四）提供奖学金培养外国本土汉语教师

这是孔子学院总部与外国院校签署提供奖学金的协议，培养汉语师资的一种形式。培养对象为外国大学汉语教师教育专业学生，或毕业后愿意担任汉语教师的本科大学生、硕士生与博士生。受资助人员由外国合作方推荐，报“孔子学院”总部审批通过。奖学金由外方代理发放。截至2010年，2000多名外国汉语教师接受过这种培训。

二 远程网络培训外国汉语教师的特点

远程网络教学，是一种教师通过现代通信手段把现场授课声音、数据、图像等实时传送给远端课堂学生的新型教学方式。它不仅流行于发达国家，也早已应用到对外汉语教学领域。2001年“网上北语”就开展了外国留学生汉语言专业学历教育。在中国有关部门的大力倡导和支持下，近年来远程网络培训外国汉语教师的工作，也日益受到社会关注，引起不少海外汉语教学与研究机构的注意。先看下面的事实。

（一）“2012印尼、葡萄牙华文师资远程培训”引起的强烈反响

2012年4、5月间，国内外20家媒体接连发消息、出广告、登照片，以《远程网络助力海外华文教学》、《2012印尼、葡萄牙华文师资远程培训开课》等醒目标题，报道“‘2012华文师资远程培训’开课仪式三国同时举行”的新闻。参训人员大幅增加。据统计：2011年参训人员中印尼雅加达有15人，全印尼三个城市总共79人。2012年光雅加达就有100人，两国三地参训人员跃升到300人。参训国家也由亚洲的印度尼西亚一国扩展到欧洲的葡萄牙。显示出远程网络培训外国汉语教师工作的生命力。

中国华文教育基金会和北京燕京文化专科学校（以下简称“燕京学校”），从2008年开始从事远程网络培训外国汉语教师工作，是开创这项事业的先行者之一，经过多年实践与探索，积累了宝贵经验。2011年我参与该校教学培训工作，下面就个人所见所闻和感受谈一些看法，欢迎大家批评指正。

（二）2011年首届“远程互动华文教学法培训班”的做法

（1）中外合作办学。承办方“燕京学校”与协办方印尼雅加达华文协调机构和雅加达、万隆、北干的相关学校，先通过媒体刊登招生广告，

介绍授课内容，联合招收了79名受训人员。承办方负责聘请授课教师，安排教学内容，筹集培训资金，安装教学设施，考查学员成绩，颁发结业证书；协办方负责招收学员，组织听课，收缴作业，举行座谈。双方优势互补，紧密配合，共同培训汉语教师。

（2）师生“面对面”授课。根据受训人员情况与要求，燕京学校本着内容少而精、授课生动形象、师生彼此互动的原则，精心安排《学前儿童语言潜能开发的方法》、《灵智儿童数学思维》、《怎样教汉语普通话和汉语文》、《汉字教学法》、《普通话语音教学》、《怎样教华文阅读课?》、《怎样教华文写作课?》、《怎样备课写教案?》、《现代教育技术与汉语国际教育》等课程，老师在北京演播室利用PPT课件讲课，在远程网络终端印尼雅加达、万隆、北干三地的学员，实时聆听教师讲课，收看PPT课件，虽然彼此相隔万里之遥，却像“同处一室”上课一样，十分逼真自然，让人备感亲切。

（3）授课教师访问印尼。为听取学员对教学的反映，了解远程网络培训教学效果，考察印尼华文教学和师资情况，燕京学校轮流组织授课教师回访印尼，与学员座谈讨论，研讨疑难问题，收缴学员作业，向学员颁发结业证书。在回访过程中，北干几位同人驱车8小时赶来参加座谈的感人事迹，万隆79岁老人按时听课“充电”的动人情景，耄耋老人手捧结业证书的画面，给我们留下了深刻印象。回访活动不但增进了主办方与协办方、教师与学员的相互了解，还了解了教学中存在的问题和漏洞，明确了继续办好培训班的方向与目标，起到了承上启下、继往开来的作用。

（三）远程网络培训外国汉语教师的特点

远程网络培训外国汉语教师的工作，目前虽然还处于起步阶段，却给人耳目一新的感觉，具有明显的优势和特点。

（1）优质资源，共同分享。北京是中国“发展世界汉语教学，发扬中华民族文化”的中心和大本营，闻名遐迩的大学数量众多，汉语师资力量雄厚，教育科技手段先进，海外交流渠道宽广，师资培训经验丰富。这些得天独厚的条件，奠定了开创远程网络培训外国汉语教师事业的坚实基础。通过远程网络技术传输和荧屏显示，远在异国他乡的外国学员，亲耳聆听北京对外汉语教学专家们生动形象的授课内容，亲眼目睹他们精湛的讲课艺术，亲身感悟他们润物无声的人格魅力，汲取北京优质资源的丰富营养，感受直接参与课堂师生互动的乐趣，不仅能获得知识与技能，还能享受学习的乐趣，的确机会难得。

（2）授课内容，直观易懂。利用现代教育技术，把授课内容制作成可视、可听、可读、可参与的 PPT 课件，虚构成融“声、像、文”于一体的汉语言交际场景。比如讲授东西方思维差异和文章结构区别时，荧屏上显示出季羡林先生的照片和语录，附加两张正反三角形图片，学员一看图，就明白中文文章结构呈现出“金字塔”形的特点，英文文章则呈倒“金字塔”形。讲到“授业、启智、励志、沟通”作用时，荧屏上立刻展现出人物照片及其语录。说到获取知识的主要途径，一幅图表把用视觉、听觉、嗅觉、触觉、味觉获得知识的比例表现得清清楚楚。一张张图文并茂的幻灯片，非常新鲜醒目。目睹这些精致的画面，犹如身临其境，人们的各种感觉器官在虚拟环境强烈刺激下，反映到大脑，形成深刻印象，产生看得见、记得牢、体会深的效果，大大提高了教学效果。

（3）学习便捷，效果显著。远程网络教学不受时间、空间制约，让五湖四海的学员既可以集中起来听课，也可以身不离家，随时、随地、反复地收看网上的授课软件，学习汉语知识，操练交际技能，消化授课内容，检验学习效果。学起来时间自由，方式便捷，省钱、省时、省事。

说到培训效果，79 岁的李镜盛老先生说，如今不能再照搬过去的那些做法了，所以我得来“充电”。69 岁的温新金女士在调查表上写道，这次培训，老师直接从远处提问，跟我们沟通，帮助我们提高教学能力，让我收获很大。多位老师反映“‘怎样备课和写教案’过去对我来说很陌生，许多老师不会写教案”，“我这次才知道教学不但要备课，还要写教案，做 PPT”，“尤其是‘怎样教华文阅读课’‘怎样备课和写教案’‘怎样教华文写作课’，都是新课程，听了之后，确实收获不小”。

（4）主题鲜明，重点突出。外国教师工作繁忙、杂事缠身、时间有限，一般只能利用业余时间参加培训。因此，培训内容宜少不宜多。印尼汉语教师中老年人多、青年人少，教学理念陈旧，教学经验缺乏，针对这种情况，这次培训把“华文教学法”作为主题，符合实际需求。老师利用现代教育技术优势，采取生动形象的教法，运用深入浅出的语言，选取生动典型的案例，理论讲得通俗，案例分析得透彻，让学员听了入耳，看了悦目，在风趣活泼、欢快愉悦的气氛中，学到新知识、新理念、新方法，提高了汉语教学能力和课堂授课水平。比如，原先多数学员不懂得利用现代技术进行汉语辅助教学的重要性，不了解远程互动汉语教学方法。参加培训之后，他们亲身感受到这种“声情并茂，生动有趣”教学法的好处，大开眼界。长期从事少年儿童汉语教学的李欢欢老师，参训后备课与写教案的水平明显提高。她深有感触地说：“第一次接受远程多媒体培训，我觉得受益匪浅，虽然我这方面的知识不多，但我会慢慢再探索。”姚莲英老师表示：“目前本人还不能操作电脑，以后会努力想办法学会操作技术。”白莉莉老师说：“主要收获是‘怎样教汉字’这课，（让）我学到汉字的各种特点。”颜美凤老师说：“我深深懂得，良好的阅读习惯对一个人的一生取得成功起决定作用”“备课和写教案是每位老师不可推卸的责任。”

（5）彼此互动，强化交际。远程网络教学具有让异地师生“同处一室”的真实感，为他们开辟了电子邮件、在线对话、问题提交、现场评论、相互讨论等多种交流渠道，提供了丰富多样的学习资料和个性化学习空间，增强和扩大了用汉语交际的力度和广度，这有助于让学员通过对比辨别正误、优劣，掌握知识，提高驾驭汉语的本领。受时间、技术和经验等因素限制，目前师生间、学员间彼此互动还不够充分，这是有待改进的地方。

（6）义务办学，免费学习。汉语国际推广是一项国家的、民族的事业，受到国家和社会广泛支持。燕京学校最近两年开办培训班所需要的经费，分别来自社会团体和企事业单位，学员免费接受培训。他们除了集中听课免交学费外，还可获赠学习账号和密码，在规定的期限内随时上网学习，考试合格者可以获得结业证书，可谓“名利”双收。远程网络培训班备受外国汉语教师欢迎，这也是重要原因之一。

（四）远程网络培训外国汉语师资的局限

利用远程网络培训外国汉语教师，必须具备一定的条件。在技术方面，需要现代信息传输技术与设施，适合网络教学的电子教材和课件，更新教育技术设备的资金，以及防备课件被盗的技术；在人员方面，无论是授课教师还是受训学员，如果缺乏使用远程网络平台的知识与技术，“望网却步”的畏难情绪重，那是办不好远程网络外国汉语教师培训班的；另外，网络虚拟语言学习环境，目前还无法实现对语误的辨别与纠偏，缺乏人和人之间的真实交流与竞争，这也有待于今后研究解决。

三 提高远程网络培训外国汉语师资的几点建议

开展远程网络教学，是信息化时代的特点与趋势，是改革发展现代化教育的必由之路，也是培训外国汉语教师的有效途径。“加快教育信息基础设施建设”“创新网络教学模式”和“开发网络学习课程”，是《国家中长期教育改革发展规划纲要》规定的重要任务。为贯彻落实《纲要》提出的任务，提高远程网络培训外国汉语师资的教学质量，我提出以下几点建议。

首先，巩固扩大由专、兼职人员构成的培训团队。成员应该包括懂教育理论、学习理论的对外汉语教学专家、教师、语言学家、信息技术专家以及美工人员。他们的任务包括：调查了解外国汉语教师现状与需求情况，开发适合远程网络培训外国汉语教师的电子版教材与课件，装备远程网络培训汉语师资的通信设施，开展有针对性、实效性、便捷性的远程网络师资培训教学。

其次，整合优质教育资源，开拓合作渠道。所谓整合优质教育资源，一是总结我国对外汉语教学和汉语国际推广事业的丰富教学经验，形成系统的理论和科学的教学方法，编写培训外国汉语教师的教材；二是统筹规划、强强合作、集中力量办好几个远程网络外国汉语教师培训基地，构成技术先进、设施齐全、使用方便的远程网络教学体系；三是建立“资料库”，为外国汉语教师提供多种多样的辅助资料。所谓“开拓合作渠道”，就是调动全社会各方面的积极性，扩大和外国相关机构的联系与合作，共同办好远程网络外国汉语教师培训班，早出人才、多出人才、快出人才，加快充实外国汉语师资力量的步伐。

再次，实行官民结合、共同办学、免费培训。“华文远程师资培训班”的经验表明，免费培训是办学成功的一个重要因素。燕京学校创办“华文远程师资培训班”所需要的资金，一靠中国华文教育基金会出资支持；二靠雅居乐控股房地产有限公司、中澳企业家联合会等企业赞助。办学有资金，受训不花钱，既能学到知识和本领，又能获得结业证书，“名利”双收，谁不乐意呢？“华文远程师资培训班”的经验还表明，民主党派、民办学校在汉语国际推广事业中可以有所作为。中国致公党北京市委员会及其所属的北京燕京文化专科学校，是历届“华文远程师资培训班”

的倡导者和组织者。他们急国家之所急，想华文教师之所想，克服人员不足、资金短缺、工作繁杂等困难，为汉语国际推广贡献余热的精神，确实令人敬仰与钦佩。

最后，加强与国外相关组织与机构的合作。近几年来，北京燕京文化专科学校依靠中国致公党的海外影响力和人脉关系，挖掘潜力，广开渠道，先后与美国、泰国、印尼、马来西亚、葡萄牙等国的华文教育协调机构及有关学校通力合作，办班规模不断扩大，培训效果日益彰显，树立了良好的形象，产生了广泛影响。我们应该学习他们锐意进取的精神，积极寻求合作伙伴，开拓新的办学点，加强教学研究，改善办学条件，增进中外合作，把“华文远程师资培训班”办成培养高质量外国汉语教师的摇篮。

（刘士勤　北京　北京语言大学　100083）

汉语国际教育与教师基本素养刍议

郭 玲

提 要 汉语国际教育独特的教育特点决定了从事汉语国际教育的教师必须具备扎实的专业技术知识、丰厚的文化素养、充分的文化自信力和包容力。唯有这样，才能适应汉语国际教育教师肩负的语言教学和文化传播的双重使命，真正适应汉语国际教育的需要。

一 引言

随着中国国际经济和政治地位的日益提升，中国在世界的影响力越来越大，关注中国，学习汉语，已经越来越为各国所重视。面对持续升温的“汉语热”，肩负海外汉语教学重任的汉语国际教育教师不仅承担着所在地区汉语教学的任务，更是传播中华文化的重要使者。汉语国际教育教师要胜任这一双重任务，就必须具备扎实的汉语言文化知识和较高的文化素养，要能根据教学对象和所在国家地区的文化特性，把握汉语作为非母语教学与国内作为母语教学的区别，根据不同的教学对象、教学目标，设计适合的教学手段，实现预期的教学目标。

二 汉语国际教育与汉语作为母语教学的不同

汉语国际教育是指面向海外母语非汉语者的汉语教学。这类海外汉语教学 Teaching Chinese as a Foreign Language Overseas（TCFLO）与汉语为母语的教育不仅在生源状况、教学环境方面有很大的差异，就连教学目标、教学手段，乃至对教师的要求也都不尽相同。厘清这些不同，找准教学定位，既是组织海外汉语教学的基本前提，也是制定遴选汉语国际教育教师标准的基础。

（一）教学对象不同

汉语国际教育其实质是汉语作为非母语的外语教学，要求从事汉语国际教育的教师首先要熟悉学习者的语言文化背景，研究学习对象的能力水平，制定有效的教学思路和方案。一般而言，作为非母语学习的外语语言学习者多是在掌握母语基础上，旨在再学习一种新的语言。以海外孔子学院为例，孔子学院的学生不少都是在读大学生，他们把汉语作为外语来研习，希望通过学习语言了解中国，进而“走进中国”。这就要求汉语教师要在学生原有的知识技能和逻辑理解能力的基础上，传导汉语言的学习方法，营造汉语言的学习语境，让他们熟悉汉语语言的使用规则，逐渐熟练掌握使用汉语来表情达意。

（二）教学重点不同

母语教学是知识系统规范化的教学，是语言能力再提升的教学。它是在学习者语言基础能力形成后的学习，注重学习的内在逻辑性和理论性，强调知识的系统性、规范性、深入性。汉语国际教育则是一种注重培养学习者基本语言应用能力的教学，是学习者在尚未形成语言基础能力的情况下的学习。这种非母语教学的汉语国际教育的特性注定了其教学重点不同于汉语母语教学，而应首先立足于培养学生的基本语言能力，具体感知汉语语言的语音形态和表述方式；其次才是语言知识的梳理和内在逻辑的把握，培育习得语言能力之后的交际输出。

因此，汉语国际教育在教学中要根据异域教学的特点，注意研究所在国学生学习汉语的偏误，汉语与所在国语言的对比分析，以及外国人学习汉语的习得研究，特别是二语习得的研究。主要研究重点为：一是对学习者语言的研究；二是对学习者普遍性的认知规律与习得方式的研究，包括研究其语音、词汇、语法、语篇的习得；三是对学习者个体差异研究，如社会因素等外部因素，以及影响学习者的学习心理因素等内部因素的研究。

（三）教学对象文化心理不同

汉语国际教育的对象来自不同的国家地区，不同的母语体系，不同的文化背景，具有不同的学习目标。教师在教学中要充分注意研究多文化背景下的语言教学方式和不同的文化因子对语言教学的影响关系，研究不同文化背景下的宗教文化心理差异对语言学习的接受性和排异性。在教学策略上，要充分注重教学方式的有效性，注重不同文化语境和教学阶段的教学方式。例如，在实际教学中，对开朗的美国学生、沉默的日韩学生就要选用不同的教学手段，在顺应各自的心理特质和文化氛围基础上，方能收到良好的教学效果。

三　汉语国际教育一般原则

基于汉语国际教育对象不同的语言基础、不同的民族文化背景、不同的学习目标、不同的接受心理，汉语教师在教学活动中，要善于寻找不同文化间的相同点，利用文化趋同性，充分运用多元文化背景下的教学手段，多维度改善教学理念，提升教学效能。

（一）激发学习兴趣，愉快学习

学习母语时学习者置身在民族特定的文化背景下，耳濡目染、潜移默化，在看着、听着中模仿，在说着、写着中实践。入学前以听、说为主，入学后读、写就逐渐成为重点，简言之，是以知行合一的方法来学习语言，其核心特点就是先会后学。

外国人学汉语基本都是零起点，完全没有汉语语言感受，不仅缺少听、说汉语的机会，就是接触汉字的机会也不多，直接接触汉语读本就更谈不上了。汉语国际教育教学中，汉语师资和教学资源大多依靠孔子学院供给，这种教学缺乏语境和学习者缺乏基本语言能力的汉语教学，使汉语国际教育教学不同于国内作为母语的语文教学和对外汉语教学，其方法策略尤为重要，需要教师制定较为灵活有效地教学方法。笔者以为，首要的策略就是激发学生的学习兴趣。只有激发起学生对汉语的学习兴趣，让学生在学习中感受到学习汉语的快乐，才能有效地开展系统的教学和学习。例如，语音教学阶段，要让学生正确辨别 z、c、s 和 zh、ch、sh 的舌位不同，除了给学生解释发音要领，查看语音舌位图，还可以利用绕口令《四是四，十是十》辅助教学。通过绕口令的诵读练习，既能训练学生的发音，又可增加语言学习的趣味性。

（二）难易有序，循序渐进

海外汉语教学由于缺少语言环境，学生离开学校，听、说、读、写的机会很少，学生“遗忘”学过的汉语语句就成了“常态”。若在教学设计中充分注意这种语境特点，事先按难易有序、循序渐进的原则开展教学，就会弥补这种语境缺乏的弱点，有效地巩固所学的汉语知识。例如，在汉语拼音学习阶段，可以引入“唱歌学汉语”的活动，以教唱注有汉语拼音的中文歌曲为切入点，选曲调舒缓、易上口的歌曲，如《甜蜜蜜》、《月亮代表我的心》等，通过韵律调动学生的多元智能，提高学生的感悟力。音乐旋律能加深学生对汉字、词汇的记忆，为将来的学习打下基础，营造有效的再生语境。

（三）根据知识点，创设情境教学

个人母语的习得，并非只有在学校中进行；学校教育不是语言学习的唯一渠道，学校语言教学应注意突出不同于自然习得的优势。学生获取知识有直接经验和间接经验两种途径，直接获取知识需要本人直接参与，其结果是认知深刻、牢固，并同步打造参与者的能力结构。故汉语教学中不论是语音、语法，还是词汇、汉字、课文教学，教师都要努力创设情境，带领学生参与到语言实践中，使学生在获得语言知识的同时，逐渐生成实际运用语言的能力和继续学习的方法，提升学生的自信心和自主力。

因此，实际教学中教师的引领、合理地创设语境在海外汉语教学中就显得尤为重要。例如，在学习“问候”、“打招呼”时，教师可以让学员自行挑选对话伙伴，尽量用上学过的句子、词语，问自己想问的问题。如果刚学了数字，就鼓励学生询问对方电话号码，或告诉对方自己的电话号码，把听、说、读、写的能力整合训练，让对话练习既生动有趣，又扩展学生的语言运用能力。

四 汉语国际教育教师基本素养要求

汉语国际教育教师在不同的国家教汉语，与国内教授汉语不同，需要面对更为复杂的社会文化差异。独特的教学要求，决定了承担国际汉语教育的教师必须具有良好的综合素养才能胜任海外的汉语教学。以孔子学院为例，学生来自不同的国家，具有不同的宗教信仰、不同的文化背景、不同的学习目的、不同的接受能力，要求汉语教师不仅要具备扎实的汉语知识、外语知识、二语习得知识，还应具备深厚的文化素养和多元文化背景下的表达沟通能力。因此，对汉语国际教育教师而言，语言是基础，文化是根基；语言和文化基础是汉语国际教师不可或缺的两个方面，缺一不可。

（一）扎实的文化功底和汉语教学基本技能

海外学生学习汉语是想通过学习汉语，进而了解和学习中国文化，而有些汉语词汇文化内隐性强，必须通过教师的形象讲解和学生的细心体会，才能明白其“话外之音”。这就要求教师的文化功底要好，大脑“资料信息”调取要迅速及时。比如“熊猫”、“梅雨”这些词汇是受特定自然环境制约的词汇，可能在教学所在的国家语言中是没有的，教师单从字面上解释，学生仍然不能完全理解。若是“梅雨”一词出现在文学作品中，就应理清其历史内涵，注重让学生把握词汇附着的文化内涵，否则学生就无法理解“清明时节雨纷纷，路上行人欲断魂”的含义，更无法理解中国文学作品中对梅雨描写的言外之意。笔者在韩国教学时，时逢中国清明节，正好讲到“清明时节雨纷纷”，韩国学生在描写天气时用了“淫雨”一词，让人着实意外。

语音教学是海外汉语教学的第一关口，在这个阶段必须采用教师做主导、学生为中心的教学原则。由于学生没有相关的“语言氛围”，教师的示范引领十分关键重要。这就要求教师必须语音纯正，吐字发音准确，有过硬的语言文字基本功。教师发音应符合普通话语音标准，不能因为教师的语音不纯正，导致学生语音不纯正，误把教师不规范的方言当成汉语普通话的标准音。

（二）多元文化的包容力

海外汉语教学中，虽然置身于异域文化，但教师在教学活动中都会将以汉语言为语境的中国文化作为主导文化。这既是教学的需要，也是文化传播的需要。只是在这种文化自觉中，面对所在国不同的文化传统，不仅要求从事海外汉语教学的汉语国际教育教师既要有自身文化的自信力，也要具备多元文化的包容力。只有具备不同文化的包容力，才能更好地在不同的文化背景下融通文化，促进不同文明间的对话，全面提升汉语教学促进文化的本义，使汉语教学“努力培养留学生依附汉语文化的兴趣，鼓励他们依附汉语文化的勇气，同时也应注意让他们学会用汉语表达本民族的文化世界”。“教师、学生都应以开放、肯定、宽容的心态对待各种文化，尤其是在本民族文化受到冲撞时，这种心态就更为重要。也许只有这样，才能保证跨文化交际顺利进行。”①

从另一个角度讲，每个从事汉语国际教育的教师都具有教师和跨文化交际者的双重身份。因此，保持多元共生意识、平等对话意识、求同存异意识不仅是历史要求，也是现实要求。教学实践告诉我们，“不仅要在课堂教学中自觉地、有意识地将语言中蕴涵和承载的文化因素传导给学生，同时，还要加强学习者在目的语环境中的文化适应、文化冲突及跨文化交际等问题的研究。使自己站在更高的跨文化角度上进行语言教学，这样，才能达到事半功倍的效果”②。

（三）熟练掌握现代教育多媒体教学技术

在海外汉语教学中，利用现代教育多媒体教学技术，可以更为直观有效地让学生将获得的零散汉语知识和中国文化勾连起来，把一些纸面知识转换成生动形象可感知的“文化镜象”。现代教育多媒体教学系统强调以计算机为中心的多媒体群的作用，有效地改变了传统教学中教师、教材、学生三点一线的传统格局。现代教育多媒体教学系统使学生学习时面对的不再是单一呆板的纸质课本，而是图文并茂的音像教材、视听组合的多媒体教学环境，使教学过程与教学效果达到优化状态。在整个学习过程中，学生能够充分调动多元智能，通过视觉与听觉功能，对大脑产生多重刺激作用，进而使学习效能显著提高。现代教育技术手段的妥善运用，可以弥补教学所在国语言环境匮乏的弱点，有效提升教学语言的丰富性和可感知性。实践证明，多种学习形式的交替使用，可以最大限度地发挥学生学习的主动性，有助于学生由“强学”变为“爱学”。同时，多媒体教学信息量大、速度快、知识涉及面广、多而不乱、广而不泛的特点，尤其适合海外汉语教学。如笔者在孔子学院教学时，为配合课堂教学，为学生提供相

---

① 李晓琪：《对外汉语文化教学研究》，商务印书馆2006年版，第229页。

② 同上书，第347页。

应的网上学习资源，使教学效果和学生的实际学习效能都有很大的提高。

事实证明，作为从事海外汉语教学的汉语国际教育教师，必须熟练掌握运用现代教育多媒体教学技术。因为，现代教学技术手段的运用有助于突破海外汉语教学远离母语语境，置身异域文化的缺陷，使教学能够跨时空自由学习，弥补传统教学模式的不足，使汉语教学可知可感，丰富生动起来。

五 结语

综上所述，由于汉语国际教育独特的教育特点，决定了从事汉语国际教育的教师必须具备扎实的专业技术知识、丰厚的文化素养、充分的文化自信力和包容力。唯有这样，才能适应汉语国际教育教师肩负的语言教学和文化传播的双重使命，真正适应汉语国际教育的需要，提升中华文化的影响力。

参考文献

1. 李晓琪：《对外汉语文化教学研究》，商务印书馆2006年版。

2. 李如龙：《论汉语国际教育的国别化》，《语言教学与研究》2012年第5期。

3. 陆俭明：《关于开展对外汉语教学研究之管见》，《语言文字应用》1999年第4期。

（郭玲　北京　北京第二外国语学院国际传播学院　100024）

东南亚汉语教学模式

从言文关系谈东南亚汉语言文字教学

董玉国

提　要　本文阐明了普通语言文字学一个重要的基础理论问题，即言文关系①。在这一基础理论指导下，谈东南亚汉语言文字教学的教学理念、教学模式、教材设计及教学方法，等等。

我们的报告是建立在以东南亚华裔学生为主，具有一定的汉语听说能力，中文读写能力处于较低水平这样一个基本事实基础之上的。

我们教汉语普通话和汉文（中文或华文），通俗地讲，一是教怎么听说汉语普通话；二是教怎么看中文书报和用汉字写文章。针对东南亚地区的具体情况，摆在我们面前的任务有两项：一是提高学生听说汉语普通话的能力；二是培养学生读写汉文（中文或华文）的能力。二者必须相互促进，共创双赢。

一　语言和文字

语言是什么？语言是＿＿以“音”示“义”＿＿的听说符号系统。（例：n？menh？o！是指语言语音，并非拼音。）②

文字是什么？文字是＿＿以“形”示“义”＿＿的读写符号系统。（例：你们好！一切文字都是以形示义的。）③

---

① 言文关系——普通语言文字学一个重要的基础理论问题，是在多年教学实践中提出的。笔者经过认真地理论学习，与张朋朋先生多次研讨，加以总结提炼而成。不对之处，文责自负。

② 这里是指语言的语音，而不是汉语拼音。

③ 一切文字都是以形示义的。这里的意思是包括汉字在内的一切文字都是以形示义的。

二 语言和文字的区别

	语言	文字
产生：	自然产生	人为创造
本质：	语音	字形
作用：	以音示义	以形示义
联系：	语音	字音
单位：	句本位	字本位
感觉：	听觉	视觉
器官：	口耳	眼手
能力：	听说	读写
认知：	自然习得	学习获得

第二语言学习获得　第二文字学习获得

三 语言和文字的联系

语言和文字是相对独立的，但二者之间的联系又是非常紧密的。字音是来自语言的语音，语音是文字和语言之间的“联系”（直接联系、间接联系），语言和文字可以通过语音的“联系”，相互作用，相互转化。

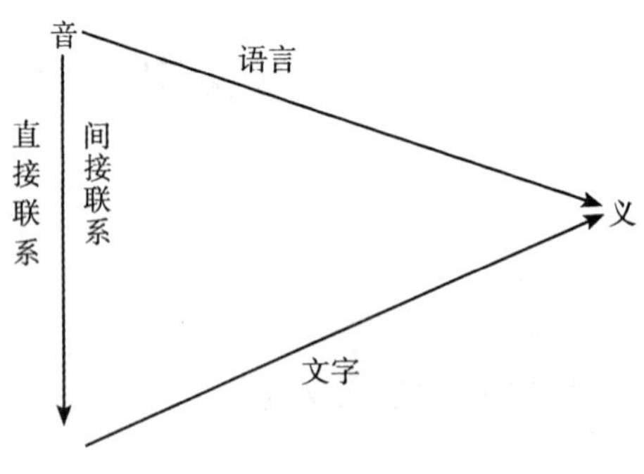

语言和文字的联系

四 区分“语言教学”和“文字教学”

教学理念可以概括为：

两个系统——语言系统和文字系统，即音义系统和形义系统；

两种单位——语言单位和文字单位，即“句本位”和“字本位”；

两种教学——语言教学和文字教学，即听说教学和读写教学；

两种能力——语言能力和文字能力，即听说能力和读写能力；

我们认为二者是相对独立并相互促进的。

五 教学模式：“语文分开，先语后文”

“语文分开”是指在教学指导思想上，要看到“语言”与“文字”的区别与联系，变汉字瓶颈与汉语学习掣肘，为汉语教学、汉字教学相互促进，共创双赢。

“先语后文”是指“文字教学”不服从“语言教学”，“语言教学”和“文字教学”分开进行，按照先“语言”后“文字”相互促进的方式来安排教学内容。

这一基本模式可以根据汉语国际教育各国各地实际情况创造出多种子模式，有广泛的适应性，可以满足多种教学需求。可以满足既学语言又学文字、只学语言不学文字、只学文字不学语言、多学语言少学文字、多学文字少学语言等诸多学习需求。

六 教材设计

在教材编写上把“语言”和“文字”分开，编写专门教汉语普通话听说能力的教材和专门教中文读写能力的教材。

“语文分开，先语后文”是在走一条前人没有走过的路，在没有很多可供借鉴和参照的教材和资料的情况下，要编写出一套两个系统，两种单位，适应两种教学，使学生获得两种能力的教材，是推陈出新，是极富挑战性的一大伟业，需要信念、勇气、智慧、心血和汗水。

七　教学方法

分别使用不同的教学方法来培养学生的“语言听说能力”和“文字读写能力”。

（董玉国　北京　北京语言大学汉语速成学院　100083）

面向东南亚地区的远程网络汉语教学

潘汉亮

提　要　随着网络技术及多媒体技术的飞速发展，面向海外开展网络汉语教学，可用较少的物力、人力，集合北京优秀教育资源的优势，解决东南亚汉语教师不足、教材陈旧、缺乏语言环境等诸多问题，是大力推进教育信息化、弘扬中华文化的强有力的手段。“两个分离”的教学方法，既是远程教育的本质特征，又是它的弊端或局限。经过三年面向印尼海外远程教学的实践探索，我们在教学方法、内容、形式上有所突破，目前已实现教师在北京远程授课，学员在国外课堂实时互动听课。课程录制放到网上，学员凭借账号和密码，可在任意时间上网反复学习，克服远程教学难点，从而在远程汉语教学上有所突破。

一　数字多媒体汉语教学的优势

汉字是世界上历史最悠久的文字之一，也是唯一的语素语言。把汉语作为外语来学习，公认要用比学习其他语言多三倍的时间才能学好。学汉语难，教零起点的学生更难。

多媒体使教学内容形象化、直观化，通过感观接受形成全方位的图像，给大脑以丰富的思维加工素材，从而大大提高学习效率，将教师和学生从传统枯燥的教与学模式中解脱出来，极大提高了学生的学习兴趣和学习效率，使学习汉语变得容易和有趣。

二　北京开展远程教育的优势

具有全国最好的教师资源优势，尤其优秀的对外汉语教师人数居全国首位；

具有全国最好的网络技术和便捷、节省的网络环境；

作为国际都市与海外建立着广泛联系。

三　远程汉语教学

（一）远程教育的演变

第一代网上课程：通过网页给学生提供教学材料和有关资料；

第二代网上课程：网上提供学习材料外，要求学生通过电子邮件、电子公告栏、网上练习和测试进行非同时性的交互；

第三代网上课程：除了包括第一和第二代的特征外，还包括网上交谈室、视频会议。

（二）远程汉语教学的难点

远程汉语教学难点众多，如：远程网络平台的安装和使用，需要使用者有一定的电脑知识；受制于当地国家自身网络网速；由于网络技术不断快速发展，远程教学平台需要根据各地网络更新，相应地及时升级和改进；网络教育加密技术不完善，课程内容和课件容易被复制，制约了教师参与远程教育的积极性。

（三）新的远程互动教学模式

我们选用第四代远程互动式教学，解决了远程教学的“两个分离”，师生异地如同在本地教学，这种教学方式极大地提高了远程教学质量。正是这种互动教学，极大地启发了学员的创造性思维。

项目对比

项目	远程互动系统	其他硬件方案
带宽适应性	无线、窄带状态也可以运行并且支持防火墙	需要较高带宽才能运行
携带方便	笔记本随时随地联网参加会议	只能固定在会议室中进行
客户化管理	根据客户要求提供界面、功能、品牌	不能满足客户个性化要求
传输效果	可以清晰传输图片、视频、文稿	只能传输音视频信息
技术更新	随时随地更新升级	更新缓慢，价格昂贵，生命周期为三年

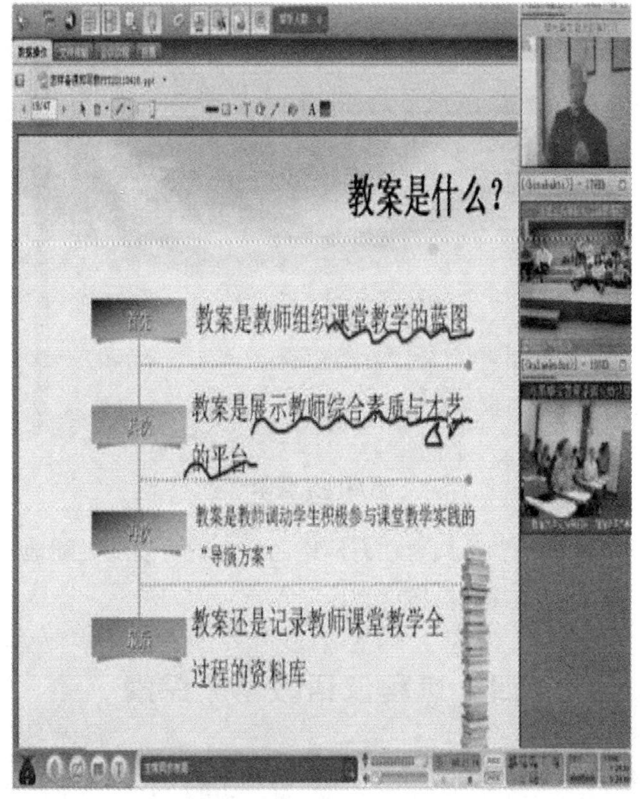

网络教学示意图

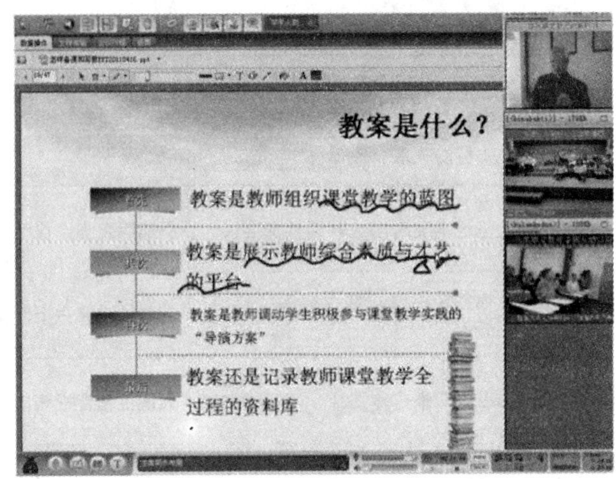

实时互动效果

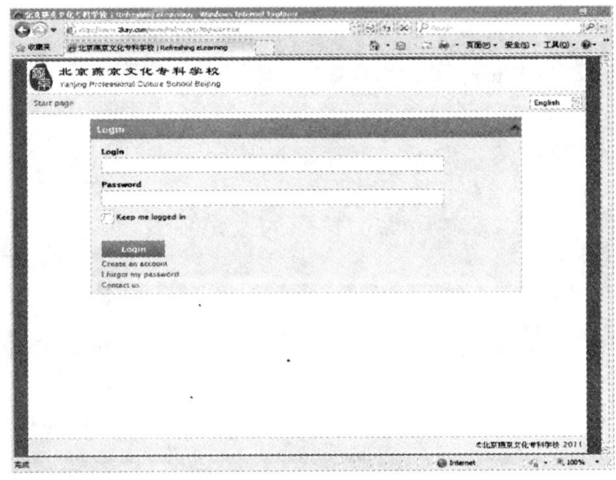

采用网上教学

采用网上教学使学员只要在有网络的地方就可以随时随地学习，满足海外学员的需要，尤其针对偏远地区。

四 远程汉语教学新探索

2008 年我校开始尝试使用远程互动网络教学模式；2009 年 8 月开通远程网校平台，设有四个互动点和五个旁听点；从 2010 年 3 月开始对印尼等地教师和学生进行远程汉语教学；2012 年开通网络学习平台，学员通过个人学习账号、密码随时上网浏览教学视频、使用课件进行学习。做到只要有网络的地方都可以参加零距离学习，使得培训面不断扩大。

（一）新教学方式、新的挑战

互联网技术可以把“输出”与“接收”两个终端连在一起。教师在北京主讲课堂通过 PPT 课件绘声绘色地授课，把抽象的对外汉语教学理念、教学原则讲得悦耳动听，把现代语言教学方法与技术演示得生动形象。

（二）学员们的新收获

汲取了新的营养，丰富了汉语知识。学员提道：高科技的发展带给人类许多的便利，拉近人之间距离和提供便捷的信息，有了高科技才有远程互动教学法培训，这使我们远在印尼万隆的华文教师能听到北京资深的刘士勤教授精心设计的华文教学法培训，每个课程都有简洁的提纲并加以分析讲解，虽然我们不是面对面地听课，但可以直接听到北京的讲解和分析，我们还可以直接提问沟通，通过提问，受益匪浅。过去我曾参加的远程教学是通过函授信件形式，没有像现在远程互动课这样好。

了解了当代华文教育的更多新方法与技能技巧。学员提道：我是抱着及时“充电”补课，提高自身素质的目的来参加培训，确实也让我收获不少，尤其是《怎样教授华文阅读》和《怎么备课和写教案》是两项新课目，以往的许多培训都没有。还有《怎么教华文写作》是很有用的一课，我也很喜欢。

加深对利用现代技术进行华文辅助教学重要性的理解。学会用现代技术手段来教学汉语，使汉语学习更简单有趣。

（三）满足不同需求

制作不同语种教材、电子书，满足海外不同国家的需要。

五　继续探索创新

重视网络信息技术，这是未来发展科技战略的制高点。在方兴未艾的新科技大潮中，谁把握了互联网，谁开创了面向未来的教育体系，谁就会获得持续发展的动力。

（潘汉亮　北京　北京燕京文化专科学校　100093）

菲律宾中小学汉语国际教育的现状及分析

陈　晨　赵晓晖

提　要　菲律宾是汉语国际教育在东南亚的重镇之一。本文以作者在菲律宾的教学实践为基础，从菲律宾华文教育的历史与发展、华校的课程设置、华语教材的编写与选用、汉语师资等几个方面介绍了目前在菲律宾中小学汉语教学的现状及存在的问题，并对这些问题的实质进行了具体深入的分析，最后提出了作者的建议。

一　菲律宾华文教育的历史和发展

菲律宾华文教育迄今已有100多年的历史，早在1899年就创立了第一所华侨学校——大清中西学堂（今中西学院）。随着华侨数量的增加，为了解决华侨子弟的教育问题，侨校的数量也越来越多。早期，华侨学校大多数兼设中文部和英文部，各自独立。中文部向中国教育部立案，受中国驻菲领事馆监督，使用中国的课本，聘请中国教师；英文部则向菲律宾教育部立案，使用本国课本，以本地教师为主。菲律宾独立以后，在教学性质、教学目的及教学对象发生变化的情况下，菲律宾教育界着手对华校进行“改革”，要求全面“菲化”，华校只能升菲律宾国旗，甚至在一段时期禁止中国教师入境。1955年，菲律宾创办了华文师范专科学校（1965年与中正中学合并，易名中正学院），就地培养华校师资。1976年华校全面“菲化”之后，华校被纳入菲国的本土教育，华文课程由原有的必修课旁落为选修课，其成绩不作为学生升学的依据，华校以华文教学为主导的格局已被打破①。这些政策致使华校出

① 杨子菁：《菲律宾华语师资队伍及师资培训现状述评》，《八桂侨刊》2000年第2期。

现师资短缺、教材匮乏等问题。

1991 年 5 月，“菲律宾华教中心”成立，作为一个服务于菲律宾全国从事华文教育和汉语教学单位的学术研究和行政协调机构，其宗旨是发展菲律宾华人社区的华文教育和主流社会的汉语教学。主张华校应以培养具有中华文化素质的菲律宾公民为目标，合理设置课程，华语教学应走第二语言教学的新路子，重编教材，改革课堂教学。近年来，华教中心已制定了菲律宾华校华语教学大纲，并编写了包括课本、写字本、教师手册、字片、教学图片、音像、计算机软件等配套的立体华语教材，并为广大华校使用。同时华教中心大力进行华语教师队伍的建设，通过举办讲习会、组织教师出国进修等多种途径，协助华校华语教师掌握华语作为第二语言教学的理论和方法①。

如今，以菲华商联总会为首的各种华人社会组织也普遍地重视、支持、配合华校教学，菲律宾政府官员对华校华语教学的态度已有了重大的改变。随着华语实用价值日益增加，华语将逐渐成为菲律宾社会的重要语言之一。华裔和越来越多的菲律宾原住民进入了华校学习华语。华文教育迫切需要根据面临的新形势作出相应的调整。

作者于 2011 年赴菲律宾丹辘省新民中学暨附属小学担任汉语教师志愿者。该校设立幼儿园、小学、中学，分设中文部和英文部，中文作为选修课。中文课生源绝大多数是华裔，极少数是本地居民和韩国籍学生。在为期 10 个月的教学中，作者可谓喜忧参半，喜在华文教学受到各界华人关注，为华文教学提供各项支持，并寄予厚望，学生自幼儿园起接受华文教育，直至中学已能流利地使用汉语进行对话和写作；忧在这些菲律宾土生土长的中国孩子已经出现被动学习汉语的现象，热情减退，效率不高，文化认同度降低，海外华文教育的形势不容乐观。下面仅从菲律宾华校的课程设置、教材的编写与选用以及菲律宾汉语师资的现状及问题作一简要介绍，并提出自己的一点粗浅看法。

二 菲律宾华校的课程设置

大部分华校把汉语作为选修课来教授，所以课程设置相对简单，基本

① 颜长城、黄端铭：《菲律宾华文教育的演变》，厦门大学东南亚研究中心（http：//www. pcerc. org/Others/Develop/Develop. htm）。

课程包括：华语课、阅读课、口语课。有的学校，像计顺菲华中学，还会添加 HSK 等科目。另外，学校还会根据自身需要增添科目。以作者所在的新民中学为例，中文部安排有数学课，数学课学习内容和他们英文必修科目中的数学大致相同，不同的就是老师要通过汉语进行教学。学校这样安排可能是为了完善汉语教学部的课程，或者为想进入中国大学学习的学生做准备。但这样就涉及了大量专有名词，所以学生在数学考试的时候相对痛苦，不是因为题目不会做，而是因为读不懂题目。

有的学校还开设读报课，讲故事课，这样的课程针对性强，也比较有实用价值，但这些课程基本没有教材，需要老师自己搜集资料，选择性地整理素材。这样的课程学生即学即用，可以增强学生的自信心，灵活使用汉语。学校会根据每年的教学情况和实际需求来增减这样的课程。

另外还有唱歌课、儿歌课等，这些课程娱乐性强，老师组织好了，便会起到寓教于乐的效果，但多在幼儿园和小学开设。这种课程设置的好处是灵活多样，可以多方面提高学生汉语能力。弊端则在于，有些课程的教学多依赖于经验，没有教材和参考用书，全凭教师自己摸索，而由于课程的变动大，好的经验无法得到传播和继承，没有教材也使得重复教学在所难免。

三　菲律宾华语教材的编写与选用

菲律宾的华文教育没有规定使用统一教材，由各校自行决定。部分学校选用菲律宾华教中心编写的《菲律宾华语课本》，据厦门大学东南亚研究中心介绍，菲律宾已有 50 多所华校使用此教材，包括我所在的丹辘省新民中学。这部教材的优点在于：教材配套，贯穿小学和中学、综合课和阅读课；故事性强；文化内涵丰富；融入了菲律宾华人的发展历史和优良传统。然而也有它的不足之处，如不够贴近生活，过多的文化内涵使文章不易理解，实用性不高。由于华教中心主张培养中华文化素质，所以课文中有不少关于历史文化的文章，如四大名著的节选、文成公主的故事、李白与汪伦的故事等。虽然一方面使得学生粗浅地了解了一些中国文化，但由于文化意识薄弱，没有相应的文化积累，久而久之反而造成了学生的厌倦、疲劳，影响课堂教学。例如：作者的学生学习《草船借箭》这篇课文时，课文并没有相关背景介绍，即使课前介绍了人物关系、人物性格、历史背景，对于他们来说仍然难以理解为什么最后诸葛亮借到箭而周瑜会生气。而从学生角度来说，他们对人物的理解也是千差万别，他们会说诸葛亮很聪明，但是大部分人的直接反应是他很坏，因为他弄虚作假骗取别人的箭。类似这样的文章是学生非常抵触的，因为已经脱离了中国的文化环境，没有历史知识和文化背景相结合，他们常常一头雾水。他们喜欢学的反而是关于菲律宾的一些文章，比如《台风》，或者介绍菲律宾某历史人物的文章，这些贴近他们生活，为他们所熟悉。

国内一些比较成熟的教材并未流通于菲律宾，一方面运费昂贵，对于自负盈亏的华校来讲，难以实现；另一方面是华校中文教育的组织者思想与方法处于汉语作为母语教学的阶段，没有意识到汉语在教学地位上的改变，因此不接受如此“简单”的汉语课本。例如作者负责中学部部分汉语教学工作，教授华语、阅读、听力、写作、说话、读报、讲故事七门课程，教材除华语、阅读两门课使用菲律宾华教中心出版的《菲律宾华语课本》以外，其余课程无教材提供，需任课教师自主选择和组织材料。所以，并不是教材的内容多、程度深，就会提高学生水平，相反，学生根本无法接受的教材只能起摧残的作用，教材上的知识不一定都能成为学生的知识①。来菲的汉语教师志愿者几乎都会面临编辑教材的任务，要么因为教材不合适，要么就是很多课程并无课本可以选择，如口语课、读报课、写作课，等等，教师需要根据学生的水平和教学情况编写和组织材料，这浪费了大量的时间，也造成了重复教学，降低了效率。

教材作为汉语教学的重要组成部分，我们希望它能得到各个华校的重视，在教材改革上能够与时俱进，增强实用性，多介绍现代的中国，而不是侧重古代文化的传播。也可以提倡各校根据需要自行编辑教材，互相分享。

四 菲律宾汉语教师面临的困境以及海外汉语教师培养

近年来我国选派大量教师志愿者进入菲律宾主流华校，更多华校开始愿意接受来自中国的汉语教师志愿者。对于本地汉语教师来说，他们会说

① 吕必松：《华语教学讲习》，北京语言大学出版社 2005 年版。

英语、菲语、闽南话和普通话，他们的优势就是沟通无障碍，因此学生对他们有一定依赖性和服从性，但培养一名优秀的本地汉语教师代价颇高；而汉语教师志愿者的明显优势在于一方面可以缩减学校的开支，另一方面可以减少学生对辅助语言的依赖，提高汉语表达能力。作者所在的新民中学的中文教师除两名本地中文教师、一名华侨中文主任以外，全部由国家汉办选派的汉语教师志愿者担当。由于闽南话在菲律宾华人界使用率较高，所以华校更愿意接受懂得闽南话的志愿者。新民中学校长在申请汉语教师志愿者来校服务时就提出：其中需要有至少一名教师志愿者懂得闽南话。有的学校，如北依罗戈省华英小学会有部分课选择使用闽南语教学。所以，对于汉语教师的选送也要注重地域因素，如赴菲的汉语教师可以着重从福建地区高校的专业学生中选拔，此外像厦门大学、华侨大学、暨南大学等这些高校对东南亚的汉语教学研究相对深入。

汉语教师志愿者大量进入菲律宾，营造了良好的汉语环境，大大提高了教学质量。同时也暴露了不少问题，例如教学方法有限、教师素质不一、教学上出现失误等。汉语教师在菲律宾面临的最主要的问题在于以下几个方面。

首先，与本地教师难以相处。由于语言障碍、文化不通，汉语教师多会出现“扎堆”现象，与当地教师交流极少，而本地教师也会因为无法理解中国教师的处事方式而尽量避免进行正面沟通。我所在的学校校长为了能促进中、英文两部的教师互帮互助，经常组织会餐、演出等活动，但这并不能解决彼此融合的问题。这其中有教师本身的问题，就汉语教师素质而言，教师志愿者英语表达能力不够，跨文化交流能力不强，在处理问题上没有全面考虑环境、文化等因素。在汉语教师志愿者培训期间，虽然有相关课程的设置，如英文课、文化讲座等，但并没有切实提高教师志愿者应具备的能力。我们以为，我们的培训课程都过于笼统，如果能由点及面地培训，效果更佳。如跨文化交流课程，可以由一个具体的问题、问题解决的流程、注意的事项、思考的方式、如何实施等这些具体的步骤来进行分析，胜过一味强调理论知识。

汉语教师作为中国形象传播者走出国门，除了具备中华才艺，也要懂得待人接物的礼节，而后者在实际生活和教学中表现出极为重要的地位。在国内培训中，我们注重对中华才艺的掌握胜于对节操和礼节的培养，甚至在礼仪方面并未设置相关培训内容。这给大部分志愿者造成困扰，甚至造成与本地教师的误会。比如：在中国我们吃饭的餐具很少，每人只用一双筷子可以随意食用每盘菜；而在菲律宾，除了每人的刀叉外，每道菜里还要放上一个公用餐具，大家先用公用的勺子盛适量菜到自己的盘子里，再用自己的刀叉开始吃饭。很多中国志愿者为了表示热情会不停地用自己的筷子给别人夹菜，这给当地的朋友带来很大困扰。

其次，学生对汉语教师存有偏见。除了沟通上的问题，汉语教师的文化素质也亟待提高。志愿者其中不乏大量文化素质不高，无法胜任高年级汉语教学工作的教师，对于学生提出的问题无法解答，这不可否认是造成菲律宾学生不尊重汉语老师的原因之一。另外，很多教师的奖惩措施使用不当，如分发糖果、奖励物品，这些物质上的奖励过于频繁，使得学生不懂得珍惜，更有甚者会主动索要奖品，希望教师奖惩适当，恩威并重，多采用精神鼓励。对于中小学的汉语课堂，除了教授知识，汉语老师也有义务和责任规范和培养他们的行为和良好道德，同时老师也应以身作则。

再次，汉语志愿者教师彼此相处出现问题，汉语志愿者大都是大学本科生或者研究生，基本上是第一次走出国门，身处异国他乡，难免会遇到各种各样的问题，包括生活方面、感情方面、工作方面等。这些问题处理不当，不但影响工作，而且不利于中国志愿者在海外的整体形象，甚至会影响到我们国家的形象。作为80后乃至90后的独生子女一代，普遍存在着个性较强等特征，加之地域文化、文化素养、性格秉性不同，不但与当地人相处容易出现矛盾，就是志愿者之间，相互有摩擦也是在所难免。因此在志愿者出国培训之初，就应该强调这一点，出国之后，志愿者之间更应取长补短、包容友爱。

五　结论

菲律宾作为华语教育历史悠久的国家之一，受到广大华人界的持续关注和不懈支持。总而言之，就目前来说，汉语国际教育中的“三教”问题，在菲律宾中小学中的体现是：在教法上，当地的教育组织者和很多志愿者并没有意识到对华裔和菲律宾本地学生的汉语教学是属于第二语言教学的性质，思想上受母语教学干扰严重；在教材上，品种尚不够丰富，最重要的是缺少适合当地需要的，将汉语与中华文化、菲律宾文化融为一体，能够引起学生兴趣的优秀教材；在教师上，缺乏熟练掌握中外语言、跨文化交际能力强、教学经验丰富、教学效果突出的优秀汉语师资。

“三教”问题的核心是教师问题，在菲律宾自然也不例外。只要有了好的师资，教材和教法的问题都可以适当地得到解决。目前，我们派遣了大量的汉语教师志愿者赴菲任教，一定程度上解决了当地汉语师资缺乏的燃眉之急，但是从长远来看，这并不是解决问题的根本之道。解决海外汉语师资的根本出路在于培养一支优秀的本土化教师队伍，因此我们希望汉语教师志愿者能够尽快熟悉当地的文化环境，与当地教师密切配合，融入当地的教学与工作中去；我们更希望中国能够不断发展壮大，国际影响力持续增强，吸引越来越多的当地优秀人才加入汉语学习乃至教学的伟大事业中来，而我们国内，则作为汉语国际教育的大本营，从先进的教学方法、优秀的教材等方面，源源不断给予支持，在双方的合作下，使菲律宾的华文教育蒸蒸日上。

参考文献

1. 杨子菁：《菲律宾华语师资队伍及师资培训现状述评》，《八桂侨刊》2000年第2期。

2. 李茂森：《教师的身份认同研究及其启示》，《全球教育展望》2009年第3期。

3. 吕必松：《华语教学讲习》，北京语言大学出版社2005年版。

（陈晨　北京　唐韵华声（北京）文化发展有限公司　101300
赵晓晖　北京　北京第二外国语学院汉语学院　100024）

泰国易三仓大学的汉语教学

赵晓晖　李玉玉

提　要　本文以作者在泰国从事汉语教学的亲身实践为基础，分三个方面介绍了泰国著名高等学府之一——易三仓大学汉语教学的情况，即学历教育、合作办学和非学历教育，并针对其中存在的问题，提出了作者的意见。希望能够帮助同行了解东南亚汉语国际教育的情况，并对汉语国际推广起到促进作用。

一　引言

泰国是我国在东南亚的友好邻邦之一，又是我国海外华侨的主要聚居地之一，因此，泰国汉语教学的历史源远流长。从目前来看，基本上可以分为基础教育、高等教育、孔子学院（课堂）以及社会办学等不同层次与形式。笔者有幸赴泰国易三仓大学从事汉语教学，因此对泰国汉语教学的情况有了一个初步的了解。本文主要以易三仓大学为例，介绍泰国高等教育中汉语教学的情况。

易三仓大学是一所教会大学，源于1969年的易三仓商业学院。目前，该大学已经成为泰国的第一所国际性大学，同时也是泰国最大、声誉最高的私立大学。校内共设65个学科，其中工商管理、计算机专业在亚洲处于领先地位；大学选用诸多世界名校的教材和课程，并采取学分制计分法，与国际接轨。至今，易三仓大学已与许多国际院校正式建立了校际联系，在校学生超过2.5万名。另外，每年都有来自70多个国家和地区的2500多名国际学生加入易三仓大学。在该校，工作语言为英文，所有课程、作业乃至学生活动，全部采用英文完成，这是该校在教学管理上最大的特色。

易三仓大学的汉语教学大致分为三个部分：传统的学历教育、泰中合作学历班以及非学历教育。

二 以商务汉语为特色的传统学历教育

易三仓大学源于易三仓商业学院，商科是该校的传统特色，在语言教学上也有所体现。目前易三仓大学文学院设置了四个外语本科专业，学制四年，分别为商务英语、商务法语、商务汉语及商务日语。传统上，选择商务英语、法语的学生居多，而目前，选择商务汉语的学生则有日益增加的趋势。文学院对学生总的培养目标是：

1. 具备专业能力。能够利用他们的双语能力以及对不同文化的深刻理解，与来自他国的人进行有效的沟通，并能够参与到全球化的事务中去；

2. 成为在公平正义社会中，推动经济进步的负责任的领袖人物。不但体现在公民权利的行使上，而且应该体现在他们的商业活动中；

3. 成为能够清醒地坚守个人的价值观，并兼具灵活性与激情的人，敢于独立思考，具备创新能力。

通过对学生培养目标的分析，我们可以清楚地看到，该校不但注重学生专业能力的培养，而且提出了价值观与创新性方面的要求，努力做到“教书”与“育人”目标的统一，力求“君子不器”。

具体到商务汉语专业来说，有如下几条具体的教学要求：

1. 使得学生掌握商务语言技巧，包括泰、汉两种语言，能够读、写，并进行交流；

2. 学会与来自其他文化背景的人互相欣赏，分享不同的文化价值观；

3. 成为具备专业能力的商务人士，能够为经济的发展与国家的繁荣起到负责任的领导作用。

可以看出，易三仓大学在教学中语言与文化并重，特别强调跨文化交际能力的培养。当然，这和易三仓大学是泰国的第一所国际性大学，每年有大量的留学生入学，拥有良好的国际教学氛围是分不开的。

该校商务汉语专业的课程设置如下表所示：

表 1　专业必修课

代码	课程名称	学分
CN1400	Introduction to Chinese	3
CN1401	Chinese I	3
CN2401	Chinese II	3
CN2402	Chinese III	3
CN3403	Chinese IV	3
CN3410	Business Communication in Chinese I	3
CN3430	Oral Comprehension and Expression	3
CN3450	Introduction to Chinese Writing	3
CN3470	Translation I：Chinese – Thai（Or CN3411，Business Communication in Chinese II，only for foreign students）	3
CN4471	Translation II：Thai – Chinese（Or CN3431，Chinese Conversation and Discussion I，only for foreign students）	3
CN4442	Reading in Chinese Newspapers I	3
CN3411	Business Communication in Chinese II	3
CN3420	Introduction to Chinese Linguistics	3
CN3431	Chinese Conversation and Discussion I	3
CN3441	Chinese Reading and Oral Report	3
CN3461	Aspects of the Chinese – speaking Countries	3
CN3480	Chinese for Secretaries	3
CN3481	Chinese for Tourism	3
CN3482	Chinese for Hotels	3
CN4432	Chinese Conversation and Discussion II	3
CN4433	Public Speaking in Chinese	3
CN4434	Advanced Listening and Speaking	3
CN4440	Reading in Business Chinese	3

续表

代码	课程名称	学分
CN4443	Reading in Chinese Newspapers II	3
CN4451	Report Writing in Chinese I	3
CN4452	Report Writing in Chinese II	3
CN4460	Survey of Chinese Literature	3
CN4472	Translation in Business Chinese	3
CN4490	Seminar	3

上表中代码一栏的第一个数字，一般表示该课程开设年级。可以看出，每学期的汉语专业课并不太多，在很多选修课上，师生一般都是使用英语进行交流，此外在大量的全校通开课上，更是完全使用英语，学生练习汉语的机会并不是很多，因此在学生中普遍存在着书面表达和口头表达能力较差的问题。

商务汉语专业的教材大多选用香港和内地公开出版的教材，例如北京大学出版社的《新标准汉语》等，但也有部分自编教材。在教材的选用上，大陆、香港和台湾的诸多教材之间存在着一定的竞争关系；在汉字的学习上，要求学生繁简字都学，无形中加大了学生的负担。

易三仓大学中文系共有教师20多名，分别来自中国大陆、台湾，还有泰国本土，极大地体现了教师的国际性，能够给学生带来不同文化的体验。很多年轻老师还有机会赴中国进修，如到北京语言大学攻读研究生等。中文系的老师除了负责商务汉语专业学生的教学之外，还要给全校开设汉语公共选修课（见下表），目的是给全校学生提供一个了解汉语的机会。

表2　　公共选修课

（只限于非商务汉语专业的学生）

代码	课程名称	学分
CN0400	Chinese for Beginners I	3
CN0401	Chinese for Beginners II	3

商务汉语专业在易三仓大学经过多年的发展，努力做到语言与专业并重，培养实用型人才，已经成为泰国独具特色的汉语国际教育形式之一。

三 与北京语言大学合作的双学位班

易三仓大学与世界多所名校建立了合作关系，在汉语教学方面，最引人注目的就是与北京语言大学的合作。

早在2002年，双方就联合创办了成人高等教育院校——北京语言大学曼谷学院，双方各派一名院长，组织师资，共同培养精通中文的人才。在此基础上，2008年又开办了“北京语言大学—易三仓大学双学位班”联合培养项目，成立易三仓大学的新专业——经贸汉语专业（Chinese for Economy and Trade，简称CET）。

“北京语言大学—易三仓大学双学位班”联合培养项目在汉语课程的设置、进度和教材等方面均参照北京语言大学汉语学院的留学生本科学历教育，尽量做到一致；除了汉语课程，学生们还需修学易三仓大学规定的公共科目，如英语、环境、道德等课程。经过4—5年的学习，修满所需学分，学生在毕业时即可获得北京语言大学和易三仓大学两所大学的学位证书。

该合作项目的培养目标是使毕业生：

1. 成为经贸汉语方面的专业人才，并且能够流利地用汉语和中国人交流；

2. 能使用汉语和华人进行商业活动，能在汉语语境中工作；

3. 了解汉语多个方面的文化，并能跨文化交际。

该专业的课程设置如下表所示：

表3 专业基础课

代码	课程名称	学分
CET 1811	Foundation Chinese I	3
CET 1812	Foundation Chinese II	3
CET 1821	Chinese Listening & Speaking I	3
CET 1822	Chinese Listening & Speaking II	3
CET 1831	Chinese Reading & Writing I	3
CET 1832	Chinese Reading & Writing II	3
CET 1841	Chinese Grammar & Usage I	3

续表

代码	课程名称	学分
CET 1842	Chinese Grammar & Usage II	3
CET 2813	Intermediate Chinese I	3
CET 2814	Intermediate Chinese II	3
CET 2823	Intermediate Chinese Listening & Speaking I	3
CET 2824	Intermediate Chinese Listening & Speaking II	3
CET 2833	Intermediate Chinese Reading & Writing I	3
CET 2834	Intermediate Chinese Reading & Writing II	3
CET 2851	Chinese for Business I	3
CET 2852	Chinese for Business II	3
CET 3815	Advanced Chinese I	3
CET 3816	Advanced Chinese II	3
CET 3851	Chinese for Economy & Trade I	3
CET 3852	Chinese for Economy & Trade II	3
CET 4853	Chinese for Economy & Trade III	3

表 4　　专业必修课

代码	课程名称	学分
CET 3853	Business Writing in Chinese I	3
CET 3854	Business Writing in Chinese II	3
CET 3862	Chinese for Business Conversation I	3
CET 3863	Chinese for Business Conversation II	3
CET 4861	Business Negotiation in Chinese	3
CET 4871	Chinese for Principles of Economics	3
CET 4872	Contemporary Chinese Economy & Trade	3
CET 4873	Reading Comprehension on Economy & Trade	3
CET 4881	Business Research Methodology in Chinese	3
CET 4882	Business Research Writing in Chinese	3

表 5　　专业选修课

代码	课程名称	学分
CN 3480	Chinese for Secretaries	3
CN 3481	Chinese for Tourism	3
CN 3482	Chinese for Hotels	3
CN 4440	Reading in Business Chinese	3
CET 4854	Thai – Chinese Translation in Economy & Trade	3
CET 4874	Directed Studies in Economy & Trade	

上表代码一栏中 CET、CN 分别表示经贸汉语专业和商务汉语专业所开设的课程，第一个数字一般表示该课程开设年级。相对于商务汉语专业，经贸汉语专业的汉语教学是分听、说、读、写的技能教学，汉语专业课时也非常多，且完全用汉语授课。因此本专业的学生有较多的汉语练习机会，书面表达和口头表达能力较为理想。

为了创造更好的语言环境，本项目曾分别组织了前两年级的学生于暑假期间到北京语言大学参加为期一个月的夏令营活动。夏令营期间，除开设汉语课听说课外，还开设了书法、剪纸、太极拳等中国文化课，组织听京剧、包饺子等一系列文化实践活动，让学生对中国文化有较为深入的了解和体验，取得了很好的效果。从第三届学生开始，改为“3 + 1”的联合培养模式，即二年级一整年都在北京语言大学学习。因为校历不同，第一个学期单独设班，从第二个学期开始，打散插入普通班中，和来自世界各地的留学生共同学习。在北京语言大学这一年的学习，能使学生的汉语水平，尤其是听力和口语水平得到很大的提高。

经贸汉语专业的学生由于要修双学位，时间紧、任务重，但是由于其“3 + 1”的办学模式，并且能够同时拿到两所大学的学位证，因此对学生有较大的吸引力。学生入学后，除个别学生因为自身原因转入商务汉语专业或者退学外，一般都能坚持到底。2012 年，第一届经贸汉语专业学生毕业，共有 15 人如期拿到了毕业证，起到了良好的示范效应，有利于该项目今后的进一步推广与发展。如今该项目每年的招生规模已由最初的十几人达到现在的 60 余人。

经贸汉语专业的师资由北京语言大学与易三仓大学共同承担。专业教材全部采用北京语言大学的教材，教学文字为标准简化字。学生用于学习专业的时间远多于商务汉语专业的学生，因此口头表达与书面表达能力整体上高于商务汉语专业的学生。但是由于身处泰国，毕竟不同于北京的语言环境及文化氛围，虽然主办者的初衷是完全按照北京语言大学的标准执行，但是在具体操作中，难以完全达到，特别是在专业师资等方面，还存在较大的缺口。毕业生的水平，也难以达到在北京学习四年的程度。

四　面向社会的非学历培训

曼谷是一个繁华的国际性大都市，各种学生、白领主动充电，力求自我提升的人很多。为满足这种需求，易三仓大学在市中心最繁华的区域开设了城市校区，提供 mini – MBA 等多种学历或非学历课程，以满足这些人就近学习的需求，其中也开设了汉语课程。

然而，自从 2007 年易三仓大学与清华的紫光集团联合泰国最大的电信运营商——TRUE 公司联合推出“快捷汉语”品牌，虽然 TRUE 集团在市场宣传方面投入了不少精力，但效果不尽如人意。每期开学，初级班的学员可能还有 10 人左右，中级班就只有三五人，高级班就更是应者寥寥，有时候甚至只有一人，造成了教学成本的极大浪费。

造成社会培训局面迟迟打不开的原因是多样的。归纳起来，有以下几点：

1. 学习动力不足。作为社会工作人员，压力很大，除了正常上班以外，还常常要加班，学习时间难以保证。而且，学习汉语并不能直接地给他们带来什么现实的收益，因此往往虎头蛇尾。

2. 汉语本身较难。汉语、泰语同属汉藏语系，泰语本身也有声调，因此汉语发音、语法对于他们来说不算太难，很多泰国人将汉字视为畏途，是因为老师教学方法不当，很容易使学生丧失信心。

3. 泰国人收入水平所限。由于面向社会大众，培训费用的高低是很多人考虑的一个重要方面，由于泰国人民整体收入水平不高，因此造成了很多泰国人不愿花大价钱去参加汉语培训。

4. 激烈的市场竞争。泰国位于东南亚，历史上有很多华侨在此兴办了汉语学校，后来随着中国经济的崛起，又有不少私立培训学校加入其中，希望从培训市场上分得一杯羹。近几年来，孔子学院的异军突起，使得很多并不富裕的人也有了廉价，甚至是免费学习汉语的机会，于是激烈的市场竞争也成为易三仓大学汉语社会培训不景气的原因之一。

五　分析与思考

泰国是东南亚汉语国际教育的重镇，由于历史的原因，当地华侨众多，这对汉语国际教育的开展来说是天然的优势。很多华侨子弟，出于寻根的目的，为了不忘中国文化而自发学习汉语，即使是在历史上最为艰苦的时期也没有放弃。今天，随着中国经济的发展、国际地位的提高以及中泰两国文化交流的不断加深，汉语国际教育在泰国迎来了前所未有的大好形势。

然而，面对大好形势，我们不能盲目乐观，必须冷静分析、扎实推进，才能促使泰国的“汉语热”由“虚热”变为“实热”，并且持续不断地热下去。从目前来看，泰国的汉语国际教育主要包括基础教育、高等教育、孔子学院（课堂）以及社会培训四大部分。就某一教学机构而言，这几部分之间可能有重合或者交叉，但是这四大部分基本上涵盖了泰国汉语国际教育的全部形式。

如果在基础教育阶段，学生打下了良好的汉语基本功，在高等教育阶段就会有比较高的起点。例如我们的大学生在进入大学之前，基本上都已经完成了至少六年的英语学习，因此中国英语高等教育的起点是比较高的；泰国则不然，尽管在某些中小学也开设了汉语课，但是基本上还流于兴趣课的阶段，并没有什么要求与标准，升学考试也没有将汉语作为必需条件，因此，泰国汉语国际教育的起点是比较低的。要想让起点有所提高，最重要的是中国必须持续不断地提高自身的吸引力，经济的持续发展固然是必要条件之一，更重要的是文化价值观念能够取得世界的认同，能够提供一种理想的生活范式。

从目前来看，即使是高等教育，大学中的汉语国际教育基本上还是从零起点开始的，有些学校只是将汉语作为选修课，易三仓大学建立了“商务汉语”专业，并组成了自己的中文系，可以说是先行一步。在设立“商务汉语”专业时，易三仓大学牢牢把握住了自己的特色——“商务”，同时契合了当今社会的热点。更难能可贵的是，易三仓大学的办学理念，不仅仅着眼于培养学生的职业技能，更是从“育人”的高度，指出了语言教学与培养人格、提升学生全面素质的关系。这一点，不仅对于泰国的高校，对于国内的高校，也具有深刻的借鉴意义。

易三仓大学与北京语言大学的合作，其中经历了不计其数的困难，但是由于双方坚定的信念，合作一直持续至今，并且不断发展壮大，堪称合作办学的典范。大学作为非营利性机构，不应过分注重创收，更应注重社会效益。该项目的发展壮大，证明这种不依赖政府，由高校双方自发合作办学的模式，取得了社会的认可。尽管从目前来看，还存在着一些不足，但是由于双方有坚定的合作意向，相信随着教学的不断发展这些问题将逐渐得到解决。

面向社会的培训，起点较低，因此在泰国竞争一直很是激烈，随着孔子学院的加入，更是日趋白热化。因此在这种情形下，如果高校想涉足社会培训，必须经过认真的调研，找准市场目标，拿出独具特色的教育产品来，摆脱在低水平上打价格战，否则很容易折载沉沙。

总之，在泰国的汉语国际教育若想取得大的发展，大而言之，还需要依靠中国的不断发展，国际地位的不断提高，这样才能不断增强汉语的吸引力；小而言之，必须从当地实际出发，特别是要依靠当地华人华侨的力量，整合中国大陆、港、澳、台以及新加坡等全世界华人的力量，建立“大华语”的观念，各种不同的教学机构应该分别找准自己的定位，取长补短、扬长避短，互相之间密切配合，而不要仅仅局限于依靠中国大陆官方的一枝独秀，甚至互相恶性竞争。在这方面，西班牙塞万提斯学院在全世界推广西班牙语的做法很值得我们借鉴。

参考文献

赵晓晖：《浅谈对外汉语教学中媒介语的运用——以泰国的汉语教学为例》，《北京第二外国语学院学报》2009 年 12 月增刊。

（赵晓晖、李玉玉　北京　北京第二外国语学院汉语学院 100024）

谈谈东南亚汉语教学中的兴利除弊问题

张永奋

提　要　东南亚地区汉语教学是世界汉语教学的重要组成部分。本文注重感性认知和理性分析相结合，总结东南亚地区汉语教学既有文化认同感和亲切感较强、需求量大、语言环境好等方面的有利条件，又有不同程度的排华倾向，并由于政治原因而引起的政策不稳定、师资力量有限以及教材质量良莠不齐等方面的不利因素。针对这些特点，提出东南亚汉语教学如何兴利除弊的总体考虑和具体措施。

东南亚地区主要包括泰国、马来西亚、印度尼西亚、新加坡、越南、柬埔寨、文莱和菲律宾等国家，是中国的西南近邻。由于华人华侨聚居、商贸往来频繁、文化交融深入，东南亚汉语教学起步很早、历史很长。改革开放以来，中国经济日盛、国力日强、国势日隆，到今天已经成为世界第二大经济体，成为国际上具有举足轻重地位的国家，东南亚各国与中国的经济联系日益增强，汉语教学也由此日益繁荣兴盛。在这种形势下，加强对东南亚汉语教学中的利弊分析，制定落实科学化、有针对性的策略措施，对于东南亚汉语教学沿着更加健康而有效的轨道发展，是迫切需要的，也是非常有价值的。

一　东南亚汉语教学的有利因素

东南亚国家华人人口总数大，分布广，汉语教学既有久远的历史传统，也有很大的现实需求。如泰国华人目前有800多万，占泰国总人口的14%左右；马来西亚有华人近700万，约占其国民总人口的24%；印尼有华人800多万；越南有华人100多万；新加坡有华人280多万，占其国民总人口的75%左右。其他如菲律宾、缅甸、柬埔寨、文莱等都有不少华人。华人，尤其是老一辈华侨，他们的母邦情结和民族情绪向来较为浓厚，对中国文化的认同感和亲切感较强。因此，东南亚是海外汉语教学起步最早、最为发达的地区。如越南早在1954年就将汉语列为与俄语同等重要的主要外语之一；根据廖建裕（1978：63）的统计，1957年印度尼西亚的华文学校就有近2000所，学生40多万人。在当前全球“汉语热”升温的大环境下，东南亚各国学习汉语的学生越来越多，学习愿望和要求非常强烈。除了华人子弟以外，其他种族也兴起了以学习汉语、懂汉语为荣的风尚。汉语教学受众广，这是东南亚汉语教学的第一个有利因素。

东南亚汉语教学的第二个有利因素在于良好的汉语教学基础。华人素有重视教育的传统，东南亚各地华人社团为了促进汉语教育、弘扬和延续中国文化一直在不断地努力着。如泰国最负盛名的华侨崇圣大学就是由华人华侨捐款全资兴建的一所综合性大学，发起人郑午楼博士捐献了一亿泰铢（约合两千多万元人民币），其他华人也纷纷出钱出力；马来西亚华人公会在许多华人组织、社团的支持和赞助下创办了拉曼大学。各国华人还通过各种措施，鼓励汉语学习和教学。如泰国的九属会馆教师奖励金、澄海同乡会会员子女奖学金等，有的奖金不论是否华人，只要是教授汉语的教师就能得到。这些举措无不产生了良好效应。

东南亚各国还有一些汉语教学的重要基地。如泰国的华侨崇圣大学、中华语文中心、泰国皇太后大学中国语言文化中心、清迈大学、朱拉隆大学等大学的中文系；马来西亚的马来亚大学、博特拉大学、拉曼大学等；印度尼西亚的雅加达汉语教学中心；越南包括河内国家所属外国语大学、河内大学在内的多所大学开设有以汉语为主的东方学或汉喃学课程。这些汉语教学基地，对汉语教学的推动和促进作用具有不可估量的意义。

有利因素之三在于东南亚文化本身含有中国文化元素，并鲜活而持续地渗透到其本国语言生活中。东南亚各国语言中都有相当数量的汉语借词（大部分为汉语方言借词）。据孔志远（1998）统计，马来西亚语中汉语词1200多个（闽南方言借词约占90%）；泰语中的借词更多，每千字中至少有300个；菲律宾加禄语词汇中，约有2%来自汉语；现代菲律宾语中的“ate（姐姐）、miki（面干）、tauye（豆油）、hebi（虾米干）、pansit（扁食）、tinghoy（灯火）、susi（锁匙）”等都源自中国的闽南方言；缅甸语、老挝语、柬埔寨语中的“豆腐、茶、酱油、面条、油条、饺子”等都源自汉语；越南较为特殊，在相当长一个时期内，越南以汉语为官方语言，并在汉字基础上创造了越南民族文字喃字，越南的很多名胜古迹，包括河内市中心的文庙，至今还都保留着汉字。武氏春蓉（2001）研究发现，现代越南语中，还有60%以上的汉语借词。这些汉语借词作为文化的一部分，在汉语教学中容易激发学生的文化亲切感。除了语言，还有一些习俗及思维方式等方面的同质元素，也对提高学生的汉语学习兴趣大有裨益。

第四个有利因素在于东南亚各国政府对于汉学教学的政策支持和引导。一定程度上而言，语言地位取决于经济实力，英语的发展就是个极好的例证。这个道理同样适用于东南亚各国政府对待汉语教学的态度变化。20世纪六七十年代，由于种种主客观原因，特别是中国对东南亚国家缺乏经济影响力，汉语教学受到各国政府的限制而趋于衰微；而到八九十年代，随着中国经济影响力的日益提升，汉语教学在这些国家陆续得以复兴；进入21世纪，中国与东南亚各国经济合作迅猛发展，2001年11月中国与东盟达成十年内建成自由贸易区的协定，2003年10月中国与东盟签署《面向和平与繁荣的战略伙伴关系联合宣言》，从2004年起广西南宁举办中国—东盟贸易博览会，2010年中国与东盟贸易合作进入崭新历史阶段，随之东南亚很多国家政府都把汉语教学放在越来越突出的位置，出台了一系列刺激政策促进本国的汉语教学。根据黄燕（2008）的调查，泰国于1992年放开了自20世纪50年代以来对汉语的种种限制政策，实现汉语教学合法化，2005年泰国教育部专门制定汉语教学新政策，计划在2008年前在2000所泰国中小学开设汉语课程，将汉语教学深入初等教育中。张本钰（2007）的调查则发现，90年代以来马来西亚汉语教学政策日趋宽松，2003年开始，马来西亚教育部把华文科纳入国民学校的正课，目前全国有华文小学、华文初中和华文大学共1000多所，学生众多。90年代以后越南政府规定在华人集中地区，华人子弟可以学习汉语，可以成立各种用汉语表达的文化文艺组织，华文被列入中小学课程范围，2006年5月越南教育部正式颁布《普通教育课程：中国语课程大纲》，为越南中小学开展汉语教学提供政策保障。印尼政府从1990年起逐步放宽汉语教育限制，尤其是1999年10月瓦希德当选印尼总统后，大幅度地调整了华人华语政策，积极推动汉语教学。在政府的支持下，东南亚汉语教学逐步走上主流发展道路。

第五个有利因素在于传统和现代传媒方式为汉语和中国文化的传扬铺设了一条崭新的通道。语言及文化的传播离不开强有力的媒介支持。东南亚作为世界中文报业最重要的中心之一，为汉语及中国文化的传播提供了很好的途径。马来西亚的《星洲日报》、《南洋商报》等，新加坡的《联合早报》、《联合晚报》、《海峡时报》等，泰国的《星暹日报》，菲律宾的《世界日报》，越南的《西贡解放日报》，缅甸的《金凤凰》等中文报纸，在增强海外华人的文化认同感，对中华文化的传承以及族群意识的维系等方面都发挥了重要的作用。除了报刊，华语电视台及华文网络等现代传媒手段的影响力也日益扩大。可以说，信息时代给汉语教学创造了更多、更新、更好的机会。

二　东南亚汉语教学的不利因素

尽管东南亚汉学教学具有以上种种优势，可以说发展汉语教学正逢其时，但我们还是清醒地看到，这些国家和地区的汉语教学也存在着许多不利因素。

首先，与政府的政策有关。尽管20多年来，东南亚许多国家的政府对汉语教学的政策有所放宽，但有些国家的排华倾向历来较强，因此汉语推广的力度还是有限，不容过于乐观。郭熙（2005）举了马来西亚的例子：马来西亚宪法第152章就规定马来语是国语。为了突出国语地位，政府对语言文字使用作了许多规定，比如各民族的牌匾文字，尺寸上不得大于马来文，等等。再如新加坡，新加坡号称多语文国家，但绝大多数公共场所却只见英文，不见汉语。另外，南海的海洋领土争端，使得中国与菲律宾、越南、印尼等国家关系紧张，这势必会波及政府对汉语教学与推广的相关政策的制定。

其次，由于几十年来许多国家对汉语教育的压制使得老一辈华侨华人的民族情感未能得到较好的延续。很多生于斯长于斯的华人华侨对汉语及中华文化的认同感、亲切感被严重损害，不少人几乎不用汉语，甚至没有中文名字。例如，很多新加坡华人学生以英语为主要交际用语，汉语则是他们的外语。这种情况在东南亚较为普遍。

再次，汉语师资问题也很突出。由于多年来汉语教学的断层，造成汉语教师匮乏的局面。以马来西亚为例，很多学校的汉语老师以第二、三代华侨为师资主体，年龄偏大，学历偏低，大多没有受过现代语言教学理论和方法的系统训练，教学理念很难跟上时代步伐，加上其母语多为粤闽方言，地方口音浓重，因而很难保证汉语教学的质量；而一些年轻汉语教师，即使有机会到中国来接受短期培训，提高了汉语水平，但回国后，由于社会地位及待遇问题，很多人选择进公司，或从事导游、翻译等工作，脱离了教师岗位。越南也普遍存在汉语教师不足及流失的问题。韦锦海（2004）发现："在（越南）各高校，汉语教师与学生之间的师生比大都在1∶50以上。有的学校由于师资缺乏，只能大班上课，一个班人数在50人以上。"此类情形同样出现在印尼，师资缺乏是印尼华文教育的最大困难。

最后，制约东南亚汉语教学发展还有一个根本性的问题，即教材编写和质量问题。目前东南亚地区使用的汉语教材来源广泛，有自编讲义或教材，有大陆引进教材，有港台教材，也有当地与中国合编的教材。如泰国的《实用汉语课本》、《汉语教程》即为中国内地高校的汉语教材；老挝的一些学校，使用中国国内通用的中小学语文教材；菲律宾、新加坡等国使用大学自编或改编的本土教材，另外还有一些中国台湾、香港以及美国等地编写的教材。由于教材编写者的理念不同，水平也参差不齐，对教材使用者的需要没有进行充分的调查研究等原因，总体而言，东南亚汉语教材的质量是不太理想的，具体来说，主要存在以下几个问题。

一是科学性问题。这主要体现在有些教材在编排上缺乏深入考量和科学设计，如没有对最重要、最基础的语音教学予以充分重视。印尼有的汉语教材仅将语音教学编到二年级，或比重过低，不利于夯实学生的语音基础，这样学汉语就如同沙地上盖房子，不够牢靠。教材的不科学还体现在词汇和语法点的安排和解释上。词汇复现率过低，学生的遗忘率就偏高，学习效果很难保证；语法点编排没有很好地遵循循序渐进的原则，采取随意拓展及词典式讲解的模式，语法解释缺乏准确性和清晰性。

二是趣味性问题。一般来说，题材广泛、形式生动活泼、内容有趣的课文，容易激发学生的学习劲头。而东南亚汉语教学中有的教材趣味性不强，课文内容引不起学生的学习兴趣，老师上起课来也很难组织学生进行相关话题的讨论。有的课文内容甚至没有贴近不同年龄不同水平学生的实际生活需要，存在过多的道德说教，容易让学生学而生厌。

三是实用性问题。一些教材没有体现语言教学中的常用先见原则，学生学了半天，最常用的、该会的知识还是不会，花时间、下力气却学了一些不太常用的，这样就容易使学生产生挫败感。这实际上也涉及教材的本土化问题。通用教材往往掩盖了国别性、地方性特色，而具体到不同国家和地区，学生的生活、思维和语言习惯是不同的，对汉语学习内容的需要也是不同的，汉语教材必须考虑到不同文化的学生的不同需要。

四是系统性问题。很多教学点没有从零起点到初、中、高级汉语水平的听、说、读、写的配套教材。手头有什么教材就用什么教材，缺乏教学上的通盘考虑。不同层次、不同的编写者、不同的出版社，口语、听力、阅读教材水平不相当，很容易人为地增加学生学习的难度。

另外，教材还存在繁简字不统一的问题。如港台引入教材使用的是繁体字，大陆教材用的是简化字，简化字好学、好记、好写，容易被学生接受，但由于历史原因，很多地区用的汉字还是繁体字。繁简共存的状况造成了学生的困惑，也给汉语教学带来了不便。有的学校要求学生阅读繁体字课文，书写则可以用简化字，这不过是一种权宜之计。

三　东南亚汉语教学如何兴利除弊

任何事情都有利弊的不同方面，兴利除弊是推动工作向前发展的必由之路。充分认识东南亚汉语教学的有利因素和不利因素，目的在于有针对性地采取有力的措施办法，继续保持和发扬好的方面，着力克服和改进不利的方面，逐步扫清东南亚汉语教学发展之路上的障碍，把东南亚汉语教学提高到一个新的境界。本文不想面面俱到，只从迫切性、实用性和有效性考虑，提出以下应对之策，供有关各方决策参考。

首先，加强东南亚汉语教学研究和宣传。东南亚汉语教学的实践历史长远，但对此的理性概括和专题研究比较缺乏，其教学实践基本处于自然和自发状态，没有清晰、独立和系统的学科研究作指导，这是极不利于事业发展的。建议国内有关机构将东南亚汉语教学作为世界汉语教学领域的一个重大研究课题，与东南亚各国各地区联手，培养一批专题研究人才，研究破解该项教育的攻关项目，并建立定期或不定期的交流和会议机制，深入总结东南亚汉语教学的历史经验，及时提炼当下鲜活生动的具体实践，全面把握东南亚汉语教学的科学性和规律性，形成相对独立、完整的科学体系，使东南亚汉语教学迈上科学化、自觉化道路。与此同时，要通过各类媒介和网络舆论，加强对东南亚汉语教学的宣传，不仅引起东南亚各国政府的高度重视，而且直接影响其决策行为，使之既自觉保持传统优势，更制定出有突破性的政策措施，以支持和引导本国本地区汉语教学向更广领域、更高程度发展。

其次，加快推进师资队伍建设。这可以考虑从三个方面加以解决：一是本土化。十年树木，百年树人。从长远来看，师资本土化是培养东南亚汉语教师的一条必然途径。当地汉语教师具有中国政府公派教师所不具备的独特优势，他们了解当地历史和现实，与学生之间更容易沟通，容易取得更好的教学效果。师资本土化可以靠两个方面的努力来实现：一方面，应该积极争取纳入当地政府师资培养计划。如马来西亚教育部就组织了现有华文学校的一些正式教师参加新中学课程华文教学法训练；新加坡也在一些大学增设了汉语课程，促进汉语教师培养；越南胡志明市教育厅与市师范大学中文系合作，培养了不少汉语教师。另一方面，大力吸引华人子弟加入师资队伍。华人子弟对中华文化有天然的亲近感，容易在学习和教授汉语方面取得成绩。像泰国华侨崇圣大学，其人文学院开设的中文系就培养了许多汉语教师；新加坡的华人会馆和社团，也经常举办各类汉语教师进修班。师资建设自然还包括师资素质提高问题。这里有一条可行的而且正在实施的方式，就是派当地汉语教师定期或不定期到中国一些对外汉语教学较有经验的学校和机构实地考察、交流学习。如果当地政府加大支持力度，建立稳定宽松的政策，那么通过多方面的努力，汉语教师队伍的强大指日可待。二是争取外援，特别是从中国输入汉语教师。这些年中国政府公派对外汉语教师逐年增加，2006 年，国家汉办试行了“汉语教师海外志愿者项目”，帮助解决世界各国汉语教师的短缺问题，很多国内学校与东南亚汉语教学点建立了校际交流合作，这些都大大缓解了师资紧缺问题。三是开展远程教育，作为课堂直接教学的重要补充。依托现代信息技术形成的视频会议系统、电子白板、互联网课件点播等远程教学方式，具有快捷、高效、互动等特点，可实现异地教学和资源共享，这对于东南亚汉语教学具有非常实际的意义。包含声音、图片、动画、互动环节等在内的远程教学课件，容易激发对现代科技手段十分感兴趣的年轻一代学子的学习兴趣；同时，针对东南亚有些学生性格较为内敛、课堂讨论参与度较低的特点，通过多媒体方式学习汉语，有利于帮助他们消除紧张感，提高开口度，使得师生之间、学习者之间的交流更为通畅。当然，就目前的实践情况看，人机交流还是很难完全替代传统课堂教学，但作为传统课堂补充形式的实际价值无疑是显然的，特别在听力、口语或其他课型上能明显地起到缓解师资不足的作用。

最后，关于教材建设问题。教材是教师开展教学活动和学生实施学习行为的重要依据。一本好教材的作用绝不亚于一个好教师。教材建设方面难题需要教师和编写者共同努力来破解。编写者在着手编写之前，最好能认真调查研究教材潜在使用者的情况，充分听取第一线教师的意见和需求。总体而言，教材的多样化、精品化是一个大的方向。多样化包括课型、题材、形式、材质等方面的立体化；精品化则是将一些公认较为优秀的教材，不断地更新，求精求细，及时剔除老化词汇及题材，及时增加新内容、新词汇，使之成为汉语教学的范本。此外，教材的本土化也是一个重要的方向。但本土化不是仅停留在表面上的本土化，比如编写者、词汇等因素，而正如李雪梅（2010）指出，关键在于“要符合本土学习者的需求，贴近本土人的思维、文化、习惯和语言表达方式，使教材有本土元素和地方特色，否则将是一种形式”。本土化教材最好采取合作的模式，既发挥本土人士熟悉当地人生活、思维习惯的优势，又保持中国人地道纯正汉语的优势，实现优势互补、相得益彰。因此韩明（2012）建议“每部教材都应该有本地区教师参与”，以保证本土教材开发质量。总之，教材建设要本着这“三化”方向，集思广益，聚智聚力，加快推出一批科学性、趣味性、实用性和系统性兼具的好教材，为东南亚汉语教学事业发展插上强劲之翼。

参考文献

1. 郭熙：《马来西亚：多语言多文化背景下官方语言的推行与华语的拼争》，《暨南学报》2005 年第 3 期。

2. 韩明：《东南亚汉语教材使用现状调查研究》，《国家教育行政学院学报》2012 年第 3 期。

3. 黄燕：《泰国汉语教学中存在的问题及对策——以那空沙旺府为例》，《语文知识》2008 年第 4 期。

4. 孔志远：《中国与东南亚文化交流的特点》，《东南亚研究》1998 年第 4 期。

5. 李雪梅：《对编写意大利本土化汉语教材的思考》，《海外华文教育》2010 年第 3 期。

6. 廖建裕:《现阶段的印尼华族研究》,新加坡教育出版社 1978 年版。

7. 韦锦海:《越南高校汉语教学现状》,《广西民族学院学报》(哲学社会科学版)2004 年第 5 期。

8. 武氏春蓉:《略论汉语对越南语的影响》,《济南大学学报》(社会科学版)2001 年第 5 期。

9. 张本钰:《马来西亚华文教育现状及发展前景》,《福建论坛》(人文社会科学版)2007 年专刊。

(张永奋 北京 北京语言大学汉语学院 100083)

泰国中小学汉语教学：教学模式与课程标准[①]

——基于对曼谷三所学校的调查

朱志平

提　要　泰国目前是东南亚国家中中小学汉语教学需求增长最快的国家，从政府政策支持到学校汉语课程的开设都表明了这一点。但是，针对曼谷三所学校汉语教学情况的调查结果显示，目前的教学状况并不理想。主要是缺乏一套中小学汉语教学共同遵循的统一的课程标准，以及在此基础上建立的有效的教学模式和教学管理模式。

一　引言

泰国目前是中小学汉语学习人数增长最为迅速的国家之一。究其原因，首先应该归结于中国几十年来经济的迅速增长，在目前世界经济不景气的情况下，中国经济状况较为稳定，国内需求市场依然很大，而泰国是东南亚的农产品重要出口国，与我国关系密切；其次也与泰国当地华人在泰国各个阶层中处于重要地位有关。目前开设汉语教学的学校已达2000所（据课题小组了解到的情况，全泰国中小学达到2300余所），但是，这些学校中的大多数汉语教学的质量却不甚理想，引起有关人士的忧虑，也成为本研究展开的前提。

①　本文写作基于国家汉办项目“泰国中学高质量汉语教学体系研究与开发”（汉办财通2012年809号文件）子课题“泰国中学汉语教学标准与课程大纲研发”的前期调研。

2011年北京师范大学即汉语新师资培养基地专家受泰国教育部基础教育质量督导委员会的邀请，前往泰国曼谷进行考察，并与当地20所学校签约，将以这20所学校为样本，协助当地解决目前泰国中小学汉语教学质量的问题。在初步的调研和与泰方的交流过程中，项目小组认识到，要解决泰国中小学汉语教学目前存在的诸多问题，首先要建立起一定的行之有效的课程标准与教学大纲，在这个基础上来统一并规范各中小学的汉语教学。

自那时以来，项目小组即已展开对泰国中小学有关汉语教学的各个方面情况的调研。本文将以第一步调研所获得的一些信息与数据为基础，讨论泰国中小学汉语教学的模式，并论证建立课程标准的必要性。

二 泰国政府过去20年间汉语教育政策分析

泰国是近几年东南亚国家中汉语教学发展最快的国家，但并不是一个持续进行汉语教学的国家，在汉语教学方面有过几十年的断层。这个断层既跟当今泰国的“汉语热”有关系，也跟本项目展开的前提相关。

早期泰国的汉语教学始于华人对华裔子弟开设的华文学校。最早的华校是辛亥革命前夕在同盟会的支持下开办起来的（冯忠芳，2011）。也是由于这个原因，泰国华文学校的汉语教学一直受到中国国内革命风潮的影响，也因此而被泰国不同时期的政府加以限制。比如，在抗日战争爆发以后，华文学校的汉语教学也一度由于泰国华人社会反日运动受到当局压制，并在抗战胜利后再度兴起。并且在新中国成立后再度由于中、泰两国在政治上的对立而被严令禁止（同上）。我们认为，这种对华校的限制同时也使泰国整体的汉语教学陷入低谷，因此，在国民教育体制下的中小学里开设汉语课程当然就是天方夜谭。这里不打算追溯泰国汉语教学的历史，但是我们需要通过过往的历史发展过程与今天的情况的对比来看泰国汉语教学局面今昔的这种巨大差别。

由于泰国政府历史上对教授汉语限制的政策，致使泰国汉语教学历史发展出现较长时间的断层。随着中国改革开放，中国在经济上的发展使泰国政府认识到汉语教学与中泰经济贸易的紧密关系，汉语教学的禁令逐渐松动。汉语教学在泰国逐渐恢复。1992年可以说是个里程碑式的时间点，这是汉语教学重新正式地进入泰国各级各类教育机构的开始，自那时起到现在，泰国汉语教学便迅速发展起来，这首先是由于泰国内阁会议正式批准各级学校将中文设为选修课，并有权自选教材和聘用中国教师，汉语教学的地位自此与其他外语齐平。因此，我们有必要简单回顾自 1992 年以来的这 20 年，泰国政府在汉语教学方面颁布的种种政策，以此来说明泰国中小学汉语教学其教学模式和课程大纲研制的意义。

根据吴应辉等人在 2003 年的调查，过去这 20 年里泰国的汉语教学可以分为两个阶段，第一个阶段是前十年，这个阶段汉语教学主要在泰国几所高校和易三仓集团的几所中学展开；第二个阶段是最近十年，其发展的势头甚至可以用“迅猛”二字来形容，截至 2011 年，泰国全国已有 80 万人在学习汉语，占全国总人口的 1.23%（吴应辉等，2012），也就是说，每一百个泰国人中就有至少一个人在学习汉语，这个数量是惊人的。

下面一些数据更为清晰地表明泰国政府在推进汉语教学发展方面的态度与速度。1998 年泰国教育部将汉语列入高等学校入学考试外语选考科目，这表明，汉语由此正式进入泰国的国民教育体系。这个时间距离泰国政府正式批准各级学校将中文设为选修课仅仅过去了六年。在短短的六年间，汉语从中小学选修的一门普通外语课一跃而成为高考科目之一。高等教育是一个国家基础教育与社会接口的平台，学生从高等学校毕业以后，往往能够比较顺利地进入社会，找到较为理想的职业，因此，尽管每个国家高校入学的考试方式不尽相同，但是高考往往成为一个国家基础教育发展的风向标。事实上，在接下来的第二年，即 1999 年，泰国政府就又颁布了《国民教育法》，把汉语教学纳入教育大纲。从上文所列举的这三项举措中，我们不难看到，在前一个十年里，泰国政府在推动汉语教学方面的政策已经为中小学的汉语教学全面展开铺平了道路。

在第二个十年中，随着中国经济在 20 世纪末的成功发展，泰国政府进一步加快了推动汉语教学的步伐，2005 年，泰国教育部再次制订汉语教学发展计划，其目标之一是在 3—5 年内在全国国立中小学普及汉语课程。从 2006 年泰国政府制订的《促进汉语教育，增强国家竞争力的战略规划》（2006—2010）来看，泰国直接将汉语教学作为与泰国国家竞争力息息相关的一项事业来加以发展。但是，我们必须清楚的是，在这之前不久的 1992 年，泰国政府才刚刚开放封闭了几十年的汉语教学，很显然，在这种情况下，在泰国境内很难找到在数量上和质量上都适应汉语教学需求的师资队伍。正是在这一背景条件下，2006 年泰国与中国国家汉办签署协议，希望得到来自中国的支持，中国国家汉办承诺，在师资、教材、汉语考试等方面给予泰国汉语教学大力支持。然而，基础教育作为国家人才培养的摇篮，怎能仅仅依靠外来的师资承担汉语教育的任务。我们认为，也正是在这种考虑之下，2008 年泰国政府正式启动“泰国汉语教师本土化策略”这一项目。这一点，从北京师范大学“本土”专业硕士的培养数量中已经可见一斑，近几年，北京师范大学汉语文化学院在读的 63 名“本土”专业硕士中，泰国籍硕士生就有 26 人，占“本土”专业硕士总数的 41%。但是，这个数量显然还是远远不能满足泰国目前中小学汉语教学的需求，从 2000 所学校开设汉语课程这个数量来看，仅靠专业硕士的培养还是难以堵住现有的汉语师资这个缺口，许多学校不得不借助于志愿者或者其他途径诸如自聘等方式来缓解汉语师资的奇缺。很显然，在这种情况下，借助于一定的具有专业水平的文件来规范汉语教学，同时也在一定程度上保证汉语教学的质量并起到提升汉语教师水平的作用，就成为刻不容缓的事情。在对泰国汉语教育政策发展过程分析的基础上，我们来讨论本文作者所作的一些初期调研。

三 泰国基础教育学制及其相关分析

泰国全国共有 76 个一级行政区（75 个“府”与直辖市首都曼谷），根据新近了解到的情况，泰国最近又增加了一个“府”，总共是 77 个一级行政区。这些行政区从教育的视角大致可以分为泰北、泰东北、泰中、泰南四个区域，其中，包括曼谷在内的泰中地区人口密度最大，教育也最发达。它的人口占全国人口 1/5，适龄儿童入学率也是最高的。根据项目小组的初步了解，仅曼谷地区就有 436 所学校，这个数字也将近占整个泰国学校数量的 1/5。因此，曼谷作为该区域的中心，也作为泰国政治、经济和文化教育科学的中心，从调查的视角看，最具有代表性。

泰国的基础教育分为四个阶段：学前、小学、初中、高中。其中学前教育两年，小学教育六年，初中三年，高中三年。2004 年以前，泰国实行小学到初中 12 年免费教育制度，其中小学到初中的 9 年属于强迫性的义务教育。2004 年 5 月，泰国政府将免费的基础教育由 12 年延长到 14 年，即将两年的学前教育纳入基础教育。因此，我们认为，在泰国的汉语教学应当在这个范围内展开，其教学模式与课程标准的制定也应当在这个基础上展开研究。事实上，在与北京师范大学签约的曼谷及曼谷郊区的20所学校中，有的学校是从学前教育贯通到高中，有的是包括学前教育在内的小学，有的则只包括初中与高中。所以，汉语教学的模式与课程标准既要涵盖学前教育到高中，又要分为不同阶段。

除了学制之外，泰国与基础教育相衔接的高考制度也是值得我们关注的方面。泰国在前文谈到的汉语教学政策发展的同时，其高考制度也在变更。2004年泰国取消了大学入学的全国统考制度，采取了新的高考记分制度，要求学生必须具有以下方面的成绩并达到一定程度才有资格申请大学的入学考试：第一，GPA成绩，这是学生在基础教育阶段的学习中每个学期的成绩总积分；第二，ONET成绩，这部分主要是高中阶段的有关基础知识的考试成绩，该项成绩分属八个科目，包括泰语、数学、科学、英语、社会、体育、艺术、家庭；第三，GAT成绩，这是通用的一般课程的成绩；第四，PAT成绩，这是高等知识考试的成绩。在这四项成绩中，由于GPA跟学生所学习的所有功课都关联着，这就意味着包括汉语在内的所有课程学分成绩都将纳入高等学校入学的考核之中。因此，只要学生学习了汉语课程，其成绩也将在GPA总成绩中占一定的比例。这就直接与学生能否获得大学入学考试资格关联起来了。教育政策与学制对汉语教学具有导向作用，教学模式和课程标准的研制当然也要把这些因素纳入考虑范围。

四　曼谷三所学校调查与数据分析

在与项目小组签约调研的20所学校中，其中10所位于曼谷地区，另10所位于曼谷外围地区，鉴于前文所述的泰国教育资源分布的不平衡性，我们决定把最初的调查限定在曼谷地区，并且由于前期调研的人力、物力的限制，我们集中调查了曼谷的三所学校，也就是批文学校（Pibool Uppatham）、萨拉学校（Sarawittaya）和利涕亚湾纳莱学校（Rittiyawanalai）。选择这三所学校主要是从以下几个方面考虑的：第一，在泰国教育资源最丰富的地区选择其中教学质量较优的学校进行调查，这样我们能在一定程度上了解到泰国具有代表性的中小学汉语教学的顶层水平，为教学模式的确定和课程标准的研制确立一个水平标杆；第二，这些学校本身就是曼谷其他地区中小学的标尺，其他学校会向它们看齐，因此，以它们为基础建立起来的模式比较容易在其他学校推广；第三，这三所学校分别在曼谷不同地区，在一定程度上可以成为曼谷不同地区的教学情况的代表。全曼谷共有50个区，下辖436所中小学，这三所学校分别处于曼谷的中心、次中心和边缘地带，图1所标注的30、14、11分别是这三所学校所在的区域。

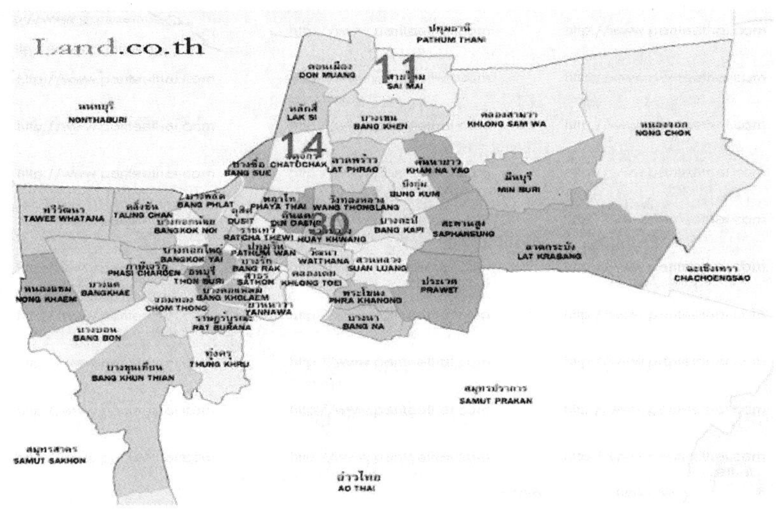

学校分布区域

（摘自董诗碧论文）

一般来讲，生源情况往往会成为一个学校整体教育和教学水平高低的重要基础与影响因素，尽管这三所学校分别地处曼谷不同地区，其生源与所在区域的周边学校相比却是较好的。利涕亚湾纳莱学校所在地晒迈区（Sai Mai）虽然位于曼谷郊区，其所在地居住人口密度也比较低，但是该地区是泰国军队，特别是陆军和空军驻扎的区域，泰国皇家医院也在这里。这些机构的子弟多半就读于利涕亚湾纳莱学校，其生源的质量并不差。萨拉学校所在的乍都节区（Chatuchak）地处城市次中心地带，学校周围有4所大学，其中有泰国著名的农业大学，周边学术气氛对这个学校在致力提高教学水平上也具有一定的影响。事实上，这两个学校在曼谷都有一定的声誉。批文学校地处曼谷最繁华的商业区——汇权区（Huaikhwang），不过，它是个新建学校，由于它以泰国已故批文将军的名字命名，也有较多的军人子弟以及中产阶级子弟就读于该校。不仅如此，批文学校还被泰国教育部基础教育质量督导委员会命名为课程标准与教学大纲研究的“基地学校”，该校为此还专门拨建了研究所需的办公用房。除了地区与生源的考虑之外，我们也考虑到了学校学制的特点。在这三所学校中，批文学校是唯一的涵盖学前教育到高中的学校，其他两所都只涵盖初中和高中。从入学条件看，利涕亚湾纳莱学校和萨拉学校都是难以申请进入的好中学，学生必须通过一定的考试才能进入这两所学校学习。批文学校是一所新建学校，尚未在这方面显示出优势，但是它学制涵盖广，又受到泰国教育部基础教育质量督导委员会的重视，被作为“研究基地”，应当纳入调查。

我们在三所学校主要调查了这几个方面的情况：第一个是学校的基本情况，第二个是汉语教学的基本情况，第三个是教师的基本情况，第四个是学生的基本情况，第五个是家长对汉语教学的态度。限于篇幅，也由于本项目的研究才刚刚展开，这里仅将三所学校的一些基本数据列入讨论，现制表如下（见表 1）。

三所学校的基本数据

调查数据	利涕亚湾纳莱学校	萨拉学校	批文学校
学生人数	4700	4000	2000
汉语课学生人数	1380	2475	1290
修课人数比例（%）	29.36	61.88	64.5
教师人数	5	7	4
师生比	276：1	353：1	322：1
周课时	2—7	2—8	2—9

表 1 数据显示，地处曼谷中心的批文学校，其汉语课程的修课人数是最多的，有 64.5% 的学生都学习汉语，我们认为这应该跟该校校长、学生包括家长对汉语的重视程度有关，也跟这所学校的教学条件相关，在泰国“汉语热”方兴未艾的社会背景下，这所学校在汉语教学方面应当是走在前列的，这也是它成为本项目“研究基地”的重要原因；萨拉学校汉语课程的修课人数比例也不少，为 61.88%，仅次于批文学校；而处于郊区的利涕亚湾纳莱学校修课人数比例就小得多，仅为 29.36%，这与该校庞大的学生人数是不相称的。这三所学校汉语课程修课人数上的差别能不能反映泰国从发达地区到不发达地区汉语热的程度的层次，现在断言还

为时过早，我们需要在完成全部 20 所学校的调查分析①，再加上一些其他地区，如泰北、泰东北、泰南等地区的样本之后才能得出最后结论。不过，这至少让我们看到一点，那就是，并不是规模大的学校，学习汉语的人数就与学生总数呈正相关。学校所在的地区、校方对汉语课的重视程度、学生的兴趣与家长的要求都可能决定汉语课程修课人数的多少。

表 1 另一组数据也引起我们的重视，这就是三所学校教师人数与修课学生人数的“师生比”，萨拉学校最大，平均一位老师要教 350 名以上的学生；利涕亚湾纳莱学校虽然修课人数较少，“师生比”也达到了 276：1。三所学校“师生比”平均约为 300：1。很显然，汉语课学生多、教师少，是这三所学校面临的共同问题。在实际的课堂里我们看到，每个班的汉语课学生人数几乎都在 40 人以上。不仅如此，这些将要面对数百名学生的汉语教师本身并不个个都是强手，事实上，这三所学校总共只有 16 位汉语教师，其中具有本科学历的教师占 82%，具有专业资质的占 1/3，教龄最长的达到 12 个学期，最短的 0 学期，也就是说还有新手。因此，师资力量薄弱是这三所学校面临的又一个大问题。第三个问题是教学设备简陋而课时量不足，多数汉语课学生都只能在普通教室上课，只有少数班级（比如汉语重点班）有机会在多媒体教室上课；尽管每个学校的课时平均为 2—8 课时/周，而事实上，绝大多数班级都只有 2 课时/周。显而易见，第三个问题与第一、二个问题是关联着的，由于学生多、教师少，那么，好的教学设备和优质教学就只能满足一些重点班级，大多数班级则处于汉语“启蒙”的水平，比如，批文学校在幼儿园和小学一至三年级每周只开设两个课时的汉语课，只学习简单的汉语句子，多半是唱汉语歌，做游戏，等等。这类课程的学生总数是 580 人，将近占到了修课人数（1290）的一半。初中阶段也只有部分班级每周有 4 课时汉语课，其他都是 2 课时。只有到了高中阶段的两个班 80 个学生，每周有 9 节汉语课，并且同时关注听、说、读、写能力的培养。如果说，批文学校在汉语课的安排上还有一些坡度，从幼儿园到高中课时逐渐增多的话，萨拉学校和利涕亚湾纳莱学校则分两类汉语课，一类是每周两课时的，另一类是 7—8 课时的，进入后一类课程的学生人数也很有限。除此之外，教材不统一、

① 截至目前，在这三所学校调查分析的基础上，我们也已经完成了全部 20 所学校的调查，鉴于数据分析尚未完成，这里仅就三所学校的数据进行分析。

随意性大，也是一个问题，教师根据自己力所能及的条件选择教材，而这些教材在不同年级并不前后衔接，当然更谈不到对整个课程教学的全面设计。

在针对教师的调查中我们发现，这三所学校的教师组成主要有三类，一类是本土教师，一类是国家汉办派出的教师志愿者（包括海外实习的专业硕士），还有一类是这些学校自己直接从中国一些地方大学聘用的大学英语专业本科生。本土教师了解学生母语与泰国教育传统，他们在管理课堂，用泰语讲解语法方面确有一套，但是汉语水平较低，课堂教学语言基本上是泰国语；教师志愿者是比较受欢迎的，他们学历高，受过专门训练，略懂泰语，教学方法灵活，但是控制课堂的能力较弱，而且流动性大，很多人在某个学校只教一年就回国，刚刚熟悉课堂就离开；第三类教师问题最大，他们既不懂泰语，也不懂课堂教学方法，教学能力和适应能力都比较差。由此，我们发现，这三所学校的教师至少有这样几个共同的问题，第一，教学媒介语不平衡，英、泰、汉三种语言都用；第二，课堂趣味性差，除了志愿者，其他两类教师不是只讲语法就是枯燥操练；第三，教师流动性大，除了本土教师，另外两类教师很少有在某个学校执教两年以上的，因此，如果校长和教务主任不懂汉语，学校对汉语教学的管理基本上就处于失控的状态。

在对学生的调查中，我们在这里主要谈两点：一是学习汉语的目的不明确，二是学习汉语的态度不明确。在被调查的5145名正在学习汉语课程的学生中，在被问到为什么要学习汉语的时候，19%的学生回答是由于家长要求，41%的学生回答是由于学校要求，只有35%的学生回答考虑未来会有用；在被问到将来会不会继续学习汉语时，只有40%的学生回答会一直学下去，也就是说，至少有60%的学生都不清楚自己为什么要学习汉语，也不清楚自己将来要不要继续学习汉语。一般来讲，这是中小学生的普遍情况，因为在这个年龄阶段大多数青少年都尚未立志，对未来事业发展的目标是模糊的。但是，这个数字给我们的启示是，如果教师教学随意性很大，学生又没有明确的目的性，那么，仅有的一点教学资源也很难用到“刀刃”上。

与教师、学生的情况相关的是对家长的调查，大多数家长的态度是明确的，67%的家长希望孩子学习汉语，但是，他们并不主张孩子到中国去留学，而是希望孩子在泰国本地学习，这应当也是泰国其他地区大多数中小学生家长的愿望或普遍想法，因为，中小学生还处在青少年年龄段，尚未成年，独立前往目的语国家学习语言要受到几点限制，一是不利于家长监护；二是学生自己尚不具备独立生活的能力；三是家庭经济条件所限。泰国家长在回答为何希望孩子在本国学习汉语时，经济所限是许多家长的理由。但是，目前教学效果不明显也是大多数家长担心的主要问题，他们希望孩子至少应当掌握最基本的汉语交际能力，但实际上，在项目小组访问的曼谷地区十所学校的学生中，相当多的学生都难以做到这一点。

五 基于三所学校调查的分析与结论

不难看出，泰国中小学汉语课程的开设在很大程度上受到社会需求的推动，主要表现在政策的推动与家长要求两方面。而实际上，政府政策的制定是与社会需求紧密相关的。家长的愿望也在一定程度上反映了学生家长对社会需求的认识，他们认识到学习汉语与自己子女未来发展的关系。但是，泰国中小学汉语教学目前的情况并不容乐观，首先是师资的供不应求，其次是教学秩序混乱，教师教什么、怎么教，学生怎么学，教师心中没数，校方更是心中没底。最后是教师流动性大，教师素质差，大多数汉语课堂成为新手教师练手的场所，在这种情况下根本不能保证汉语教学稳定持续地发展，当然更谈不到教学质量。

这种教学上的混乱既是“汉语热”迅速发展带来的，也跟泰国历史上几十年的汉语教学断层有密切关系。更为重要的是，早期的汉语教学主要是华文教育，而不是真正意义上的双语教学。这一点，限于研究主题与篇幅，本文不打算在此展开讨论，这里集中讨论解决汉语教学秩序混乱的问题。我们认为，从学校来讲，必须有一套行之有效的课程大纲和课程标准来规范教师教学，根据课程大纲和课程标准进行汉语课程的设置，并对聘请教师提出一定的选拔聘任标准；从教师来讲，应当在一定的课程标准的指导下进行较为全面的汉语课程的教学设计，应当通过接受一定的培训来提高自身的教学水平，采用行之有效的课堂教学方法来组织教学；对于派往泰国的教师志愿者，一方面要加强赴前的培训，另一方面要培养他们根据泰国课程大纲和课程标准进行教学设计，并且进行课堂管理的能力。

因此，当务之急是建立起一套泰国中小学共同遵循的统一的课程标准，在这个标准的基础上建立统一的课程大纲，并且在课程标准的指导下建立有效的教学模式与教学管理模式，并以此来进行教学管理与教师培训，包括编写统一使用的教材。只有这样才能真正从根本上改变泰国中小学目前在汉语教学方面的这种混乱状况，从而提高汉语教学的质量。限于篇幅和研究进程，有关教学模式与课程标准的研究过程，将在以后陆续介绍。①

参考文献

1. 董诗碧：《泰国曼谷三所学校汉语教学调查研究》，硕士学位论文，北京师范大学，未刊。

2. 吴应辉等：《泰国汉语传播模式值得世界借鉴》，《汉语国际传播研究》，商务印书馆2012年版。

3. 冯忠芳：《泰国中小学本土汉语教师发展的历史考察与标准研究》，博士学位论文，中央民族大学，2011年。

4. 潘素英：《泰国中小学汉语课程大纲研究》，博士学位论文，中央民族大学，2011年。

（朱志平　北京　北京师范大学汉语文化学院　100875）

① 本文写作还得益于北京师范大学2010级与2011级32名汉语国际教育专业硕士研究生，他们作为朱志平教授所教授的“汉语课程教学设计”课程中的泰国教学设计小组，分别调查了曼谷地区的泰普斯林中学、泰南地区的素叻他尼学校和宋卡府的Woranari Chaloem学校，以及泰北地区的碧差汶府碧理中学。这些调查有助于对于项目小组了解曼谷以外地区的汉语教学的情况，在此向他们致谢！

对外汉语教育考试与评估的综述

朱　麟

提　要　作为对外汉语教学的重要组成部分，汉语教学的考试与评估对教师来说不仅具有评价、判断学生的特性，而且还起到教师在对外汉语教学过程中回顾、诊断教学过程，改进教学的作用，同时教师还可以借助统计的方法对考试与评估得到的结果进行分析、研究，进而准确地把握汉语学习者掌握的汉语的知识和能力，以及他们遇到的学习难点。本文通过分析 HSK 的评估的例子，列举了现行的考试类型及其效用，希望可以为东南亚地区的对外汉语教学提供些参考。

一　引言

对外汉语教育考试与评估也可以称为对外汉语的考试与测试，它的主要目的是为了对对外汉语教与学的结果进行科学的评价，了解汉语学习者的难点和易点，以及将评价结果运用于下一个教学过程中，并起到指导作用。同时，通过对评价结果的研究来改进对外汉语的教学，进而提高对外汉语教学的质量，同时也可以用于国外或者少数民族的汉语人才的选拔。所以作为一名合格的对外汉语教师，我们几乎每天都会与对外汉语教学的测试、评估打交道。例如，在新课前，我们往往会通过听写单词、听写句子或者默写段落来检查学生上节课的学习的情况。还有我们经常使用的期中、期末考试就是为了对学生的学期中、学期末的学习进行考核，从而对学期的教学进行评价。我们这么做不是为了难倒学生，主要是为了更加科学地测量出汉语学习者的汉语语言能力，这样可以为对外汉语教师提供丰富的教学反馈信息，使其及时地调整教学内容、教学手段，改进教学方法，同时也有助于提高对外汉语教学的质量。因此，我们可以说对外汉语教学离不开考试与评估。

二 对外汉语教学考试与评估的类型

在对外汉语教学考试与评估中，有很多类型，首先，我们按照其主要的用途进行分类。第一种是水平测试（proficiency test）。这是为了测试汉语学习者的第二语言能力，即汉语的能力，它不涉及学生学习汉语的时间，也不将汉语学习课程和目标作为考虑内容，它主要是测试汉语学习者现有的汉语水平，例如，Test of Proficiency in Putonghua；Mandarin level Test；Putonghua Proficiency Test；在 HSK（汉语水平考试）中有专门针对不同级别的大纲（test outline），有统一的试题（integrate test question）和统一的评分标准（integrate standard for evaluation）等；汉语水平考试（又被称为中国汉语水平考试或汉语托福；在 1990 年开始实施，1991 年开始向海外推行。英文缩写为 HSK，主要来自汉语拼音）是为了测试母语非汉语的汉语学习者的汉语水平而设立的一种官方性质的国家级标准化考试，由基础、初中等、高等三个纵向的考试组成。主要形式是多选题，设计依据是《汉语水平等级标准和等级大纲》。新的 HSK 分为笔试和口试相互独立的两部分。笔试包括 HSK（一级）、HSK（二级）、HSK（三级）、HSK（四级）、HSK（五级）和 HSK（六级）；口试包括 HSK（初级）、HSK（中级）和 HSK（高级），口试采用录音形式。例如，HSK（入门级）主要是针对汉语非母语学习者的汉语入门水平的一种标准化考试，这标志着该学习者能够使用汉语满足在中国学习、生活、旅游等最一般的需要，它包括听力理解、阅读理解和书面表达三部分，详见下面 HSK 的英语样题，以及 HSK 的四级考试内容及其主要的结构（见表 1）：

HSK（入门）考试英语题目

The Chinese Proficiency Test HSK (Threshold) includes 3 *sections*:

- Section 1: Listening Comprehension (about 40 minutes);
- Section 2: Reading Comprehension (40 minutes);
- Section 3: Written Expressions (40 minutes) .
- The whole test will last about 120 minutes.

1. Items 1 – 100 are multiple – choice questions, so you can only choose one answer for each.
2. Attention! The listening materials in the Listening Comprehension Section will be read only once.

After each question, you will have 10 - 20 seconds to make your choice.

HSK 的考试结构

考试内容		试题数量（个）		考试时间（分钟）
一、听力	第一部分	10	40	约 30
	第二部分	10		
	第三部分	20		
二、阅读	第一部分	10	40	30
	第二部分	10		
	第三部分	20		
三、读书	第一部分	10	15	25
	第二部分	5		
填写答题卡				10
共计	—	100		约 100

第二种是能力测试（aptitude test）。这种测试是不将任何教学大纲作为考试、测评的基础，它是对学习者汉语学习能力的测评。这种测评往往使用在录用学生的时候，用于测试该学生是否具备将来学习汉语的天赋。这种类型的测评往往会设计很多的题目，主要是为了考察学生的汉语模仿能力、记忆能力等，用于判断其学习汉语的潜力。

第三种是成绩测试（achievement test）。也叫学业测试，这是我们经常使用的测试类型。它主要是用来考查学生在学习汉语某一阶段或最终阶段的成功程度。该测试在我们日常教学中使用最广，例如，我们经常使用的期中、期末考试就属于成绩测试。它与学生所学的课程直接相关，它的目的是测试学习者通过特定课程学习之后是否达到了特定教学目标。学业成绩测试可以依据课程内容或教材内容设计，也可依据课程目标设计。

第四种是诊断测试（diagnostic test）。在成绩测试中，关注点是学习者汉语学习成功的程度，而诊断测试关注点是汉语学习者在汉语学习过程中的失败，即通过该测评找到汉语学习者在哪些方面犯了错误，并希望通过对该错误进行总结找出补救的办法。该类型的测试的目的是改进教学，调整教学计划，进行个别指导。该测试特别适合个性化教学。

其次，我们将对外汉语的测试与评估按照考试方式进行分类。它可以被分为分离式测试（discrete - point test）和综合性测试（integrative test）。前者是指将汉语的知识点分解为若干小的单位，集中考查语言的某一方面，或考查学生单方面的技能，其主要教育理论依据是结构主义语言学；而后者则认为汉语是一种语言学习，并把语言学习是基于多种知识和技能的综合运用以完成交际作为理论依据。这种类型测试的主要题型有听写、完形填空、写作、翻译等。例如，在 HSK 中国汉语水平考试（初、中等）大纲中，试卷包括四项内容：听力理解（50 题，约 35 分钟）、语法结构（30 题，20 分钟）、阅读理解（50 题，60 分钟）、综合填空（40 题，30 分钟）。语法题就是分离式测试，其余的内容则为综合性测试。现在很多语言测试都是以综合性测试为主，因为语言是一种综合性的、以交际为主的学科，所以在我们对外汉语教学的测试与评估中应该加大综合性测试的比重。

最后，我们按照测试阶段来分类，包括终结性测试（summative test）和形成性测试（formative test）。前者是指以一个分数定终生，例如，我们的高考、中考等；后者是测试语言的一个发展过程，测试学习者的学习过程。现在多数测试理论都持有以下观点：将终结性测试与形成性测试结合起来更有利于测试学习者的真实水平。在许多测试与评估中，二者比例应为形成性占七成，终结性占三成，这样得出的结果较为公正。

三　语言测试的总体设计

我们在设计对外汉语教学测试试卷的时候，要对测试进行总体的设计。首先，我们需要依据考试的目的来确定考试类别。如在课外班中，辅导学生进行 HSK 考试时，就需要水平测试；在正规汉语学习中，就需要成绩测试。在考试类别确定后，就要需要确定考试内容了。例如，期末考试就需要以该学期所学的汉语内容为考试内容。如 HSK 的辅导班则是以 HSK 的考试大纲为依据。在确定了考试类别和考试内容后，就需要确定考试的题型。在设计试卷题型的时候需要考虑考试题型对我们的实际教学方法所具有的导向作用，因此在课程考试的题型中应该注意稳定、一致性；设计试卷的题型时，需要注意每种题型的优缺点。例如，HSK 已经不用的题型——听写句子，这种题型在我们的课程教学测试中可以使用，因为可以较好地反映汉语学习者的听力、语法、汉字书写的综合能力。测试试卷的设计者应该对所设计的题目的目的有所了解，并做到仔细检查，排除缺失。对考题的选择应针对以往汉语学习者已遇到的难点，这部分通常控制在20%以内，同时为了考虑到学习者的积极性以提高他们的主动性，以及知识的实用性，需要在试卷中设计一些常用的句型和词汇。在这里，我们应该注意不要为考而考，不要专门选难点、偏点来考。在测试中，我们还应该注意试卷的试题应该在教学大纲或考试大纲范围之内，一般不要超纲。在成绩测试中，试卷的设计应当是客观测试和主观测试相结合，以提高效度；题目的次序应当遵循心理学的规律，由简到难，由客观题到主观题；在总体设计上还需要对题目量进行分析，研究每一部分有多少题目才能保证测试起码的效度，等等。最后需要对试卷进行检查。

四 对外汉语教育考试与评估改革总趋势

当代心理学由行为主义过渡到认知心理学，而当代语言学理论已经由结构主义转向了功能—交际主义，所以我们的对外汉语教学应该也尽快由传统的结构主义教学法转向以交际功能为主的教学，从语法能力转向交际能力和语用能力，在测试中也应体现以交际和跨文化交流为主的目标。对外汉语的教学模式应当从以教师为中心转向以学生为中心，从“满堂灌”转向互动式，让学生在课堂上主动发现知识。对外汉语教学作为一种语言学习，在测试中应以综合性测试为主，以汉语的实际应用为主。在汉语教学过程中应避免在考试后对学习者的成绩进行排序，这样不利于学习者的心理发展。我们的汉语课堂测试也必须遵循测试的基本原则，逐步实行标准化，努力提高测试的信度和效度。本文通过介绍对外汉语考试、评测的类型以及优缺点，同时对HSK进行了介绍，希望可以对东南地区的对外汉语的考试与评估有所帮助。

参考文献

1. http：//www. hsk. org. cn/intro/CTEST. html.

2. http：//www. iatcsol. org/resource_ detail. asp？ id =83.

3. cexam. neea. edu. cn/cexam/showpdf. jsp？ article_ id =203.

4. 《解读新汉语水平考试（HSK）》，http：//118. 26. 57. 15：81/1Q2W3E4R5T6Y7U8I9O0P1Z2X3C4V5B/www. shihan. org. cn/newsletters/newsletter –6. pdf.

5. http：//wenku. baidu. com/view/3e40c937ee06eff9aef80783. html.

6. http：//wenku. baidu. com/view/f0862c1859eef8c75fbfb3ec. html.

（朱麟　北京　北京第二外国语学院国际传播学院对外汉语系/语言学及应用语言学研究中心　100024）

汉语教材编写

印尼华文教材的使用及教材编写的本土化对策研究

马宝民

提　要　本论文针对印尼华文教育中最突出的华文教材的使用问题，分析了当前印尼华文教材的使用情况，探讨了印尼华文教材编写和使用中存在的问题，并有针对性地提出编写对策。本论文认为目前印尼所使用的教材多为国外引进，这些教材在使用中多存在着水土不服的问题，编写印尼本土化的教材势在必行。当前印尼教材编写中存在着教材指向性不强、教材内容针对性不明显、教材编写不系统、难易失当等问题。针对这些问题，本文提出从编写通用华文大纲、与本土教师合作、编写不同层次的教材、增强教材的配套性、编写专门培训和短期培训的教材、开发网络资源、进行教师和教材培训等几方面进行印尼本土教材的编写，以适应印尼的华文教育的需要，满足印尼发展华文教学的要求。

印尼是除中国大陆以外，全球华人最多的国家，华人和华侨占总人口的3%左右，由于历史和政治原因，印尼的华文教育在20世纪60—90年代处于停滞状态，因而在东南亚地区印尼的华文教育水平相对地较为滞后。这种滞后既体现在华文教育开展的深度和广度上，也体现在学生的层次、师资水平和教材的本土化等方面。在这诸多问题中，表现得较为突出的则是教材方面的问题。笔者曾在印尼进行汉语教师培训，在与当地华人和教师交流的过程中，发现他们提得最多的就是教材编写和使用方面的问题，可以说目前教材的编写和使用的问题已经成为制约印尼华文教学的瓶颈。本论文就目前印尼华文教材的使用情况进行简单的梳理，对印尼教材编写的本土化问题提出粗浅的看法。

一　目前印尼华文教材的使用情况

目前，印尼的华文教育涵盖了从幼儿园到大学各个层级，汉语的学习者也从过去的华人和华侨扩展到了其他的种族，因而，在教材的使用上也体现出了多样化的特点，不同的教学对象所使用的教材有所差别。目前，印尼的华文教学的教材主要来源有以下几个方面。

（1）中国大陆

中国大陆针对印尼的华文教育编写了《中文》、《汉语》、《儿童汉语》、《汉语会话》、《问与答》、《说话课》、《汉语初步教程》、《标准中文》、《生活的智慧》（繁体）等多种华文教材，其中以《汉语》、《中文》、《幼儿汉语》、《千岛娃娃学汉语》、《华语》等较有代表性。这些教材已经在印尼的幼儿园或中小学推广使用，其中《汉语》这套教材在雅加达等多地为40多所学校广泛使用①，《华语》和《千岛娃娃学汉语》②是近几年大陆编写的教材，引进了一些新的汉语教学理念和教学方法，并在当地做了大量的培训工作，对教材的推广和使用起到了巨大的作用。

除此之外，随着孔子学院的建立，国家汉办将《汉语乐园》、《当代中文》、《体验汉语》、《汉语900句》等多套精品教材翻译出版，这些教材也被翻译成印尼语，在印尼的孔子学院和孔子课堂中使用。

（2）新加坡

新加坡的华语水平在东南亚地区处于领先地位，新加坡华语教学有着良好的基础和发展优势。由于具有地缘优势和文化交流的频繁，印尼的华校和华文培训学院使用新加坡的华语教材更多，《小学华文》、《好学生华

① 据蔡丽《印尼正规小学华文教材使用及本土华文教材编写现状研究》："印尼小学目前使用的最普遍的华文教材为《汉语》，共有41所学校使用该套教材，占所有教材的25.15%。"载《华文教育》2011年第3期。

② 《华语》是由国家汉语言国际推广领导小组办公室负责，由教育科学专业出版社出版，专门针对印尼高中学生编写的一套教材。《千岛娃娃学汉语》系列教材由中国海外交流协会委托广州幼儿师范学校组织编写，专为印度尼西亚本土编写的幼儿华语教材，现已在印度尼西亚推广使用。

文》、《看图学华文》、《幼稚园华语课本》等在印尼的中小学和幼儿园多有使用，其中新加坡教育部课程规划与发展司小学华文课程组编写的《小学华文》更在多所小学广泛使用，并成为印尼华文典范性的教材。

（3）印尼本土

由于政治原因，印尼的华语教学中断了30多年，因而在华文教育和教材的编写等方面落后于新加坡、马来西亚等东南亚国家。然而在印尼华人的不懈努力下，华文教育蓬勃发展，印尼本土华文教材的编写也取得了一定的成果。《我的汉语》、《基础汉语》、《育苗华语》等都是印尼本土编写的教材。除此之外，还有一些华语学校、培训中心以及幼儿园，为适应不同层次学生的学习需求，也编写了相应的教材。然而，相比于国外的教材，印尼本土教材使用的比重还较低，教材的水平也不高。

除了中国大陆、新加坡、印尼本土之外，中国台湾和马来西亚编写的教材①也为印尼学校所采用。

从印尼华语教材的来源来看，主要依靠外来引进的教材，本土化教材所占的比重并不大。就整个国家的华文教育而言，相对于中国大陆和新加坡、马来西亚等地，印尼本土化的华文教材不仅数量不够多，种类也不够丰富。

从教材的使用率来看，中国大陆编写的华语教材；在印尼的使用率较高，非华裔的印尼国立高中较为普遍地使用《华语》教材；而在华校中，多选用《中文》和《汉语》作为教材，进行汉语教学；除此之外，新加坡的教材也多有使用，《小学华文》、《好儿童汉语》在印尼的幼儿园和中小学也被作为教材进行使用，具有一定的市场；印尼本土编写的一些教材则多为一些培训学校使用。

大量地吸收和引进国外的教材应用于印尼的华语教学，对印尼的华文教学起了巨大的作用，对印尼接受海外先进教学理念，提升本土的华语教学水平有很大的帮助，同时也弥补了印尼本土教材严重不足、水平偏低的问题，然而这些海外引进的教材在印尼华文教学中不可避免地出现水土不服的现象。

① 台湾“侨务委员会”编写的《印尼版华语课本》共计12册，也被一些印尼小学所选用。马来西亚编写的《华文教室》，很多印尼的学校也选用。见蔡丽《印尼正规小学华文教材使用及本土化华文教材编写的现状研究》，《华文教育》2011年第3期。

二　当前印尼华文教材编写和使用中存在的问题

从华文教材的使用来看，目前印尼华文教材的选择还处于各自为战的状态，对教材的研究和实践还存在着不同层次上的问题，即使就教材本身而言也存在着这样或那样的问题。

（一）教材编写的指向性不强，给教材的选择带来困难

与其他东南亚国家相比，印尼的华文教学有其特殊性。首先，学生的语言程度参差不齐。国立学校的非华裔学生对汉语知之甚少，对他们而言，汉语学习就是第二语言学习，而华校的很多华裔学生受家庭环境的影响，在小学甚至更早地接触汉语，他们中有些人的汉语水平相对较高。当然，华裔学生的汉语水平也不尽相同。由于印尼曾经的排华政策，今天印尼二三十岁的华人后代的汉语水平很低，有的甚至与当地人一样，既听不懂，也不会说汉语。

其次，除了学校教育以外，还有相当多的培训学校，以及一些幼儿园都开展了华语教学活动，这就使得教学的层次多种多样，既有正规的学校教育，也有短期的培训班，更有一些私人家庭培训。

最后，印尼有“千岛之国”的美誉，不同地区的汉语教学的水平和程度各有不同。一般而言，雅加达的教育资源较为优越，汉语教学的水平和程度较高，学生和老师获得的学习资料相对多些，其他的地区则在教学资源上相差较大，一些中等城市汉语学习的教材和资料比较少，更别说一些偏远的小城镇了。

总体而言，印尼华文教学状况相对复杂，对教材的需求有其特殊性。而目前印尼学生使用的教材则显得不尽如人意。一些公立学校使用的往往是零起点开始教学的教材，如《华语》是印尼教育部与中国大陆合编的专为印尼公立学校汉语选修课编写的教材。这套教材注重语言的交际功能，全套三册，以问候语、感谢语、自我介绍、地点、时间等基本交际功能的语言作为教学重点，突出了教材的交际性，具有本土化、实用化、趣味化的特点，而这样一套较好的教材如果在一些华校中使用就可能显得比较浅显、不太实用了。相应的，一些华校所使用的教材，如《汉语》、《中文》，新加坡所编的《小学华文》、《好儿童华文》等，体系相对比较

完备，注意了语言知识的讲解和掌握，适当增加了一些训练，为很多华校选作教材。然而不可忽视的是，为了尽可能多地涵盖汉语语言的知识点，建立完备的教学体系，这些教材普遍册数较多，内容丰富。这样的教材在使用的过程中常常与多数学校的教学规划相冲突，很多学校只能选用其中的几册进行教学，尤其是一些培训学校和国际学校，由于课时的限制，所选的内容可能更少。不仅如此，由于这类教材编写的时间相对较早，编写的理念不够先进，较为注重知识点的教学，对语言交际功能的训练不够重视，交际性、实用性、趣味性稍弱。

更为令人担忧的是，遍布于全国各地的汉语培训班根本没有合适的教材可用，很多都是依靠授课教师自编教材，而这些培训教师的水平又参差不齐，他们所编写的教材往往有很多错误和不足之处，影响到汉语教学的质量和水平。

（二）教材在内容上针对性不强，没有突出印尼语言的特色

印尼使用的非本土化的华语教材，对于印尼的语言特点、学生的学习心理等诸多问题研究得不够，在编写教材的过程中未能很好地突出印尼特色。比如印尼孔子学院所使用的国家汉办推荐和翻译的教材，像《当代中文》、《新概念汉语》等，虽然一些注释已经翻译成了印尼语，但在教学内容上并没有针对印尼的语言和文化特点进行编写，在语音教学、语法教学方面对汉语与印尼语的比较研究不够，对印尼的文化心理和学生的认知心理重视不足。

其他的教材也或多或少存在着一些问题。比如，语音教学一带而过，对于印尼学生常常出现的四声问题，以及不会发送气音、不会发卷舌音等问题没有作系统的强调和指导；语法教学中没有认识到印尼语的语序与汉语语序不同、印尼语的语序不同语义也随之变化等问题。

之所以产生这些问题，其原因是很多教材并非专门针对印尼本土学生而编写，像《汉语》、《小学华文》、《中文》、《汉语乐园》等，对印尼的语言文化研究得不够深入，没有注意到印尼学生学习中可能遇到的问题。

当然，即使有些教材是针对印尼学生编写的，也由于编者对印尼的语言文化理解不够深入，对学生需求认知不够全面，而在诸多方面表现得不尽如人意。

（三）教材的编写不够系统，配套不够完善

在对印尼教师的教材使用情况进行了解的过程中，笔者发现受教学条件限制，很多教师在教学的过程中很难获得相应的教学资料。印尼本土的教学材料和教学资源非常有限，一些大城市的华语教学资料尚且不够丰富，一些边远的小城市资源更是缺乏。加之，有些国外引进的教材本身就不够完备，根本没有配套的教师手册和练习册；有些教材虽有这些配套资源，但受教学条件的限制，教师很难得到这些资源。

不仅如此，在具体的教学过程中，在很多学校对与教材相配套的教师指导手册或者教学参考书不够重视，有些教材相应的配套练习册很难在课堂中使用等，也是严重影响教师的教学水平和学生的学习效果的原因。

另一方面，从印尼现有的教材来看，没有一套完整的从初级、中级到高级的教材，而且教材多是综合性的，缺少听力、会话、阅读、写作等专项训练教材。教材编写得不系统，导致了教学活动的不系统，教学体系也就不完备。

（四）教材编写的难易程度缺乏标准

虽然印尼国内已经制定了印尼高中华语教学大纲，但针对其他层次的汉语学习者还没有很好的、指导性的纲要，因而，印尼国内编写华语教材没有固定的标准，存在着词种量少、超纲词所占比重较大、语法讲解术语较多、训练相对较少等问题。产生这些问题的原因有很多，除了与教材的编写者本身水平有关，其对大陆的《汉语水平词汇与汉字等级大纲》不甚了解，编者对汉语词汇的使用等问题研究得不够以外，用术语讲解语法则与编者对学生的心理和第二语言的习得规律了解得不够深透有关系。在教学中使用这样的教材不可避免地使学生产生汉语太难学的畏难情绪，影响学生对汉语学习的热情。

三 印尼教材编写的本土化对策

（一）制定通用的华文教学大纲，以此为基础编写相应的教材

目前，印尼已经将华文教育纳入国民教育体系，各个层次的华语教育已经在各地开展，学生人数不断增加，学生的层次也不断提高，因而在高

中教学大纲的基础上，建立全国通用的华语教学大纲既是必要的，也是非常迫切的。目前，印尼中小学以及幼儿园的教学大纲也在编制过程中。通过教学大纲的编写，既使各个层次的学习者和各类学校的华语教学具有全国通用的标准，也有利于考核和确定学生的等级。

（二）与本土教师合作，针对学生的不同特点和需求编写教材

尽管印尼华文教学中引进教材所占的比重较大，但是随着华文教学的推广和普及，编写符合印尼学生特点的、不同层次的本土教材被提上了日程。本土教材的编写，印尼本土教师是主力，他们熟悉印尼的本土语言，并且长期工作在华语教学的第一线，对于印尼学生的学习心理、语言特点和认知习惯了解得比较深入，对于什么样的教材更适合学生更有发言权；然而，由于地域的限制，本土教师对华语教学发展的前沿理论和教学方法了解得不够深入，对汉语的特性认识得不够清楚，对汉语与印尼语之间的比较研究做得不够，尤其是有些非华裔的印尼本土教师对中国文化的理解还存在着一些隔膜，因而在编写本土教材的时候，中国大陆的学校和研究机构与印尼本土教师之间的合作是非常必要的。目前在印尼公立学校使用较为普遍的《华语》就是印尼教育部与中国大陆合作编写的教材，这套教材在印尼的推广和使用，说明了合作编写教材的必要性和可行性。

（三）教材的配套完备，在编写教材的同时，编写教材辅助资料和教师指导手册，以帮助教师更好地使用教材以及学生课后复习和练习

一般来讲，一套好的教材不仅仅包括教材本身，还应该包括与教材相配套的练习册、光盘、教师指导手册，甚至教案的编写和教学课件的设计等。尤其是对印尼这样一个经历了30多年汉语教育断层，师资严重缺乏的国家来说，很多没有受过汉语教学专门训练的人也进入了教师队伍，完备的教师指导手册和教案提示是非常必要的。教师指导手册主要针对教学中的知识点进行讲解和分析，并尽可能地对知识进行拓展，为教师的课堂教学答疑解惑，同时也渗透一些基本的理论知识。比如，在进行语音教学的过程中，教师指导手册应该对汉语语音的基本理论进行简单的梳理；对汉语的语音与印尼语的语音进行对照，尤其是对印尼学生汉语语音学习的难点，如送气音、卷舌音等方面进行分析，对教学方法进行指导，并指出课堂和课后练习的重点。而在语法教学阶段则通过印尼语和汉语的比较，

突出两者的不同，并且提供大量例句，以方便教师在教学中使用。

教案的设计主要是针对教学方法进行提示，指出课程的教学重点和难点，对教学内容和教学方法给予相应的建议。此外，针对印尼学生的特点，汉字本也应是配套教材不可或缺的部分。汉字教学一直是华语教学的难点，由于汉字与印尼字母存在着很大的差别，即使是华裔学生，由于接触汉字的机会较少，书写汉字也存在着一定的困难，更别说非华裔的学生。因而编写与教材相配套的汉字书写课本，用趣味性的形式引导学生学习汉字，是解决学生面对汉字书写存在畏难情绪的办法之一。

当然，教学活动离不开反复的练习和复习，编写教材的同时，与之相配套的练习册也是非常必需的。练习册不仅仅是学生复习的工具，也是帮助教师备课、检验教学成果的重要手段。练习册的编写要与教材相呼应，也要在教材的基础上有所提升，除了设计一些填空、选择等客观的练习题以外，还要设计一些锻炼学生语言能力的、让学生自由发挥的交际训练题，既可以帮助学生复习学过的语言点，提升语言能力，也可以在课堂和课下作为交际训练的手段，提高学生的交际能力。应该注意的是交际活动情境设置要与学生的生活密切相关，这样他们才能有话可说。

（四）除了编写成套的教材之外，编写短期培训的教材和专门性的教材更为迫切

除了系统教学的教材以外，笔者认为在印尼更为缺乏的是一些短期培训教材。长期以来，教材的编写者往往只注重编写正规的系统教育的教材，而没有注意到短期培训和专门培训对教材的迫切需求。目前，在印尼通过华语培训学校进行短期汉语培训的人越来越多。一些短期汉语培训的学生往往没有充足的时间按部就班地进行学习，在有限的学习时间里要让他们有所收获，真正学到东西，合适的教材是非常必要的。一些专门的培训，比如导游汉语、商务汉语等培训课程则更需要专门的、有针对性的教材。

中国大陆的很多院校都编写了这类教材，有很多成功经验，而印尼本土教师在长期的教学实践中最了解本国学生的学习需求和学习中的问题，双方互相协作，取长补短，在发挥各方优长的基础上，才能编写出真正满足印尼本土需求的短期培训和专门培训教材。

（五）积极开发网络资源，通过网络不断更新资源，为教材的使用者提供更好的服务

一套好的教材应该能够给使用者提供完备的服务，因而教材到了出版社并不是教材编写的终点，它还需要不断的纠正错误、补充不足、完善结构，这些后续任务可以通过完善的网络服务来完成。国家汉办在推出《长城汉语》系列教材的同时，也建立了长城汉语网络，方便《长城汉语》的学习者进行网络学习和教师查找资料，获得教学资源，《长城汉语》的做法对于印尼本土教材的开发具有可资借鉴之处。在教材编写的同时，开发相应的网站，通过网络向学习者提供各种资源，同时不断地更新各类教学资源，为教师的教学提供各种帮助，为没有时间和条件进入课堂学习汉语的自学者提供尽可能的指导，也为各种学生参加如 HSK、商务汉语等考试提供支持和资源。

（六）广泛地开展教材的培训和教师的指导活动，以此促进教材的推广和革新

笔者在印尼进行汉语教师培训的过程中发现，印尼的华语教师对教材的培训需求很迫切。目前，印尼的华语教师很缺乏，一些任课教师是没有受过任何汉语教学培训的华裔；另一些教师则是在中国大陆或中国台湾留学回国的学生，他们的语言程度较高，但对汉语教学方法了解得不多，对华文教材的使用更是所知甚少。因而，开展华文教材的培训、经验交流和教学指导等活动是推广教材和培训教师非常重要的途径。如在《千岛娃娃学汉语》这套教材编写完成后，编写组在印尼本土进行了多次教材推荐会和教材使用培训，对印尼教师了解这套教材，学会教材的使用方法起到了积极的作用，正因为如此，这套教材被印尼的不同地区的小学选作教材。在教材编写完成之后，有针对性地开展教材使用的培训活动，通过培训，让教师了解教材编写的目的、针对性和教材的适用人群、使用方法，并提供配套的教学辅助资料，便于教师了解和使用教材，也便于进一步推广教材。

同时，在教材使用一段时间后，开展教材的研讨活动，倾听不同的教师在教材使用过程中的心得，收集他们的意见和建议，为进一步完善教材做好准备。在时机成熟的时候，还可以开展一些较高层次的研讨会，从专

家学者的角度探讨教材的优缺点，使教材得到进一步的理论提升。

总之，目前印尼编写本土化的教材已经是一个非常紧迫的任务，只有认真研究当地教师和学生的特点，了解印尼当地的语言与汉语的异同点，借鉴目前学界较为先进的教学理念和方法，通过中印教师的积极合作，才有可能编写出适应印尼华语教学需要的、具有本土化特点的华语教材。

参考文献

1. 蔡丽：《印尼正规小学华文教材使用及本土化教材编写现状研究》，《华文教学与研究》2001 年第 3 期。

2. 陈延河：《印尼语、汉语语序对比及印尼学生汉语学习中常见语序偏误分析》，《暨南大学华文学院学报》2002 年第 1 期。

3. ［日］大冢丰：《论海外华人华侨对全球中文推广的参与——东南亚诸国汉语教科书之分析》，《河北师范大学学报》2012 年第 2 期。

4. 甘智林：《论当前印度尼西亚高中华语教学的几个问题》，《湖南文理学院学报》2008 年第 1 期。

5. 韩明：《面向东南亚的对外汉语教学资源开发策略》，《广西师范大学学报》(哲学社会科学版) 2011 年第 6 期。

6. 黄昆章、陈维国：《关于印尼华文教育的几点思考》，《东南纵横》2005 年第 6 期。

7. 乔文：《雅加达华文教育见闻》，《八桂侨史》1996 年第 1 期。

8. 周南京：《印度尼西亚泗水华文教育的历史沿革》，《八桂侨刊》2003 年第 1 期。

9. 陈小红：《华文教材课文研究》，硕士论文，暨南大学，2003 年 4 月。

10. 刘潇潇：《海外华文教材语法点的选用与编排研究》，硕士论文，暨南大学，2005 年 6 月。

11. 林玉婷：《印尼语汉语语音比较及汉语语音教学》，硕士论文，河北师范大学，2006 年 5 月。

12. 范文娟：《泗水华文教育的现状和前景》，硕士论文，厦门大学，2006 年 5 月。

13. 傅碧达：《印度尼西亚高中汉语教学研究》，硕士论文，东北师范大学，2010 年 5 月。

（马宝民　北京　北京第二外国语学院国际传播学院对外汉语系/语言学及应用语言学研究中心　100024）

从《全球华语词典》编纂看东南亚地区中文词语流通状况

——兼谈东南亚汉语教学存在的问题

刘全惟　李红印

提　要　在大华语传播的背景下，汉语迅速走向世界，华语在各地的变异性开始受到重视。语言变体使华语更加多元丰富，这主要表现在词语上面。尤其是东南亚地区的特有词语融入了特殊的历史和文化元素，但也在一定程度上增加了各地华语使用者沟通和交流的难度。2010 年出版的《全球华语词典》除了收录中国大陆及港、台地区的华语词语，也记载了新、马、泰、印尼、菲、越、柬等东南亚各地有特色的词语和词义。作为一本工具书，很好地解决了以上的问题。本文从“大华语”的汉语国际传播视野论述东南亚地区中文词语的流通状况，具体分析了《全球华语词典》选词、立目和编排体例的特点，同时指出其可改进的方面。最后，文章讨论了东南亚汉语教学在全球化与本土化之间存在的一些问题并提出看法与建议。

一　引言

对外汉语教学是一门新兴的热门学科，经过短短半个世纪的发展，该学科已经有了很好的建设与发展。尤其近几年汉语经历了从“请进来”到“走出去”的转变，汉语正走向世界，国际汉语传播成为大家重视的议题。陆俭明在2005 年提出了建立“大华语”的概念，他认为“‘大华语’有助于增强世界华人的凝聚力和认同感，也更有助于推进世界汉语范围的汉语教学”。这把我们的华语教学提升到了一个更高的层面，强调了华语在各地的地域性以及整体的包容性。

东南亚各国因为特殊的地域关系，受到了当地各种语言、文化、政治、宗教的影响，出现了汉语的变异现象。这种变异甚至成为当地华语的特点，更有“新加坡华语”、“马来西亚华语”等说法。东南亚各地的汉语在语音、语法、词汇等方面的变异反映了当地特有风情，增添了汉语的丰富性与多样性，这主要还是表现在词汇方面。本文通过《全球华语词典》的收词情况，考察了东南亚地区中文词语流通状况。

二　全球华语词典的编纂

李宇明主编的《全球华语词典》（以下简称《全球》）于2010年出版，是一部描写性的词典，和一般汉语词典或学习词典不同的是，它并不收录语言中的所有词语或是对汉语学习者而言相对较难的词汇，而是主要以华语在世界各地的变异为主轴，收录海内外各个华人社区具有特色的词语和词义。《全球》作为第一本以华语变异情况为收词考量的词典，很好地消除了各个地区的沟通屏障，成为各个华语地区交流的桥梁，尤其在“大华语”的前提下有助于汉语“走出去”，让更多人认识汉语这种语言的多样性和丰富性。

《全球》因为特殊的编写理念，在选词方面主要收录了20世纪80年代以来世界各华人社区内的华语词语，以及少量共有词语，共约1万条。这里所指的世界各华人地区主要包括中国大陆、港澳、台湾，以及新加坡（下称“新”）、马来西亚（下称“马”）、泰国（下称“泰”）、印度尼西亚（下称“印尼”）、日本、澳大利亚、美国、加拿大等地区。由编者们组成五个不同地区的编写组，在短短的五年之中尽可能地搜集了各个地区的华语语料，最后编纂而成。

《全球》作为一本词典，在选词、立目和编排体例上都很有特色。从词典学微观的结构看《全球》的编排体例，在设计上是丰富且完整的，其中包括：词目、简繁对照、注音、词性、释义、用例、使用地区、异名词语和知识窗这几个部分。

（一）词目

《全球》收词约1万条，用字也以中国大陆、新加坡、马来西亚等通行的为先，凸显了普通话在华语中的主体性特点。但是一些常用的词目编排则出现了重复对照的问题，以“网络”为例，其异名词语是台湾较常使用的“网路”，以网络衍生出来的词条分别有：网络、网络版、网络电话、网络警察、网络日志、网络文学、网络小说、网络银行、网络游戏、网络语言，与其相对应的词条有网路、网路电话、部落格、网路文学、网路小说、网路银行、网路语言、网路芳龄和网路购物。

从中我们可以看出，和“网络”与“网路”有关的词条共有 12 条，其中“网络”与“网路”直接相对应的有 10 条之多，在词典的编排上，是否可以收录在同一词条内进行参照？这不但可大大节省版面，而且也不会造成重复释义与举例对照的问题。

（二）简繁对照

因为各地用词的差异，中国大陆地区目前采用简体字，绝大部分国家以中国大陆的简体字为规范，不过像中国台湾和港澳地区仍采用繁体字。所以在词目后附加了对照的形式，简体字在前，繁体字在后。此外，在字典后面附有《词目字形差异对照》，可以一览词典内收录的所有简繁对照。这是词典中少见的设计，简繁对照凸显了《全球》的特色与理念，作为一种对照的形式也方便了学习者或使用者。

（三）释义

在词典释义方面，虽然收录的是各地特有的词义与词语，不过在释义时仍以现在通用的现代汉语为主，而不以方言或特有词语解释。另外在释义时，《全球》也注意到了同样的词目可能在不同的地域有不同的词义，所以在使用不同的义项时作了特别的处理，依序排列。此外，词典给词目标注了词性，也为方言词或外来词作了标注，以方便学习者和使用者。

（四）用例

《全球》在用例方面，除了给全部词条提供例句以外，也给部分词条提供了常用的搭配。用例收录的例子有书面语也有口语语料，极具真实性。虽然《全球》词典在释义时强调以现代汉语为主要标准，体现普通话在华语中的主体性的特点，但是在用例方面却略显不足。如：

(1) 马打：警察。(其他省)

[例] 外祖母气得指着他的鼻子问："你倒说说看，~怎么会叫你去吃乌豆饭(闽方言，坐监牢之意)的，呜?"

(2) 胶贴纸：义同"标贴"。

[例] 他们买来条幅后，用电脑打字打印到A纸上，然后粘在买来的黑色~上，一点一点地裁好，最后再贴到横幅上。

(3) 乌龙：指无意出现差错。源自粤方言。

[例] 疑一时~，德士司机误将阔三米的行人出口当做汽车出口，加速开车，结果连人带车直冲楼梯。

(4) 他者：其他的(人或事物)。

[例] 在马来西亚，虽然种族之间大多相安共处，但我族与~之间仍然在许多领域或范畴里存有或明或隐的泾渭之别。

从上述例句可以看出，许多用例是直接从语料中抽取而来，并不是那么适合词语的用法，反而增加了不必要的内容与资讯，给学习者造成困惑。

(五) 使用地区

《全球》的另一个创新之处在于标注每个词语的使用地区，方便读者了解，各个地区的用法显而易见。如所收的词语为单一华人社区所使用，那么只标注该地区的全称；如为绝大多数的华人社区流通使用的词语，则在此栏标注"各地"以供参考。

不过在词典标注使用地区时，我们也很难判定该词是否只在特定某个地区使用。如"初中"一词，标注地区为大陆，但实际上马来西亚、印尼也在使用；另"U盘"所标注的使用地区为各地，不过只有大陆地区这样使用。

(六) 异名词语

词典中增设了"异名词语"这一栏，"异名词语"主要是指同一事物或现象的不同说法或写法。这凸显了华语在各个地区不同的名称和使用方式。

在释义时，如遇到异名词语，一概以大陆词语作为主条，其他异名词语为副条立目，不再解释（见表1）。

表1 "盒饭"词条比较

词条	释义	使用地区	页数
便当	义同"盒饭"	中国台湾、新、马、泰、印尼、日本	57
盒饭	装在盒子里出售的份儿饭	内地、港澳、新、马、泰	354
饭盒	义同"盒饭"	港澳、台湾、新、马、泰、越	254

（七）知识窗

词典中设立的"知识窗"很好地帮助使用者了解词语的背景知识和跟词语有关的特别提示等信息。如："头奖"一词在知识窗的内容为：新、马、泰华语中以"头"表示"第一"。奖励的等级分别叫做头奖、二奖、三奖……一般不说头等奖、二等奖、三等奖。从上述的讯息中，我们也还能了解到各地的用法习惯，可以更好地深入当地的生活。

三 东南亚中文词语流通情况

《全球》把华语定义为"以普通话为基础的全世界华人的共同语"，这和几个学者对华语的定义相差不远（郭熙，2004；周清海，2002等）。而根据本论文的研究范围，我们主要考察了"大华语"地区东南亚词语的流通情况，因此中国大陆、港澳及台湾等其他地区词语暂不在本节的讨论范围之内。

本文就以《全球》为例，把东南亚的中文词语分别分为以下几个类别：

（一）华语特有词语

我们说的"地方特有词"也就是"社区词"或"特有词"。地方特有词充分反映了当地的社会状况，尤其与宗教、政治、文化、经济、教育等息息相关，华语特有词最大的特点就是在其他地区找不到相对应的词语。这类词汇在没有当地知识或专业背景下是最难理解的。其中可分为音译和非音译的两类（见表2、表3）。

（1）音译

表 2 音译词

词条	翻译	释义	使用地区
巴刹	pasar	菜市；菜场；集市	新、马、泰、印尼、文莱
甘榜	kampung	村落；村庄	新、马、印尼、文莱
多隆	tolong	帮帮忙	新、马、印尼
帕信		泰式筒裙	泰国
惹兰	jalan	街道；道路	新、马

我们通过《东南亚华文媒体语料库》进行查证，发现“巴刹”和“甘榜”共出现了2636个和3300个例句，可见“巴刹”和“甘榜”这两个词语已经普遍在上述地区的华人社区中广为使用。但是有些音译的特有词却没有进入新、马、印尼、文莱的华人社会当中。经过语料库的考证，一共只出现了三个有效语料。其实很大的原因是有些音译词，在当地会直接以原文形式交流，不再经过音译，这也是东南亚一带语码混用的主要情况之一。如“惹兰”这一类音译词，虽然一般在口语中不以汉字发音，但是在中文中没有相对应的词，所以只能以音译的方式在书面语体中出现。这类词通常被归类于词汇系统中的一般词汇所以使用较为普遍。

（2）非音译

表 3 非音译词

词条	释义	使用地区
万字/万字票	一种博彩形式	新、马
屠妖节	印度族和锡克族的传统节日	新、马
象奴/象夫	饲养和驯服大象的工人	泰国
大傣族/掸夷	缅甸掸邦族的别称	泰、缅
送水节	柬埔寨的传统节日	柬埔寨
邻区	有邻里构成的较大的社区	新加坡

这类非音译的华语特有词语完全用汉语的构词方式进行组合，所以在词汇系统中会比音译词来得稳定，而这类词通常多为专有名词，使用范围和频率不及音译词。以“巴士”一词为例，音译自英语和马来语，目前“巴士”已经在各华人地区，以音译借词的方式进入汉语词汇体系当中。

（二）异名词语

对这类词语前人已经有很深入的研究和讨论，我们主要通过查证语料库考察词语在当地的流通情况。异名词语主要是指名称相异而所指相同，即词的意义相同，词形选择不同，这是同义词的词形选择差异；这一类型又分为两种不同的情况。一是各地纯粹用汉语构词法构成的不同的词，例如“华乐”，中国人也能懂；“民乐”，新、马华人也能懂。二是汉语采用原来的构词法，而其他地区用音译形式；或者是相反（见表4）。

表4　　构词法不同类型

中国大陆用法	其他地区
外地	外府（泰国）
民乐	华乐（新、马）
钢镚儿	银角（新、马）
三明治	三文治（新、马、港澳）
胶卷	菲林（港澳、新、马、泰、印尼、文莱、菲、越南）
猕猴桃	奇异果（港澳地区、台湾地区、新、马、泰）

上述几个例子中，“外府”、“华乐”、“银角”属于第一种情况，前面两个词和中国大陆的用法，在构词上出现了共同语素；“三明治”、“菲林”、“奇异果”则属于第二种情况。不能否认，这类词是最容易在各个地区交叉使用的，因为大多数含有同语素或者是通过音译的方法成词。以“外府”为例，我们从语料库共搜索到647条语料，而大陆通行的共有223条语料。从结果看出，“外府”的使用频率比“外地”更为频繁。第二类异型同义词语的“奇异果”共有21条有效语料，“猕猴桃”只有2条。随着语言交流的互动，这类词慢慢地开始在各个地区流通使用，最终会趋同多于趋异。

（三）方言词

华语是华人的共同语，而方言是大部分华人的母语或家庭沟通的语言。自19世纪开始，琼、闽、粤三省已经有很多人移居到东南亚，以马来西亚为例，福建、客家、广东和潮州人是马来西亚半岛的主要方言群体，所以当地的华语融入了闽方言、粤方言、客家方言等元素，为东南亚华语增添了汉语方言的色彩。其中我们以使用人口最多的闽方言和影响华语词语最深的粤方言为例（见表5）。

表5　　粤方言特色词

词条	原自	释义	使用地区
衰	粤方言	坏、倒霉	新、马、泰
醒目	粤方言	聪明、机灵	港澳、新、马
货柜	粤方言	集装箱	中国台湾、新、马、泰
手尾	粤方言	有待善后、收尾的工作。	港澳、新、马
搵食	粤方言	挣钱、谋生	港澳、泰国
饮胜	粤方言	干杯	新、马、泰
角头	闽方言	角落	新、马
头手	闽方言	在某一范围内技术最好的人	新、马
菜脯	闽方言	腌萝卜干	新、马、泰、印尼
车头	闽方言	车站	新、马、印尼

上述方言词中的许多词语已经进入中文词汇当中，但仍有些方言词较常以口语的形式出现，如“饮胜”，通过语料库的考察，只有7条语料，而与它同义的“干杯”则有38条语料，明显比“饮胜”更常以书面语的形式出现。而闽方言中的“角头”也用得比“角落”少。

四　东南亚汉语教学存在的问题

东南亚是海外华语教学最集中的地方，而且也是华语教学中一个特殊的区域。我们将从学生、师资、教材三方面来进行讨论。

（一）学生的来源与需求

吴英成（2009）提出了汉语三大同心圈的理论，根据不同地区的学习和传播方式划分为内圈、中圈和外圈。内圈是指以华语为母语或者是主要语言的国家和地区；中圈指的是华语作为第二语言的地区，虽然华语不是处于主导地位，但多为华人内部社群的共同语；而外圈则是指将华语作为外语学习的地区。根据汉语三大同心圈的理论，东南亚各地区因为学习者的不同分别处于第二圈和第三圈的位置。东南亚华人在19世纪开始由中国的闽、粤、琼三省移居东南亚，所以学习华语就是学习母语，但是移民后由于各种政治或教育的因素，部分移民使用当地语言的能力比汉语更强；但是随着中国的发展以及汉语推广的影响，东南亚各地也开始出现了非华裔（土著）的学习者，华语对他们而言属于外语，这一群体就被归类到外圈。这是东南亚地区华语教学的特殊情况，也是在其他地区很少见的，而学习者的不同，也造成了东南亚华语教学的困难。

除了学习者来源不一以外，学习者的需求也是我们需要考虑的因素。以马来西亚玛拉工艺大学为例，他们为马来裔学生开设的华语班只采用拼音教学。不学写汉字也不强调认读，因为学生只需要具备与华人沟通交流的能力就足够了。这种现象在我国很少见，不管是长期班或者是短期班，在汉语或口语课上都是“听说读写”四种技能同时教授的。除此之外，新加坡也根据学生的能力，在每个小学的同年级课程中开设了“华文”、“高级华文”和“基础华文”三种级别的课程，除了重视学习需求以外，也把学生的语言能力作为开课分班依据。

东南亚是华人最集中的地区，以前诸多学者强调华裔教学和非华裔教学，但是由于国家政策、教育背景、人口流动等因素，显然这种情况已经不符合东南亚教学的现实需求，根据上述的实例，我们认为更应该强调以学生的需求和能力程度作为主要的考量因素。

（二）教师的培养与培训

在东南亚地区，华语开始出现“第二语言化”的现象，华语是华裔学生的母语，但是掌握的程度可能还不及当地的国家语言或者英语，再加上越来越多非华裔的学习者学习汉语，目前东南亚仍大量缺乏华语师资，存在教师专业不对口的严重情况。

“汉语国际教育”是一门新兴学科，随着汉语国际传播的推广，世界各地对华语教师的需求也日益扩大。但事实上，不管是本地教师还是外来教师，明显满足不了东南亚这波“华语热”所带来的需求。从这一点上来看，将会对东南亚华语教育有很大的冲击和影响。另外，东南亚华文教育需要的是一批“汉语作为第二语言教学”专业的师资，他们必须受过专业的汉语语言训练，并且掌握汉语教学方法和技巧。而大多数东南亚华语教师是中文系和教育系毕业，或者是曾到中国大陆、台湾求学的留学生，在专业和能力上已经不那么符合当地的教学需求。

我们认为，长期派遣我国教师到东南亚教学并不是解决师资短缺的最好的办法，本土教师才是东南亚华语教学的主力，应该有计划地、阶段性地、完整地加强目前东南亚当地老师的培训，以应目前东南亚华语教育所需。另外，东南亚许多大学学院也设有中文系，应该在中文系里加设“汉语作为第二语言教学”的课程，使中文系学生在毕业后具备成为华语老师的能力，直接加入当地华语教学的队伍。

（三）教材的编纂与标准

目前东南亚所使用的教材大致上可以分为本地自编的教材和国外教材两种。各国教材杂乱，没有统一标准，甚至出现一个地区的教材简繁体、拼音和注音教材混用的情况，这将严重造成学习者的负担，并妨碍其对中文的掌握。

一般而言，我国出版的教材较为成熟，具有系统性；而本土化教材则带有地方特色，符合学习者的兴趣。不过，笔者却发现，近期的本地自编的教材越来越“规范”，从而忽略了教材的本土性。如在教材中把新加坡、马来西亚通用的“奇异果”称为“猕猴桃”、“巴士”称为“公共汽车”，完全不符合当地词语的实际使用情况，这和本文所讨论的“大华语”概念背道而驰。各个出版方根据自己的想法自编教材，这种做法不仅容易使学习者产生混淆，也将对华语教师造成不必要的负担。

当华语走向世界，强调各地变异和特色的同时，我们建议加强我国和东南亚各国联合编写教材，现在贾益民主编的《中文》（在印尼使用）、刘择彭编的《汉语》（在印尼使用）、中国暨南大学华文学院与柬埔寨柬华理事总会编的《华文》（在柬埔寨使用）都取得很好的效果，获得当地师生的欢迎。

汉语在世界各地迅速传播，处于汉语内圈的中国大陆起着领头羊的作用，带领汉语向外圈扩散。尤其东南亚是世界华人最集中的地方，包含其中的是一种更深的民族情谊，这时候，我们更需要的是双方的合作与协调，进一步把中文传播到东南亚的每一个角落。

参考文献

1. 郭熙：《华语研究录》，商务印书馆2012年版。

2. 李宇明主编：《全球华语词典》，商务印书馆 2010 年版。

3. 陆俭明：《关于建立“大华语”概念的建议》，《汉语教学学刊》2005 年第 1 期。

4. 吴英成：《汉语国际传播：新加坡视角》，商务印书馆 2009 年版。

5. 张郇慧：《语言的在地化与全球化：评论〈全球华语词典〉的词汇收录》，《华语文教学研究》2012 年第 2 期。

6. 邹嘉彦、游汝杰：《当代汉语新词的多元化趋向和地区竞争》，《语言教学与研究》2003 年第 2 期。

7. 周清海：《新加坡华语变异概说》，《中国语文》2002 年第 6 期。

（刘全惟、李红印　北京　北京大学对外汉语教育学院 100871）

泰国国别化教材课文编排试析

——以《泰国人学汉语》为例

应晨锦

提　要　随着国际汉语教育的蓬勃发展，海外教师和学习者对国别化教材的要求日益强烈。近年来海内外的汉语专家和教师都在积极探索如何编写针对某一国家或某一语种的汉语教材，并取得了较大的进展，出版了不少国别化教材。不过国别化汉语教材的编写毕竟还处于起步阶段，许多问题需要进一步研究，如怎么体现针对性等。本文以国别化教材《泰国人学汉语》为例，主要从会话交际场景、人物角色和交际角色、形式和体裁、题材范围等方面对课文编排进行分析，考察其国别化特色，最后提出一些建议。

一　引言

国内编写的对外汉语教材绝大多数是通用型的教材，而通用型的教材难以满足不同国家、不同母语、不同学习环境的学习者的不同需求。随着国际汉语教育的蓬勃发展，海外教师和学习者对国别化教材的要求日益强烈。近年来海内外的汉语专家和教师都在积极探索如何编写针对某一国家或某一语种的汉语教材，并取得了较大的进展，出版了不少国别化教材。不过国别化汉语教材的编写毕竟还处于起步阶段，许多问题需要进一步研究，如怎么体现国别化特点。

二 课文分析的角度

针对性是对外汉语教材编写的基本原则之一，更是国别性教材的重要特点。而课文的编写是编好语言教材的关键。

目前，第二语言教材评估还没有一个公认的指标体系，但一定包括课文编排。Hutchinson 和 Waters（1987）设计教材评估表中提到课文的有体裁类型、题材范围、主题如何处理等①；Grant 设计的关于教材选择的评估表中涉及课文的有教材的吸引力、难度、篇幅、内容的真实性等②；赵金铭（1998）拟定的教材评估表中，涉及课文的有课文篇幅、内容题材、难易度、趣味性和文化取向等。

在参考前人研究的基础上，我们将从会话交际场景、人物角色和交际角色、形式和体裁、题材范围这四个方面对《泰国人学汉语》的课文编排进行考察分析。

三 《泰国人学汉语》课文编排的特点

《泰国人学汉语》由中山大学和泰国华侨崇圣大学合编，徐霄鹰、周小兵编著，北京大学出版社 2006 年版。该教材共有三册，每册各有《课本》和《练习》。《课本》的编排体例是："主课"、"会话练习"和"听力文本"（第一册的前十课还包括"语音"），"主课"又包括"课文"、"生词语"和"专名"、"注释"、"重点句型和词汇"、"句式"。下面我们对《泰国人学汉语》的课文编排进行考察分析。

（一）会话交际场景真实自然，主场景以泰国为主

《泰国人学汉语》的会话场景比较真实，如中国人王美在泰国买水果（第一册第十四课）：

王美：这些红毛丹很好吃，多少钱一斤？

① 参见赵金铭《对外汉语教学概论》，商务印书馆 2004 年版。

② 同上。

甘雅：是“多少钱一公斤”，不是“多少钱一斤”。

这个场景设置在泰国的水果店，买的水果是当地水果红毛丹；王美不了解泰国买卖水果的计价单位，直接用中国的计价单位询问价钱，泰国人甘雅予以纠正。这个场景显得非常真实。再如王美等看电视聊天这个场景也很真实、自然（第三册第四课）：

林小云：我喜欢韩国电视剧，我觉得里面的女演员都很漂亮。

王美：是吗？很多韩国女演员的眼睛长得比泰国演员的小。

林太太：眼睛大小没关系，一定要长得白。

王美：在中国，南方人长得比北方人黑。来泰国以后，我才知道很多泰国人也很白。我没有小云长得白。

《泰国人学汉语》的课文以会话为主，会话的交际主场景有两个：泰国曼谷和中国北京（见表1）。

表1　　《泰国人学汉语》各册交际主场景的统计情况

	交际主场景	
	泰国曼谷	中国北京
第一册	20次	12次
第二册	16次	7次
第三册	9次	6次
合计	45次	25次

由表1可知，交际主场景侧重泰国曼谷，主要围绕汉语教师王美在泰国的工作、生活及其与林家人的相处等展开；而中国北京的交际主场景则是围绕着何娜在北京的学习、生活等展开。

针对同一话题，《泰国人学汉语》设置了多样的场景，力求不简单雷同。如购物，文中分别设置了水果店、服装店、电器店、鞋店、大型超市等场景；如吃饭，教材中设置了餐厅、食堂、教授家等场景。这样不但避免了单一场景的雷同，丰富了交际场景，而且使类似话题同中有异，使学生的语言交际能力得到比较充分的锻炼和提高。

（二）人物角色和交际角色有针对性

1. 人物角色以泰国人为主

《泰国人学汉语》主要有 13 个人物，其中 3 个是中国人，9 个是泰国人。中国人中，王美在泰国教汉语，李力在北京学泰语，林大海是泰国人林小平的叔叔；泰国人中有 4 个学生，有 2 个是刚工作不久的年轻人，都有学汉语的经历，他们的亲戚也会一些汉语。也就是说，这些人物角色的设计很典型，都与泰国有关，都跟目的语——汉语有关。

从人物出现的交际主场景看，何娜、李力和明月都在北京学习，主要出现在中国北京场景中，而其他人物主要出现在泰国曼谷场景中。

2. 交际角色以泰国人和中国人交际为主

《泰国人学汉语》中会话包括泰国人与中国人的交际，泰国人与泰国人之间的交际，泰国人与马来西亚人的交际。其中泰国人与中国人的交际占课文总量的比重最大。

（三）课文的形式和体裁

从课文的形式看，《泰国人学汉语》的课文以对话形式为主，特别是第一册和第二册；第三册短文形式增多，与对话形式的比例是 3∶5（见表 2）。

表 2　对话形式

	对话	短文
第一册	33 篇	2 篇
第二册	23 篇	3 篇
第三册	15 篇	9 篇
合计	71 篇	14 篇

第一册、第二册以对话体为主，符合学习者初学汉语的特点。

从短文的体裁看，以记叙文为主。14 篇短文中，9 篇是记叙文，4 篇是应用文，1 篇是议论文；应用文有日记、书信和演讲稿（见表 3）。

表 3　　文体形式

	记叙文	议论文	应用文		
			日记	书信	演讲稿
第一册	1			1	
第二册	2				1
第三册	6	1	2		
合计	9	1	2	1	1

记叙文是学生日常学习生活中接触、使用最多的体裁，而日记、书信是学生课外生活中常用的应用文。《泰国人学汉语》关于体裁的安排很合理，涵盖面广，重点突出，考虑到学习者的使用特点，比较实用。

（四）课文的题材范围

课文的题材，直接关系到学生的学习兴趣和语言技能的培养，一定要体现实用性、针对性和趣味性（见表 4）。

表 4　　题材形式

	日常生活	学习活动	外出游玩	关于中国	关于泰国	其他
第一册	33 篇		2 篇			
第二册	20 篇	5 篇	1 篇			
第三册	12 篇	4 篇	2 篇	4 篇	1 篇	1 篇
合计	65 篇 76.5%	9 篇 10.6%	5 篇 5.8%	4 篇 4.7%	1 篇 1.2%	1 篇 1.2%

从表 4 可以看出，《泰国人学汉语》在题材范围上有以下两个特点：

1. 课文题材以学生的日常生活和学习活动为主，贴近学生生活，充分体现教材的针对性和实用性。各类题材中，所占比例最大的是日常生活，占 76.5%；其次是学习活动，占 10.6%；两者合计为 87.1%。

根据我们的统计，《泰国人学汉语》的日常生活和学习活动类题材的涵盖范围很广，非常全面和实用。日常生活类题材有打招呼、问好、询问家庭、购物、打电话、介绍朋友、问路、吃饭、看病等；学习活动类的题材包括课堂学习、学习方法、考试、汉语比赛、留学等，非常丰富，贴近学生的学习生活。

2. 日常生活类题材的数量安排比较合理。日常生活类题材在三册教材中数量呈递减趋势，而且递减幅度较大；同时增加其他类题材，丰富课文题材种类。

（五）课文的针对性

针对性是教材编写需要遵守的重要原则之一。就课文编排而言，针对性主要指课文所体现的两个国家的文化特色。国别化教材的编写，不但要注重对中国文化的渗透，而且要注重对学习者母语文化的渗透及其与汉语文化的对比。

1. 《泰国人学汉语》注意突出针对性，体现国别化特点。该教材在内容细节上使用泰国当地物品、贴近学习者的生活环境，容易唤起亲切感、认同感。如用当地地名“黎明寺、湄南河”；人物买的是泰国水果“木瓜”、“红毛丹”，用的钱是泰铢；介绍书信这一应用文时，选择的是电子邮件，而不是传统的书信，这符合当代年轻人的特点。

2. 泰中文化对比自然地贯穿在课文中。如中国人王美在泰国买水果，问价格：“这些红毛丹很好吃，多少钱一斤?”泰国人甘雅纠正她：“是‘多少钱一公斤’，不是‘多少钱一斤’。”（第一册第十四课）再如《首都北京》中在介绍北京时，也比较自然地对北京和曼谷作了比较（第三册第三课）。

四　我们的建议

综上分析，《泰国人学汉语》在交际场景、人物角色和交际角色、形式和体裁、题材范围等方面突出了国别化教材的特点，值得肯定，也值得以后的教材编写者借鉴。但是，我们也发现，《泰国人学汉语》仍有一些地方值得商榷，下面是我们的一些建议。

1. 第一册可以适当安排一些学习活动的对话。第一册的题材只有日常生活和外出游玩。学习活动与学生的学习生活密切相关，我们认为教材可以在第一册适当安排一些学习活动的对话，这样题材内容更加丰富，更贴近学生的生活。

2. 应该增加介绍泰国和泰国文化的文章，以加强课文的针对性。一部国别化教材，不但要注重渗透中国文化，而且要注重对学习者母语文化的渗透及其与汉语文化的对比。可是《泰国人学汉语》关于中国的话题有4篇，关于泰国的话题只有1篇。

虽然《泰国人学汉语》使用了一些泰国当地的地名、水果名，介绍了一些本土地方等，加强了教材中泰国文化的渗透和泰中文化的比较。但是总的来说，对泰国文化的渗透还是比较表面的，还有待进一步深入，如价值观念、生活方式等。

3. 具体文章的选择也值得商榷。关于中国的话题分别是：《首都北京》、《北京人和上海人》、《一个民工的账单》、《我去过中国》（主要介绍广州人的生活）。《北京人和上海人》和《我去过中国》在类型上重复，《一个民工的账单》又离泰国大学生的生活比较远，不容易引起学生的共鸣。

4. 应该注意语言的规范性、自然性。《泰国人学汉语》中有些表达不太规范，中国人听了会觉得很别扭。如：

林小平：明月，你有姐姐，是导游，对吗？
明月：对！你认识她吗？
林小平：认识，<u>她是我的马来西亚朋友。</u>

明月当然知道自己的姐姐是马来西亚人，林小平为什么要对明月说“你姐姐是我的马来西亚朋友”呢？这不符合语言交际的真实性。再如：

李先生：你有男朋友了吗？对不起，可以问吗？
丹：没关系，可以问。我没有男朋友。陈先生、李先生，<u>你们有太太吗？</u>
李先生：我们都有太太。

在自然的交际语境中，中国人不会问“你有太太吗”，而是问“你结婚了吗”。

参考文献

1. 杜宗景、缑广则：《泰国汉语教学问题分析及对策》，《经济与社会发展》2011

年第7期。

2. 李泉：《对外汉语教材研究》，商务印书馆2006年版。

3. 刘慧敏：《泰国汉语教材急需改进——由两堂成功的汉语课说起》，《安徽文学》2010年第1期。

4. 卢晓、余瑾、汪苑菁：《对外汉语教学的国别化思考——以对泰汉语教学为例》，《中国电力教育》2011年第32期。

5. 赵金铭：《论对外汉语教材评估》，《语言教学与研究》1998年第3期。

6. 赵金铭：《对外汉语教学概论》，商务印书馆2004年版。

（应晨锦　北京　首都师范大学国际文化学院　100089）

论国别化中学教材的编写原则

——以《体验汉语》（泰国版）为例

金飞飞

提　要　如今，世界各国汉语学习者的构成变得越来越丰富，很多国家在中学都开设了汉语课程。国家汉办的“国际汉语教材工程”基本解决了教材的“有无”的问题，但随着汉语教学的不断深入，通用教材已经无法满足个别国家的汉语教学情况。编写国别化中学汉语教材应当符合以下原则：遵循当地的汉语或外语教学大纲，充分体现国际化和本地化原则，具备一定的灵活性和伸缩性，符合中学生的心理年龄，听、说、读、写四项技能有机结合，任务型的活动设计贯穿始终，各种教学资源配套齐全。

如今，汉语教学蒸蒸日上，世界各国汉语学习者的构成变得越来越丰富。低龄化的趋势非常明显，很多国家从中小学，甚至幼儿园就开设了汉语课程。2011 年初，国家汉办启动了“国际汉语教材工程”，大规模地将 8 套教材翻译成了 40 种语言，其中包括《快乐汉语》、《跟我学汉语》等可以在中学使用的教材，基本解决了海外中学汉语教材的“有无”问题。但是随着汉语教学的不断深入，通用教材已经无法满足个别国家的汉语教学情况。那么，编写国别化中学教材的原则是什么呢?

笔者所在的高等教育出版社从 2006 年开始，多次派作者和编辑赴泰国的中小学校进行考察和调研，深入了解泰国中小学汉语教学的现状和特点，与泰国教育部基础教育委员会共同合作研发了《体验汉语》（泰国版），该书于2011 年入选泰国教育部基础教育外语类教材的推荐名录，成为最先进入当地主流国民教育体系的汉语教材之一。本文以《体验汉语》（泰国版）为例，通过个案分析的方法，探索编写国别化中学教材应该具备的原则。

一 遵循当地的汉语或外语教学大纲

中学课程是一个国家或地区基础教育的重要组成部分，几乎每个国家或地区都为中学课程制定了或详或略的教学大纲。开设在海外中学阶段的汉语课程及其所使用的汉语教材，当然要符合该国家或地区的汉语或外语教学大纲。

泰国的外语教学深受美国的影响，其外语教学大纲参照美国的国家外语课程标准，即《21世纪外语学习标准》（Standards for Foreign Language Learning in the 21st Century），将其五个“C”的标准稍作修改，变成了更适合泰国国情的四个“C”：Communication（沟通）、Cultures（文化）、Connections（贯连）、Communities（社区）。“要想使教材能够在美国的中学课堂占有一席之地，就必须使教材符合美国最新的《21世纪外语学习标准》。”① 同样，编写专门针对泰国的国别化教材，必须要考虑泰国的四个“C”。

以《体验汉语》（泰国版）为例，从体例、话题到活动，无不体现着对四个“C”标准的理解和运用。体例方面，每课由“热身”、“课文”、“活动”、“汉字”以及“挑战你自己”几部分组成。“热身”选择每课话题中有意思的内容，以活动的方式呈现出来，激发学生的学习兴趣；“课文”、“活动”和“汉字”部分，是每课的重点，通过大量有趣的中国文化内容和各学科知识，让学生保持住学习汉语的兴趣；“挑战你自己”是课后留给学生的任务。大家走出课堂，走进社区，通过小组合作的方式，共同完成这个任务，并在下次课上给全班同学展示或汇报。话题的编排由近及远，大致遵循“自己——学校——家庭——社区——国家——世界”这一线索。学生从自己最熟悉的学校生活入手，逐渐过渡到相关的社会生活。教材每两册为一个循环，话题螺旋式上升，学生之间的交流高度也可以螺旋式上升。活动贯穿全套教材，让学生在学中玩，在玩中学，体验汉

① 陈绂：《我们如何编写美国AP中文教材》，《世界汉语教学学会通讯》2010年第2期。

语，感受中国文化，比较中国和自己国家的方方面面。

在泰国的中学里，汉语课大多属于选修课。学生最主要的任务是学好英语、数学、物理、地理等主干学科，在学有余力的前提下，才会考虑选修汉语。因此，在汉语教材中应当体现其他学科的知识，将汉语和其他学科贯连起来。

紧扣四个“C”标准的教材，才能为泰国社会所接受。但只符合这些要求还是远远不够的，其他原则也不可或缺。

二 充分体现国际化和本地化原则

中学阶段是人生观、价值观形成的最关键的时期之一，各国都不遗余力地在中学教材中传授各学科的知识，灌输爱国主义思想，展示各种美好的品质和行为。国别化中学汉语教材向学生介绍中国特有知识和文化的同时，也介绍全世界共同拥有的美好事物。例如，《体验汉语》（泰国版）既介绍长城、熊猫、京剧、唐装等中国元素，也介绍电影明星、节日风俗、励志故事、地理位置等世界各国元素。

国别化中学汉语教材中必须包含本地化内容，让学生们学以致用。泰国学生学习汉语的主要目的是描述自己的生活，表达自己的想法，与当地的中国人或会说汉语的人们用汉语交流。所以泰国教材中，话题和课文尽量贴近真实生活，如出现了大象、榴莲、寺庙、国王、大皇宫、夏季、凉季、雨季、泰拳明星等内容。

但本地化原则，不宜过分强调，中学生的思想是开放的，易于接受新鲜事物。学习一门语言，不应只了解目的国的语言知识和文化，而要以这种语言为工具，了解全世界。

三 具备一定的灵活性和伸缩性

世界各国的中学之间在学生水平、课程安排、师资状况等方面存在差异，即使是同一国家的各个学校之间，也存在着不小的距离。现在，各国纷纷开设汉语课程，一套教材一统天下的时代已经一去不复返。但是，教师和出版机构不可能为每个学校定制一种教材，这就要求在教材的策划、编写方面作一些调整。以《体验汉语》为例。

（一）《体验汉语》（泰国版）以学生用书为主，展示真实的语言材料和各种课堂活动。学生用书是课堂教学的工具和线索，学生和教师在学生用书的基础上开展教学活动。

（二）《体验汉语》（泰国版）配有“练习册”、“教师用书”以及其他配套资源，让学生和教师有可选择的余地。练习册分为“课堂练习”和“课后练习”两个部分。“课堂练习”都是需要团队协作来完成的活动，为学生和教师提供更多的选择，以弥补课时过多或学生水平太高带来的“吃不饱”现象；“课后练习”以学生个人练习为主，强化当课所学的语言知识，最终达到复习、巩固、提高的目的。

学生用书和练习册分开，不但有效地解决了“学”和“练”的矛盾，而且有效地解决了学生水平参差不齐的矛盾。教材具备一定的灵活性和伸缩性，学生和教师才能觉得好用，教材才能够得到更多人的认可和使用。

四　符合中学生的心理年龄

中学时期属于人的青春期。一般而言，中学生的第二性征开始出现，身体的迅速发育导致中学生的成人感特别强烈，独立意识明显增强；人生观、价值观还在形成之中，但变化速度较快；完成学习任务对许多中学生来说，并非是一件轻而易举的事。

面对与成年人、小学生完全不同的中学生，编写国别化中学汉语教材可以从话题的设定、课文的筛选、版式的编排方式等各个方面考虑。

（一）话题的设定

通过对多套中学英语教材、法语教材、西班牙语教材的研究，我们发现中学阶段的话题存在一些共性，也就是说世界各国的中学生有很多共同感兴趣的话题。比如：同学、家庭、动物、朋友、运动、名人、日常生活、健康、愿望、课程、邻居、求助、网络、节日、职业、假期、烦恼、建议、生日、电影、旅行、交通、安全、环保、社团、团队、历史、科技、发明、公益、风俗、灾难，等等。

（二）课文的筛选

编写汉语教材，大多是先定话题大纲、语法大纲，再定课文和练习内容。这样的教材系统性强，语法出现的顺序得当。《体验汉语》（泰国版）是先选定话题大纲，然后直接选文，根据选文来定语法。这样的教材，课文完全根据中学生的兴趣点来筛选，并且题材多样，每册书里的课文都有亮点，学生通过汉语教材领略全世界。但语法处理是一大难点。

（三）排版设计的水平

国别化中学汉语教材是学生各种教材中的其中一本。汉语教材不能显得老土，而应该在版式、插图、装帧等方面与其他学科教材处于同一水平，或者比其他学科的教材做得更好。

符合中学生心理年龄的汉语教材，会让教师觉得备课轻松、上课实用，会让学生觉得“有意思”，从而产生持久学习汉语的愿望。

五　听、说、读、写四项技能有机结合

听、说、读、写四项技能是不可分割的有机整体，不同阶段可以有所侧重，但总的来说不应该偏废任何一个方面。国内的大学语言课程很多都按课型分为听说课和读写课，但是海外的中学教学一般是选修课，课时少，不可能分课型，这就要求一本汉语教材必须同时具备对这四项技能的训练。

以《体验汉语》（泰国版）为例，热身通常是一个先“听”后“说”的活动。课文 1 一般以对话为主，先让学生听课文，然后进行一两个与课文内容相关的听力活动，再进行两个与当课话题相关的两人活动、小组活动等，实现“听”与“说”的有效结合。课文 2 以短文为主，训练学生的阅读能力。同一个话题，经过课文 1 的听说训练和课文 2 的阅读训练，最后根据提示写出一篇少则几十字，多则 200 字左右的文章。

作为专门为某一国家的中学生编写的国别化汉语教材，还应该根据该国中学生的学习难点，有针对性地设置听、说、读、写练习和活动。泰国学生在语音方面普遍掌握不好 zh、ch、sh、r、ü、un 等发音，《体验汉语》（泰国版）注重这些拼音的练习，选取的主要人物叫“孙丽”，就是为了让学生反复练习 un 的发音，并在第一册教材中多次练习这些发音难点，让学生在汉语学习的初期就打下良好的发音基础。

只有将听、说、读、写四项技能都处理好，学生的汉语水平才能均衡发

展，才不会制约未来学习汉语的步伐。只会说的“文盲汉语”或只会写的“哑巴汉语”是不可能实现可持续发展的。

六 任务型的活动设计贯穿始终

中学生有着强烈的好奇心和求知欲，喜欢做有挑战的事情。国别化中学汉语教材如何做到让汉语学习者激发兴趣、保持兴趣、提升兴趣呢?

目前中学阶段其他学科的课堂教学不再是以机械讲练为主，大多都以任务型的方式展现。汉语教学当然也应如此。汉语教材中可以用到的活动类型包括两人活动、小组活动、全班活动、小调查、小制作、角色扮演、游戏、辩论等，让学生在团队合作中学习汉语。

以词汇教学为例，“体验球”游戏是《体验汉语》（泰国版）里经常使用的游戏之一。游戏规则如下：教师准备一个球，做接抛球游戏，接到球的学生说出一个本课的生词。一个小小的“体验球”在教室中不停地抛来抛去，学生们在愉快的气氛中学会了当课的生词。“N－1”游戏也非常适合中学课堂，规则是这样的：一个生词，教师说 N 遍，学生就说“N－1”遍。比如教师说“熊猫、熊猫、熊猫”，学生就说“熊猫、熊猫”。用不了几分钟，学生们就会把本课的生词牢牢地记在脑海中。

中学生喜欢有挑战性的工作，所以做活动时，最好引入“竞争”机制。如全班分成两大组，得分多的小组获胜；或准备一个小奖品，发给最后胜出的那位学生。课堂有了竞争机制，每个人就会紧张起来，积极投身其中，教学的效果当然也会非常好。

任务型的活动设计贯穿教材始终，学生在玩中学、在学中玩。不过，不能总玩同一个活动，实用的汉语教材最好能够配套其他辅助资源，不断提供又实用又有趣的新活动。

七 各种教学资源配套齐全

如今在汉语教学界存在一个共识：越是教学资源齐全的教材，越会被教师和学生所采用。各种教学资源可以包括以下几种：学生用书、练习册、教师用书、教师资源包、教具、PPT、试卷、词语卡片、发声挂图、CD-ROM、网络资源、智能白板课件、平板电脑课件等。

海外汉语教师既有大量教学任务，又要克服生活方面的困难，都不希望在准备教具、制作 PPT、编写试卷等事情上耗费大量时间和精力。如果有一套教材能尽可能多地提供给教师各种需要的素材，相信没有教师会拒绝。

另外，科技迅猛发展，电子书大有取代纸质书籍的趋势。教学上，教材加黑板的形式终将被淘汰。智能白板、平板电脑等会在相当程度上取代纸质书籍。这些载体所需要的内容，是教师及教学研究人员共同研发的方向。

总而言之，没有一套教材是十全十美的。海外中学课堂的复杂性，决定了教材必然众口难调。我们不可能为每个学校、每名学生量身定制一套教材，只能尽可能地做到在一套国别化中学教材中兼容并蓄。如果能兼顾到上述七个方面，相信这套教材就是基本能够满足该国中学课堂的好教材。

参考文献

1. 陈绂：《我们如何编写美国 AP 中文教材》，《世界汉语教学学会通讯》2010 年第 2 期。

2. 罗青松：《美国〈21 世纪外语学习标准〉评析》，《世界汉语教学》2006 年第 1 期。

3. 胡壮麟：《作为外语的汉语教学》，《中国外语教育》2008 年第 2 期。

4. 朱志平：《海外中小学汉语教材的任务》，载《第八届国际汉语教学讨论会论文选》，高等教育出版社 2007 年版。

5. 徐弘、冯睿：《北美汉语教材的使用——教师和学生选择教材的标准》，载《第八届国际汉语教学讨论会论文选》，高等教育出版社 2007 年版。

6. 王巍：《谈〈汉语乐园〉的编创理念及立体化教学模式》，载《国际汉语教育研究》（第 1 辑），高等教育出版社 2011 年版。

（金飞飞　北京　高等教育出版社　100029）

抓住汉语趣点，灵动使用教材

陈　昕

提　要　在学生基础千差万别、汉语教材纷繁多样的背景下，我们关注教学内容的合理与系统，我们关注教学方法的多样与丰富，我们更应该关注教材的使用与规划，如何灵动地使用教材、最大限度地激发学生学习汉语的积极性是一个值得研究的课题。通过日常教学的观察与研究，挖掘文化内涵、抓住汉语兴趣点，可以整合教学内容，丰富汉语教材，扩展学习范围，提高学习兴趣，从而达到灵动使用教材的目的。汉语兴趣点在教材中俯拾皆是，如汉字、词语、句子、段落等。在教学中关注汉语趣点，抓住汉语兴趣点进行教学，可以使课堂更生动，教学更有深度。

一　引言

当今的汉语教材纷繁复杂，各有特色，使教师的选择范围日益增大，但由于面对的学生年龄不同、汉语基础不同，在教材的选择使用时，要求教师有一定的教材驾驭能力与实际操作能力。但不论是哪一种教材，它都是汉语的载体，通过教材应该达到学习汉语的目的。到目前，我接触过五种教材，在使用这些教材的过程中，我发现了它们各自的优点，也遇到了各种问题，有教材与学生的基础不搭配的问题，有教材体系不完整的问题，等等。在这种情况下，我和我的同事们进行了增减删换的工作，在此过程中对教材有了新的认识，我们应该以坚持关注学生兴趣点，根据学生的基础最大限度地使用教材这一原则为宗旨。

二 使用教材的原则

（一）关注汉语的兴趣点，重新认识教材

作为一名站在三尺讲台上的教师，作为一个面对各国学生的中国人，我常有一种先人的精神融入我心的感觉，更有将中国文化传向世界的责任担于一身的神圣感。然而，时今却流传着“汉语难学论”，在学生学习汉语的过程中他们也表达出汉语难学的想法，在教师之间交流的时候，大家往往也会提到自己所使用的教材存在着诸多缺陷，不知如何改进。每每听见这样的话语，我总是禁不住问自己：汉语的难到底难在哪里？为什么那么多人在传播汉语的过程中遇到那么多的难题，问题到底出在哪里？教材是起决定作用的因素吗？一次培训中，我认识了来自加拿大的 MR. Kenny，他在中国生活已经八九年了，他以自己的亲身经历讲述了学习汉语的过程中遇到的困难以及中西方文化的差异造成的笑话及问题，他提出了一个观点：使汉语有趣是提高汉语接受度的根本方式。他认为应该让学习汉语的外国人觉得汉语有趣，教师要让课堂变得有趣。

我同意他的观点，让孩子们甚至成年人喜爱汉语才是根本，有了根本，才有学好汉语的基础与动力。如果是这样的话，那教材的问题怎样解决呢？当我带着这个问题再次仔细地审视我所使用的教材时，我有了新的发现，也有了新的思考：不同版本的教材都只是汉语的载体，在这些教材中存在着大量可以让孩子们或者说所有的学习者感兴趣的点，汉语本身非常有趣。这些点我称之为“趣点”，在我们的教学中可以利用这些趣点，把它们作为生长点、深入点，激发学生的学习潜能，提高教学效率。

（二）挖掘教材的趣点，灵活使用教材

在我们的汉语教材中，学生感兴趣的点非常多，哪些是我们可以抓住并加以使用的趣点呢？

三 抓住兴趣点

（一）汉字本身是兴趣点

（1）汉字充满着故事，利用故事引导学生展开想象，灵活激趣

目前人们认可最早的汉字是甲骨文，我很喜欢欣赏甲骨文。理由很简单，就像唐冶泽先生在《甲骨文字趣释》中说的：“一个字仿佛一幅画，通过这幅画可以窥见古人的生活和习俗；一个字又像一个谜，解开这个谜，可以了解古人的心态和行为；一个字还像是一个窗口，从这里望去，可以看见古人上演的许多悲喜剧。总之，通过一个个甲骨文，历史像电影蒙太奇似的浮现在我的眼前，带来无限的乐趣。”① 我没有唐先生的知识广博，但在教学中我运用甲骨文，利用汉字象形的特点讲解汉字，孩子们的兴趣极高，学汉字的速度特别快，错误率极低，大多时候正确率能够达到100%。我曾经做过一个实验，给一个五岁的孩子讲汉字，用15分钟让她认识了8个象形字，在学后的检测中正确率为100%。当然，汉字不仅仅是象形字，还有会意字、指事字、形声字。但不管是哪种字，只要给学生讲出或者引导学生自己感悟出汉字背后的“故事”，学生都能牢牢地记住。

在一次课堂上，我以“木”为题和孩子们一起认识汉字。在学生认识“木”——知道“木”的意思，知道“木”每一笔表示的意思之后，由我版画认识“本”——树根，引申指最重要的部分或者事情。孩子们观察树，学会“未”和“末”，最后设计了一个“创造”汉字的环节。我指出：有的树，像枣树长着很多小刺，怎样在“木”上加几笔，表现出这些小刺呢？我在设计这一环节时既想让学生认识一个汉字，也想激发学生认识汉字的兴趣，感受汉字的表义特点。班内的学生共分了七个小组，当时课堂的气氛极为活跃，大家活而不乱，乐在其中。让人惊喜的是有五个小组不约而同地“创造”出了“ 朿”。分析这种课堂气氛及学习效果出现的原因非常简单，那就是学生的积极性，而积极性的产生是因为利用了汉字在字形上相互联系、汉字意义结合的特点，这些有趣的点牢牢地吸引住了他们。

（2）形近字是个大家族，以同引异，以异分同，巧妙用趣

“字形错误或混淆有两种形式：①对字形结构的各个组成部分尚未建立正确完整的体系，泛化现象严重，常因联系的模糊而出现偏旁部首‘张冠李戴’，基本字‘移花接木’等结构混淆和增减笔画的细节错误；②对汉字音、义、形三者尚未建立牢固的联系，常常因三者联想的错误，

① 引自唐冶泽《甲骨文字趣释》，北京大学出版社2005年版，第168页。

把这一字形与该字近似的生字的某一因素相混淆。”①

坦白说同音字和形近字是汉语学习中的难点，这一点不仅是初学者的问题，而且是学习汉语任何阶段的人都会出现的问题。但事物都是有两面性的，它既是难点也可以变成趣点，主要在于教师怎样看，怎样利用，怎样处理。我很欣赏一首小儿歌，它出现在人教版二年级上册语文园地中，儿歌写道：

有水把茶泡，有饭能吃饱。
有足快快跑，有手轻轻抱。
有衣穿长袍，有火放鞭炮。

这首小儿歌巧妙地把声旁是“包”的一组字放在一起，既有同音字，也是形近字。孩子们特别喜欢，不仅仅是因为读起来朗朗上口，更因为发现了“泡、饱、跑、抱、袍、炮”这几个字的有趣之处。他们是笑着读小儿歌的，是兴高采烈地学汉字的。这体现了教材编者的功力，同时向我们展示了趣味性的重要性。

（二）词语是兴趣点

汉字是中国几千年文化的载体，可以说汉字是最具“中国特色”的，因此在汉字教学方面教师都下了大工夫，随着字理识字的推广，课堂上对汉字的学习学生会觉得有趣。实际上词是语言中最小的能独立运用的音义结合体。词语的学习是非常重要的，词语的学习也是非常有趣的。

（1）从教材中提取规律性的词语

在汉语教材中我们经常会看到一些有规律的词语，这是使用教材时应该关注的一点。学习语言是为了应用，应用就分为口头与书面的应用，为了更好地表达，现在的教学非常重视积累，如积累固定形式的好词好句，像 ABB 式：水灵灵、绿油油；ABAB 式：雪白雪白、商量商量。正是由于教师的引导，学生对这类词语最为敏感；孩子的天性又好表现，因此非常愿意在这些词语上来一个“比拼”，如词语接龙、词语竞赛，等等。这种兴趣是在学校里后天培养起来的，算是我们的成功，也证明了两点：教

① 引自朱作仁《小学语文心理学导论》，上海教育出版社 2001 年版。

师的引导作用极其重要，兴趣是可以培养的。

（2）在教材中，关注一些可以“变”的词语，激发学习兴趣

汉语的词语是变化的，顺序可变，词性可变。这些词很有趣，我喜欢，我的学生也喜欢。抓住一个“变”字可以大做文章。如“上山”、“山上”，“牛奶”、“奶牛”，这样的词很多很多，对于学生的学习而言并不容易，因为相当于词语的总量大大增加了。但事实却告诉我学生对这些“可变”的词异常感兴趣，就像发现了新大陆，有一个学生对我说：老师，这些词真好玩儿，变来变去的，变了之后还是词。真好玩儿！是啊，这些词变化多端，但却像小精灵一样非常可爱。

（3）透过固定词语看中国，引发学生深层的动力

汉语有一个特点是简洁凝练，成语体现得最为充分，如坐井观天、拔苗助长等。几乎每一个成语背后都有一个生动的小故事，小学生的特点就爱听故事，这个特点可以好好利用。

（三）句子含兴趣点

在我们认识事物的时候，总是由陌生到了解，再到熟悉。一旦熟悉了，有的时候会产生一种喜爱的感情，一旦喜爱了会产生再深入的冲动。在与法国教师交流的时候我们对汉语的语法产生了分歧。在小学有一种观点是不讲语法，让学生感悟，我曾经也深以为然，但一位法国教师告诉我在法国从小学开始就要学习语法，因为法语的语法非常严谨。我曾认为汉语的应用非常灵活，很多时候不能像外语那样规整，语法自然不好说。但现实却与我最初的看法恰恰相反，实际是汉语的句子语法现象非常多，值得细致研究，这些语法现象是非常有趣的。也正因为这种有趣让我深入地研究起句子，进而发现句子也含有趣点。

在小学低年级最常见的是陈述句、疑问句、感叹句。但也存在着一些有趣的句型：如“把字句”、“被字句”、反义疑问句、比喻句，等等。有趣的句子在我们的教材中不能说随处可见，但只要你认真观察，很容易就能发现。就拿我现在使用的人民教育出版社的义务教育课程标准实验教材四年级上册来看，这里面就有很多有趣的句子。

《巨人的花园》中，巨人好几个月没有见过明媚的阳光了。这一天，一缕阳光从窗外射进来，他却发现一群孩子在欢快地游戏。巨人很生气，他发脾气大喊：“好容易才盼来春天，你们又来胡闹。滚出去！”巨人盼

了几个月的春天终于来了，多么地不容易。可是巨人却说：“好容易……”这句话很有意思！课堂上学生没有注意到这句话，我就引发学生思考：这句话什么意思？到底容易还是不容易？既然不容易，巨人为什么要说“好容易”？这一连串像绕口令一样的问题，引发了学生浓厚的兴趣，最后，他们终于明白了：春天来得太不容易了，巨人的话就是强调“好不容易才盼来春天！你们又来胡闹。滚出去！”学生弄懂意思之后，我引导他们说几个这样的句子，他们的兴趣更高了。有的学生举出这样的例子：妈妈好容易才答应给我买冰激凌，我一定慢慢吃。

我们作为教师，要做教材的主人，要用教材教汉语，不能被教材禁锢住。

（四）中国文化是趣点

如果说汉字、词语、句子都是有形的兴趣点，那么中国的文化就可以说是无形的兴趣点了。当然，中国文化也体现在字、词、句当中。此处我们提到的中国文化指的是除去字、词、句之外的。如“颐和园”所代表的中国园林、皇家气派，老舍笔下的四合院，曾经出现过的晨钟暮鼓的生活状态，兵马俑体现出的历史经典，等等。中国传统的一砖一瓦、一门一户，中国人身上的一个纽扣、一件服饰，北京的一种小吃、一条胡同，这些具有浓厚中国特色的东西都深深地吸引着学生。我们在课堂上也可以把它们作为学习内容，当教材已经体现了中国文化时，我们更应该细心地讲解。

四　根据学生的基础，组合兴趣点，灵活使用教材

学生的基础不同，学习的接受能力就不同，教师在使用教材时，要特别关注学生的基础和实际学习能力。在正确分析学生的基础上选择教材中的教学内容，还可以将教材进行取舍与组合。我所教的班级学生基础较好，绝大多数学生已经学习了三年汉语，具备了 2000 个左右的词汇量，具有较高的听、说、读、写的能力。在此基础上，我在教材的运用注重词语教学的同时，更注重的是句子教学，特别是句式的转变，强调一个意思多种句式的练习，等等。在阅读方面，除了使学生能够正确朗读之外，还渗透了写作方法。教材仅仅是我可以选择与应用的内容，而不是圈住我与

学生的围墙。

我追求灵活生动的教学方式，我创设活动轻松的教学课堂，这些都可以实现，都可以用我现在所使用的教材加以实现。我同时相信，在我们更好地了解汉语之后，就能更好地讲授汉语，当我们抓住学生的兴趣点进行教学后，我们的教材就会灵动起来。

参考文献

1. 唐冶泽：《甲骨文字趣释》，北京大学出版社2005年版。
2. 朱作仁：《小学语文教育心理学导论》，上海教育出版社2001年版。

（陈昕　北京　北京朝阳区芳草地国际学校　100600）

浅谈北京中学对外汉语教材的发展历程

李　頔

提　要　教材是教学的根本，是教学的中心环节，是教学过程的蓝本和依据。没有合适的课本，教学的任何环节都无从谈起。新中国的对外汉语教学是在20世纪50年代从大学校园开始的，对外汉语教材的研发主要也是围绕着大学校园展开的。可是随着汉语国际推广事业的蓬勃发展，越来越多的18岁以下的小留学生来到了中国，进入中学学习汉语。初期的中学国际部，没有为中学留学生编写的对外汉语课本，只能使用大学教材，教学当中出现明显的不适合，主要是针对性不强，教学对象和教学内容存在偏差。于是广大的一线中学对外汉语教师开始凭借自身经验编写针对母语非汉语的中学生的教材。经过十多年的努力，从依赖大学课本到自编中学对外汉语教科书，从简单的校本教材到经专家组编定、正规出版社出版的正规教材，北京中学对外汉语教材的编写走过了一条从无到有、从粗到精的发展道路。这也是中学对外汉语教学走向独立、规范的必然趋势。回顾过去，中学对外汉语教材的编写出版取得了很大进步，也还有很多可以提高的方面。

随着国际汉语热不断升温，越来越多的外国中学生涌入中国，进入中国的中学学习汉语，其中很多学生的家长甚至希望这些学生能够在中国长期学习生活，考入中国的名牌大学，继续学习。2008年北京国际新闻中心举行的北京市社会发展情况新闻发布会信息显示，截止到2008年，北京市有75所大学可以接收外国的留学生，有85所中小学也可以接收外国学生进校学习。在北京可以接收留学生的中小学数量已经超过了大学。这说明在北京，针对未成年人进行的对外汉语教学在汉语国际推广事业中正在起着越来越重要的作用。可是与之配套的教材研发却相对滞后。

本文以中学阶段对外汉语一线教师的视角，回顾一下十多年来，北京市中学对外汉语教材的使用和编写历程，希望能够进一步引起大家对于以中学阶段在华留学生为对象的对外汉语教材编写和推广的重视。

一 使用大学教材的尝试期阶段

前面提到“北京市中学对外汉语教材的使用和编写”，先说“使用”后说“编写”，是因为中学的对外汉语教学是从使用大学阶段以成年人为教学对象的对外汉语教材开始的。

新中国的对外汉语教学从20世纪50年代开始，一开始都属于短期培训班性质，教学对象基本都是成年人，教学阵地主要也都集中在大学。使用的教材主要也是为了帮助这些成年外国人学习汉语编写的。

在20世纪90年代中期以前，占据高校对外汉语教材主要篇幅的是一些较有深度的文学作品。以北京语言大学出版的教材为例：1987年出版的《中级汉语教程》，1990—1992年出版的《高级汉语教程》，其课文几乎都是文学作品。以文学为主体的中高级对外汉语教材一直沿用到20世纪90年代的中后期，其中的选文都比较经典，但和现代的日常生活用语有一定的距离。

北京市的中学开始接收留学生，除了五十五中等少数学校之外，主要是进入20世纪90年代中期之后才开始的。如：汇文中学是从1994年，人大附中和北京四中是从2002年。

这段时期，大学的对外汉语教材的编写也有了一些明显的变化。

1996年《桥梁——实用汉语中级教程》（北京语言大学出版社）在课文的题材方面有了较大的突破。课文围绕着教育、职业、婚姻、家庭、经济、法律、道德、交通、环境、健康等现代化生活话题进行选编。

2004年《发展汉语·中级汉语阅读》（中国人民大学编，北京语言大学出版社）内容涉及政治、经济、法律、文化教育、环保、旅游、国际交流等社会生活的各个方面。

2009年《汉语教程》（北京语言大学出版社）课文涉及学习、武术、饮食、气候、人际交往、艺术、通信、交通、旅游、经济等诸多方面，并有很多日常交际对话。

虽然内容越来越贴近现代生活，形式越来越注重语言交际，可是教学对象还是成年人。其中有很多内容和中学阶段的留学生生活相距较大，不便于日常教学。

例如：《桥梁——实用汉语中级教程》（上）第三课《我记忆中的两个女孩》讲的是成年人在大学期间谈恋爱的故事，表达了作者对爱情、缘分的感慨，年龄偏小的中学生理解起来不容易；第九课《李群求职记》讲的是年轻的华侨在香港找工作的事情，和中学生的生活关系不大。

在《汉语教程》中也有很多类似于结婚、参加教学研讨会等成年人的话题，有的留学生上着上着，就说："老师，这不是我们用的书！"

作为中学的对外汉语教师，这是颇为苦恼的事情。而且中学生，特别是年龄偏小的初中生相对于成年人来说，日常生活交际用语是急需解决的问题。为了解决这些问题，一些中学的一线教师，结合自身经验开始自己编写所需要的教学内容。

二 校本教材的草创期阶段

编写校本教材的首要宗旨是针对外籍中学生的实际情况，编写内容和形式力求符合学生的需求。很多中学依据自己教学的实际情况，编写了各自的校本教材，下面，我们以北京四中国际部的《汉语起步》和人大附中国际部的《初级汉语阅读读本》为例，简单介绍一下这些自编教材的主要特点。

（一）贴近学生生活，关注生存教育

《汉语起步》依次安排《在教室上课》、《去食堂吃饭》、《回宿舍休息》、《学习用具》、《作息时间》、《学习用语》等章节进行教学。目的是在最短的时间内使学生学会有关生活、学习、休息的汉语词汇。可以表达用餐、学习、睡觉等日常行为，简而言之，可以生存。进而学习《作息时间》、《交通工具》、《我的家人》、《人体器官》、《特色食品》、《课外活动》等章节，使学生可以外出、活动、购物，换言之，可以与人进行简单交流。

在生存教育的同时，《汉语起步》还注重介绍与学生息息相关的一些

知识。如：《附近地名》一课，学生学习“平安里”、“西皇城根北街”、“北京四中”、“金台饭店”、“北京银行”、“皇城根小学”、“书店”、“物美超市”等词语，了解周围环境，消除胆怯心理，对周围环境产生了亲切感；《特色食品》一课，学习“北京烤鸭”、“涮羊肉”、“麻婆豆腐”、“京酱肉丝”、“糖葫芦”等，这些食品学生吃得到，喜欢吃，从而使学生开阔眼界，增强兴趣。

（二）结合“汉语教材”和“语文教材”的特点，为学生搭建桥梁

鉴于中学阶段的外国留学生通过语言班的学习后基本都会进入学历班，以期毕业后升入中国的大学继续学习，很多校本教材都会借鉴大学对外汉语课本和国内中小学教材的内容，力图集各版本精华于一身。同时，又注重体现自我特色，成为继承与革新的产物，既能帮助留学生学习语言，提高汉语交际能力，又能够为他们进入学历班学习中学语文打下基础。

以《初级汉语阅读读本》为例。

首先，在体裁的选用上，注意吸收大学课本的广泛性，注重趣味。有笑话、绕口令、歇后语、诗歌、散文、成语故事、相声、说明文等，体裁不拘一格。例如第十单元，有《幽默笑话七则》、《绕口令四则》、《格言、警句、谚语、歇后语》、《说相声》，学习内容是带有趣味性的汉语活动。每篇只有十几到几十个汉字，从内容到形式，从语音到语义，从民俗到哲学，从思想到文化，一应俱全，尽可能地扩展留学生的中国文化知识。

其次，课文选择上注意兼收并蓄。从中小学语文课本、大学对外汉语教材等不同阶段的课文中进行选取。不但从题材上、体裁上考虑到使用者的身份、年龄、心理、兴趣、文化特征，还在篇幅上进行了大胆尝试，课文字数从几十、几百到上千不等，具有跳跃层进的特点。比如第一单元第一课《秋天到》是一首诗，只有50个字，第二课《香山红叶》是散文，字数是诗的10倍，尽管都是写景的，内容相近，但生词数量、词义辨析、文体知识及修辞知识增加了几倍。突破了一般大学课本每篇课文字数相差无几的规则。为留学生进入学历班学习大篇幅的中学语文课文作好前期准备。

最后，在训练方面，也尽可能和中学阶段的语文练习相连接。如：

1. 多义字辨析：例如“足”的义项用下列句子表示：

A. 画蛇添足 （脚/名词）
B. 这些事有三个小时足能完成（完全/副词）
C. 他是足球运动员 （脚/名词）
D. 他是一个足智多谋的人 （满，充足/形容词）
2. 多音字辨析：例如“圈” （quān juān juàn）
A. 大家在操场围成一圈儿做游戏。 （quān/名词）
B. 他没有什么朋友，生活圈子很小。（quān/名词）
C. 把这个错字圈起来。 （quān/动词）
D. 小孩子总圈在家里不好。 （juān/动词）
E. 羊圈里养着五只羊。 （juàn/名词）

这些字义和字音的辨析往往只在学历班语文学习中才能大量接触到，留学生在学习校本教材时提前接触为今后的学习作了准备。

（三）制作简单，少有正式出版物

由于受到自身水平和条件的限制，校本教材的制作大都比较简单。以《汉语起步》为例，编写的时候，老师是以HSK词汇大纲为基础，将词语按照交际类型归类，再按照字词——短语——句子——句群的形式进行扩展，如：第二课《去食堂吃饭》中的扩展句子练习

饮料 牛肉面
喝饮料 吃牛肉面
在食堂喝饮料 在食堂吃牛肉面
男同学在食堂喝饮料 女同学在食堂吃牛肉面

虽然贴近学生的日常生活，比较实用，但是缺少系统的语法结构安排，科学性上还需要提高。

另外，由于受到资金和学生数量的限制，校本教材中很少有正式出版发行的，这一点也影响到了校本教材的规范性。

三 使用为中学留学生设计的正式出版物时期

随着来华学习的18岁以下的小留学生越来越多。针对母语非汉语的

中学生编写的汉语教材终于出现了。

2008年，由《成长汉语》编写组编写，北京语言大学出版社出版的《成长汉语》终于和中学对外汉语教师见面了。这套教材包括课本四册，共九个单元。第一单元为语音单元，共10课。第2—9单元共5课。全套教材共50课，每册附赠录音MP3一张，第一册另配有汉字练习本一册。这套教材充分考虑到中学生的学习和心理特点，坚持循序渐进的教学原则。四册书代表四阶段，在全面培养学生听、说、读、写四项技能的同时，更加强调综合运用语言的能力。让学生在每一阶段都能用汉语进行实际的交流，获得成就感，增加学习的积极性和主动性。

和以往为大学生编写的汉语教材相比，这套教材更加贴近中学生的日常生活。和各中学的自编校本教材相比，这套教材也有很多优势。

第一，在语法结构上，这套教材更具有科学性。在《成长汉语》中，每一课，都有明确的语法内容。如：第三课《再见》。

各课的语法内容，由浅入深地依次排列，可以帮助留学生更加有效地提高运用汉语进行交际的能力，更具有科学性。

第二，排版印刷方面，这套教材采用彩色印刷，更加美观，更能吸引学生学习。

综上，针对母语非汉语的中学生编写的汉语教材从无到有，从各中学一线教师的自编教材到由专家组编定、正规出版社出版的正规教材，走过了一条洒满汗水的、不断发展的道路。虽然和大学使用的对外汉语教材相比，针对母语非汉语的中学生编写的汉语教材数量很少且价格较贵，但仍然可说是取得了很大的进步。我们希望通过广大中学一线对外汉语教师、来自大学的专家学者以及热心于汉语国际推广事业的出版社的共同努力，中学阶段的对外汉语教材也能够百花齐放、百家争鸣。

参考文献

1. 古红云：《校本教材〈初级汉语阅读读本〉的几点突破》，《教育科学研究》2007年增刊。

2. 宋果行：《零起点小留学生的汉语教学——教材与教法实践》，《北京市中小学对外汉语教学》2006年版。

3. 赵淼：《教材整合与初级汉语教学模式》，载《中小学国际汉语教学》，商务印书馆2010年版。

4. 李泉：《论对外汉语教材的针对性》，《世界汉语教学》2004 年第 2 期。

5. 北京语言文化大学汉语学院：《语言文化教学与研究》，人民教育出版社 2001 年版。

6. 郭颖雯：《对外汉语教学发展刍议》，《江西行政学院学报》2004 年增刊。

（李頔　北京　北京四中国际部　102499）

汉语与文化

语块教学对提高留学生阅读能力的实证性研究

杨玉玲

提　要　本文通过实验的办法对语块在国际汉语教学中的作用，特别是对提高学生阅读能力的作用进行了实证性的研究。该实验选取了某大学两个水平相当的班级分别作为试验组和对比组，并进行了为期三个月的跟踪实验，从而考察语块教学以及语块意识对提高学生阅读能力的作用。实验结果表明语块教学对于提高学生的阅读能力确实具有积极意义。这不仅告诉我们在教学过程中应加强语块教学意识，而且对大纲、教材和教师提出了新的要求，但同时也提醒我们绝不能因为语块教学的重要性而否认传统语法、词汇教学的意义甚至摒弃它们，二者应该是相辅相成缺一不可的。

一　前言

乔姆斯基生成语法理论强调语言的生成性和创造性，认为只要有一套组词造句的规则和一个词库就可以生成无限的句子。我们可以理解和造出以前从没听到过的句子。乍看起来，似乎是没有任何问题的，但该理论无法解释二语学习者经常出现的完全符合语法规则但母语者不说或者少说的句子。如：

？祝你们到死的时候还相爱。（祝你们白头偕老！）

？认识你很高兴，我很久以前就很崇拜你了。（久仰久仰！）

？他不认为那样地说："你敢开除我吗？"（不以为然）

可见，语言除了具有生成性、创造性之外，还具有习用性。于是语言习用性的研究进入了研究视野，其中语块的研究尤其引人注意。很多学者（Alenberg，1998；Arnaud and Savignon，2001；周健，2007）的研究证实，在自然话语中存在着大量的语块。

那么语块教学的效果到底如何？能否一统天下呢？

二 语块理论及其在二语教学中的意义和作用

20世纪中期，美国著名心理学家、认知科学的奠基人之一Willer发现，人的短时记忆大概为七个左右的板块，进而提出了"组块"（chunking）的概念。但是真正把"组块"这一概念应用于语言研究之中的是Becher（1975）。Nattinger和DeCarrior（1992）则在前人研究的基础上提出了"语块"的概念；Wray（2002）给"语块"作出了比较全面的定义，即"一串预制的连贯或不连贯的词或其他意义单位，它整体存储在记忆中，使用时直接提取，无须语法生成和分析"。近些年来，随着语料库语言学研究的深入，人们逐渐发现自然语言中存在着大量的语块。Altenberg（1998）的研究发现，英语自然话语的80%由各类语块结构组成，大部分话语是通过语块来实现的，语块是英语的基本语言单位。

语块理论及其教学引起了国内外学界的极大关注。但国内关于语块教学的研究多停留在理论层面，缺乏实证性的研究。鉴于此，本文打算就语块教学对于提高二语学习者的阅读能力作一实证性研究，以考察语块教学在二语教学中的实际效果。

三 实证性研究

（一）假设

我们假设学生已经掌握了一定数量的语块和丰富的语块知识，那么他们在阅读速度和阅读理解能力方面应该会有显著的提高。为了验证这一假设的正确性，我们做此实验。

（二）实验设计

1. 实验方案

为了考察运用语块教学是否具有提高学生阅读能力的作用，我们打算把实验对象分成实验组和对比组。实验组即采用语块教学的一组，对比组即按照传统词汇、语法教学而不重视语块的一组。实验共分四个步骤，第一个步骤是在实验进行之前进行一次前测，即考察实验组和对比组在实验之前的阅读水平；第二个步骤是分别进行为期 9 周的教学，在这一阶段，教师在实验组进行语块教学，但是由老师确定、讲解语块而不有意识地培养学生确定语块的能力，在对比组只是运用传统的词汇、语法教学；第三个步骤是在第 9 周进行一次中测，考察在初步进行语块教学之后的效果；第四个步骤是从第 10 周开始教师在实验组有意识加强学生自己发现确定并猜测语块的能力，在对比组依然运用传统的词汇、语法教学；第五个步骤即在第 18 周进行一次后测，以考察在全面运用语块教学之后的效果。

2. 实验对象

我们选择的实验对象是北京某大学本科二年级留学生，两组各 13 人，实验组由 10 名韩国学生组成、2 名意大利学生和 1 名菲律宾学生组成；对比组由 11 名韩国学生、1 名印尼学生和 1 名泰国学生组成。从分班成绩和我们所做的前测成绩都可以看出，这两组的汉语水平基本相同。

3. 测试材料

我们所用的实验材料均选自《步步高汉语阅读教程（第 3 册）》。对于三次不同的实验，所选的材料不同但难度系数相差无几。每次测试都包含四篇小短文。为了确保实验的准确性，避免有学生死记硬背答案的可能性出现，我们都选择没有学过的短文。

（三）实验过程

在实验过程的前半期即前 9 周，我们教师对短文中出现的语块尽可能穷尽地找出来，并对它们进行结构、语义和功能的整体讲解。要求学生每人都要把这些短语记在笔记本或者教材上。整个实验过程给出大概 400 个左右从《步步高汉语阅读教程（第 3 册）》中确定的语块。如：

从来没有 V 过……　/从来不 V

以……为……
说 V 就 V
一 V 就是 Num
对……感兴趣/不感兴趣
连 V 都不敢 V
A 与 B 无关
要……否则……
对……不以为然
无论……都……
能 adj 到哪儿去?
对……无所谓
有的是
乱七八糟
五花八门
垂头丧气
……

后半期在教师讲解之前增加一个环节，即让学生自己在短文中确定哪些有可能是语块，即需要整体记忆的词语组合，然后由学生自己先去猜测他们自己确定的语块大概是什么意思、在什么场合下使用，以培养他们的语块意识。

(四) 实验结果及其分析

三次测试结果如表 1 所示:

三次测试结果

	前测		中测		后测	
	平均阅读时间	平均分	平均阅读时间	平均分	平均阅读时间	平均分
实验组	74	61.28	92	79.21	102	86.071
对比组	81	62.4	95	78.72	104	81.46

从上面的数据我们可以得出如下结论:

1. 从前测成绩来看，实验组和对比组的阅读水平几乎相差无几。可能是前测在学生心目中不那么重要的原因（他们知道这次考试不计入档案成绩），前测成绩不高，但所用时间也不长。

2. 从中测成绩来看，实验组和对比组成绩相差不多，这说明仅仅通过 9 周的语块教学效果甚微。

3. 从前测和后测成绩对比来看，学生的成绩都有很大的进步。但分开来看，实验组的成绩提高更多，平均增加了 24.771 分，而对比组虽然也有很大的进步，但进步幅度不如实验组，平均增加了 19.06 分。这些数据充分说明了加强语块教学确实有助于提高学生的阅读能力。

4. 对比组的进步幅度虽然不如实验组大，但经过 18 周的教学还是取得了显著的进步。这说明传统的词汇、语法教学模式并非如有些学者所说的应该摒弃。

四　该实验带给二语教学的启发和思考

（一）“语块”的含义不明，界定不清

“语块”被不同学者不断拿来为我所用，不断重新定义，已经演变成无所不包的“杂坛”：从词到短语再到句型甚至到篇章。例如关于自然话语中语块的比例，有学者统计得出 90%（李太志，2006），有学者却统计得出 53%（亓文香，2008），结论之所以大相径庭，根本原因就是不同学者对语块的界定不同。如果不加限制，允许“语块”包罗万象，那么“语块”就等同于传统的词 + 短语 + 句型，表面上看，“语块”容量大、解释力强，但实则把“语块”等同于无所不包的“垃圾筐”，甚至使其失去存在的价值。所以我们急需给“语块”正名。

（二）对汉语“语块”的研究仍停留在定义、分类等理论层面，缺乏深入描写和解释

从理论层面探讨“语块”固然重要，但更重要的是花大力气把某一语言（如汉语）中常用的语块根据固定性、使用频率以及不可论证性等标准统计确定出来，并对这些语块进行结构、语义和语用功能上的描写，这是基于语块理论进行国家汉语教学的基础。

（三）夸大了“语块”在二语教学中的作用

“语块”在二语教学中确实可以提高学习者语言输出的流利度和准确性，提高学生的自信心，但“语块”不能包打天下。如果我们把语言系统分为受规则制约的核心部分和由若干数量的语块构成的外围部分，那么我们就不能因为一种语言包含一定数量的外围部分就否认核心部分的存在。虽然语块理论对于解释二语学习有一定的现实意义，一定语块的积累有利于提高语言输出的准确性和流利性，但仅有语块是远远不够的，更不能如 Bley-Vroman（1996，1997，2009）所说是二语学习的主要部分。任何一种语言都不可能仅仅通过掌握一些支离破碎的语块而达到精通，二语学习者仍需要花大量的时间学习掌握生成语句不可或缺的核心运算系统，即传统教学中的语法和词汇。乔姆斯基在《语言知识：其性质、来源和应用》中曾指出语言能力的根本在于创造性。毫无疑问，二语产出也是一种创造性的语言运用，语言的创造性运用自然离不开语言的核心规则。所以无论语块多么重要，它也只能是二语学习的一个方面而不是全部，更不是获得成功与否的唯一指标。对语块重要性的强调毫无疑问是对的，但不能因此抛弃传统的语法和词汇教学，否则学生学到的所谓流利的语言也是支离破碎的，没有系统的。基于这种认识，我们要建立一个既包括核心语法和词汇，又包括外围语块的教学模式。

（四）语块教学支离破碎，急需建立一个可操作的教学模式

Skehan（1991）提出了语言具有双重性——可分析性（analysability）和程式性（formulaicity）。语言的双重体系如图 1 所示：

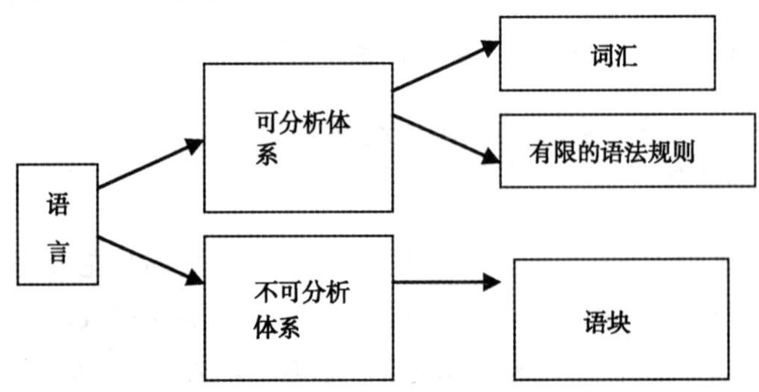

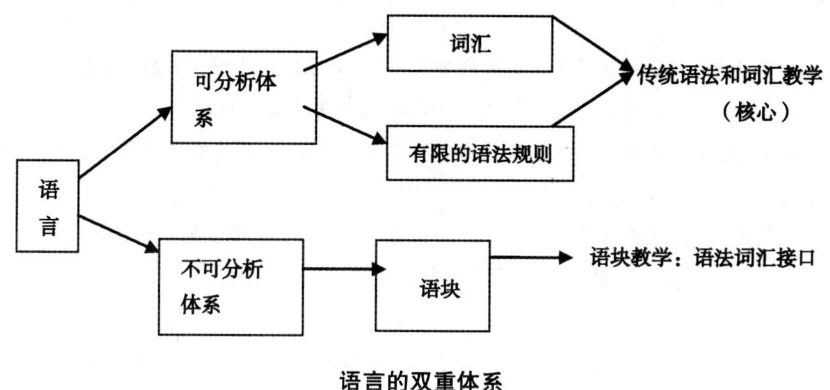

语言的双重体系

参考文献

1. Altenberg, B., *On the Phraseology of Spoken English: The Evidence of Recurrent Word Combinations*, In A. Cowie (eds), *Phraseology: Theory, Analysis and Applications*, *Oxford University Press*, 1998.

2. Arnaud, P., Savignon, S., *Rare Words, Complex Units and the Advanced Learner*, In Coady J. & Huckin, T. (eds.), *Second Language Vocabulary Acquisition*, 上海外语教育出版社2001年版。

3. Nattinger, J., Dcarrio, J., *Lexical Phrase and Language Teaching*, 上海教育出版社2000年版。

4. Wray, A., *Formulaic Language and the Lexicon*, Cambridge University Press, 2002.

5. 陈满华:《构式语法理论对二语教学的启示》,《语言教学与研究》2009年第4期。

6. 钱旭菁:《汉语语块研究初探》,《北京大学学报》(哲学社会科学版)2008年第5期。

7. 陆俭明:《"句式语法"理论与汉语研究》,《中国语文》2004年第5期。

8. 陆俭明:《当代语言学理论与汉语教学》,《世界汉语教学》2009年第3期。

9. 陆俭明:《构式语法理论的价值和局限》,《南京师范大学学报》2008年第1期。

10. 苏丹洁、陆俭明:《"构式—语块"句法分析法与教学法》,《世界汉语教学》2010年第4期。

11. 杨玉玲:《构式语法视角下的国际汉语教学新模式》,《现代语文》2011年第

9 期。

12. 张丽娜:《步步高汉语阅读教程第 3 册》，北京语言大学出版社 2010 年版。

13. 张伯江:《现代汉语的双及物结构式》,《中国语文》1999 年第 3 期。

14. 赵金铭:《教外国人汉语语法的一些原则问题》,《语言教学与研究》1994 年第 2 期。

15. 周健:《语块教学在培养学生汉语语感中的作用》，载《第八届国际汉语教学讨论会论文选》，高等教育出版社 2007 年版。

（杨玉玲　北京　首都师范大学国际文化学院　100089）

现代汉语中的“与其 p，宁可 q”复句格式刍议

宋　晖

提　要　“与其 p，宁可 q”格式主要表达推断中止和承前忍让的逻辑语义关系。本文从语篇衔接的角度，论证了“宁可 q”对“与其 p”的改变主要是转移和避免。

一　引言

“与其 p，宁可 q”是一种使用频率非常低的复句。学界对该格式持存否两说。

王灿龙认为这一格式不合法。王灿龙（2003）检索现代汉语语料未见“与其……宁可……”的语料；在汉语发展史中也未见该格式，从而从历时和共时的角度判断现代汉语中这一格式不合法，认定所有辞书中的“与其……宁可……”为不合法形式。又因“与其 p，宁可 q”与“宁可 q，也不 p”在语用义上存在较大差别，从功能的角度否定“与其 p，宁可 q”的衔接可能性，判定下列句子不成立：

*你与其坐在这儿闲聊，宁可看会儿书。

*他与其这样辛苦打工挣钱，宁可伸手向父母要几个。

邢福义等诸多学者则认为该格式是合法的。邢福义（2001：147）例证了“与其”后可不用“不如”，而用“宁可，宁肯、毋宁、无宁”。并认为“与其……（宁可）”大体相当于“与其……不如……”。如：“我

怎不会呢？与其吃它们，宁肯咬掉我身上的肉！”（字心：《雾中鼓声》，《昆仑》1983年第1期）

同时，周有斌（2004）认为现代汉语中“与其……宁可……”就是“与其……不如……”的一种。如：“但我自己，却与其看薄凯契阿、雨果的书，宁可看契诃夫、高尔基的书，因为它更新，和我们的世界更接近。”（鲁迅：《且介亭杂文二集·叶紫作〈丰收〉序》）另外，王灿龙（2003）列举的经典辞书都承认“与其……宁可……”格式的合法性，这里不再赘述。

本文认为“与其p，宁可q”可以表达“与其p，不如q”和“宁可q，也不p”相结合的语用义。“与其p，宁可q”在现代汉语中有其自身的特点。

二 “与其p”和“宁可q”的形式表征

（一）“p”中多含贬损义成分

这种贬损义可通过含有贬损义项的词表现出来。如下例中的“蛮横、逢迎献媚、偷取”。

（1）对于顾客来说，与其钱被蛮横地赚去，倒宁可买个高兴……（《人民日报》1983年10月29日）①

（2）与其逢迎献媚，偷取别人的欢心，宁愿被众人所鄙弃。

也可通过贬损义的结构表现。如下例中的“一天不如一天”。

（3）我说句真心话，与其害病，吃药，贴膏药，灌肠，请医生，搞到身体一天不如一天，躺在一张破床上慢悠悠地死去，我宁肯在肚子上挨一炮弹！

① 本文原载于《语言与翻译》2009年第1期，格式有所调整。本文注明的语料来源于华中师范大学语言所研制开发的cccs复句语料库和北京大学的ccl语料库，未注明的出自北京大学ccl语料库，特此说明。

（二）“宁可”前出现共用主语

一般说来，前后小句的共用主语位置在前小句关系标记前，该格式的主语一般承前省略。出现的主语通常是第一人称和第三人称，且一定出现在后小句首。我们未见第二人称主语。如：

（4）与其听他唱歌，我宁愿听夜里的乌鸦叫，不管有什么祸事会跟着它一起来。

（5）与其用“精英主义”，陈文发宁可用“能力主义”来形容新加坡的人才政策。

（三）“p、q”的类同与差异

所谓差异，即“p、q”的组构成分在形式上不一致，这种不一致在语用上通常显示为对比焦点。所谓类同，即“p、q”相对而在，形式上整齐划一，组构成分显示出一致性，同一句法位置上的同一用词可看做典型的类同。如：

（6）青年妇女看见他时，就向父母自荐，与其做别人的妻子，宁可为这个丑人做妾。（《人民日报》1982年7月26日）

（7）我反正是注定要死的，但与其死在斗技场里，我宁可死到战场上。

（8）我倒觉得：与其多个马屁精，宁可多个长舌妇。

上例中，“做—为、妻子—妾”；“死—死、斗技场—战场”；“多—多、马屁精—长舌妇”，无论从韵律上，还是从词聚上，类同的程度较高，所列举的后者体现出了“p、q”的差异性，这种差异是在相对的句法位置上显示的。

也有类同程度较低，差异程度较高的。如：

（9）与其让那些暴民们闯入，破坏那些他们并不了解的东西，法师们宁可自己摧毁了两座塔。

(10) 与其让鲁西达尼亚的蛮人折磨死，我宁愿死在同胞的箭下！

上例中，“破坏、摧毁”仍属同类，有程度上的级差和语义轻重差异；“折磨死、死在同胞的箭下”，“死”是同一的，但“死”在方式上存在句法语义差异。还有“p、q”完全差异的。如：

(11) 与其坐在此地，我宁愿去砍柴，搬石头。

(12) 与其落在不知谁的手，宁可叫郭全海领着。

(13) 与其战斗，我宁愿和你谈谈，索兰尼亚骑士，远离故土之人。

(14) 与其叫我独守空床，我倒宁愿穿得破破烂烂，不要吃好穿好。

上例中，“坐在此地、去砍柴，搬石头”；“叫郭全海领着，落在不知谁的手”；“战斗，和你谈谈”；“叫我独守空床、穿得破破烂烂，不要吃好穿好”，在形式上差异明显。

三 逻辑语法意义及效用：推断中止与承前忍让

“与其……不如”格式，邢福义（2001：139）论证其具有择优推断性；“宁可……也”格式，邢福义（2001：471）论证其具有忍让转折性。各自格式相恃而在。通过观察语料，“与其p，宁可q”主要具有推断中止与承前忍让逻辑语法意义。

（一）推断中止与决断结果

“与其p”具有“推断性”，邢福义先生（2001：142）指出“与其p”是帮助推出正意所在的否定性单位，带有对事情作假定性估量的语气。无标记的推断应由前小句顺承推至后小句，与“与其”承接的后小句由“不如”变成了“宁可”，这使得推断不能继续完成，只能戛然而止，语用动机是为了造成决断势态。如：

(6) 青年妇女看见他时，就向父母自荐，与其做别人的妻子，宁可为这个丑人做妾。(《人民日报》1982年7月26日)

(6′) 青年妇女看见他时，就向父母自荐，与其做别人的妻子，不如为这个丑人做妾。

例(6′)“不如为这个丑人做妾”对“与其做别人的妻子”顺承联结，推断的结果是比较后建议择优的，形式上“q”后可加入“的好”之类简单断语，说话人觉得做丑人的妾比做别人的妻子要好。例(6)“宁可为这个丑人做妾”对“与其做别人的妻子”的联结，使得推断的过程由于顺承结果缺失而中止，单看“q”—“为这个丑人做妾”，用主观评价看无疑是不好的，但“宁可”的忍让接受是为了“与其p”突然中止，以便达到彻底否定“p”的目的。

(二) 承前忍让与位置变换

邢福义(2001：471)指出：忍让是心理上、意志上的让步。“宁可”是表忍让之词，加“宁可”表明在别无选择的情况下对不乐意而为之的事情不得不有所忍让，以便实现某种决心。由“宁可”转出的“q”，如果采用肯定形式，是强调决心“要怎样”；如果采用否定形式，是强调决心“不怎么样”。在该格式中，“宁可”的“忍让性”没有发生变化，“宁可”由前小句变成了后小句，忍让的目的在位置上前移，“宁可”转出的方向发生了变化，即忍让的目的也发生了方向变化。如：

(11) 与其坐在此地，我宁愿去砍柴，搬石头。

(11′) 我宁愿去砍柴，搬石头，也不坐在此地。

例(11′)“宁可”充当前小句，是蒙后忍让，意在通过忍让表明对q的否定决心。例(11)“宁可”充当后小句，“宁愿去砍柴，搬石头”是对前小句“与其坐在此地”的忍让，忍让的目的在前，必须回指才能表义，“宁可”煞尾的忍让功效需靠回指实现，但凸显的是其断语功效，在语用上说话人的毅然决然表现得淋漓尽致。

四 “宁可 q”对“与其 p”的转移与避免

“宁可 q” 在句法位置上通过回指达到否定前项的语用动机。根据 “p、q” 的类同与差异，“宁可 q” 对 “与其 p” 的改变可分为转移与避免两类。

（一）“宁可 q” 对 “与其 p” 的转移

所谓转移，是说 “p、q” 的类同程度较高，如果把 “p、q” 分别看做不同的事件域的话，转移是 “q” 对 “p” 的行为方式或者行为结果等进行改变，“q” 对 “p” 的忍让程度不高。转移主要是针对例（6）—例（10）这样的情况。“p、q” 的差异主要在修饰性和补充性成分上。如，例（6），青年妇女是一定要结婚的，此事已定，无法改变，所以 q 只能对 p 的行为的补充性成分进行选择，通常认为做妻比为妾要好，做丑人的妾通常难以接受。通过 “宁可” 对常理违背，实现说话人的语用动机。再如例（7），“死这件事情是无法改变的了”，q 对 p 的地点忍让可看做对行为处所的一种转移。其他语例的分析类同，不赘述。转移对语篇的衔接分析是有意义的。一般说来，“p、q” 前后，可插入含有认识情态的［必然］义助动词小句。① 例（7）中 “我反正是注定要死的……”，“注定” 表明事件域的行为是已定的。② 可插入类似的小句，“这些东西是要被毁坏的，与其让那些暴民们闯入，破坏那些他们并不了解的东西，法师们宁可自己摧毁了两座塔”。其他语例亦然。

（二）“宁可 q” 对 “与其 p” 的避免

所谓避免，是说 “p、q” 完全有差异，如果把 “p、q” 分别看做是不同的事件域的话，转移是 “q” 对 “p” 的行为本身进行改变，“q” 对 “p” 的忍让程度高。避免主要是针对例（11）—例（14）这样的情况。“p、q” 的差异是在整个事件域的，而不仅是针对行为的。

---

① 彭利贞（2007：42）指出认识情态表达说话人对命题为真的可能性与必然性的看法或态度，或者说，它表达说话人对一个情境出现的可能性的判断。

② 事件域的概念主要是依据王寅的《事件域认知模型及其解释力》，载《现代外语》2005 年第 2 期。

例（11）“宁可q”推翻的是整个“p”，即“不仅坐在此地不行，即使坐在其他地方也不能接受”。其他语例亦然。显然，这对语篇分析也是有益的，从主位推进与信息流动的角度看，这是典型的放射型推进模式，即几个句子的主位相同，而述位各不相同，如图1所示①。

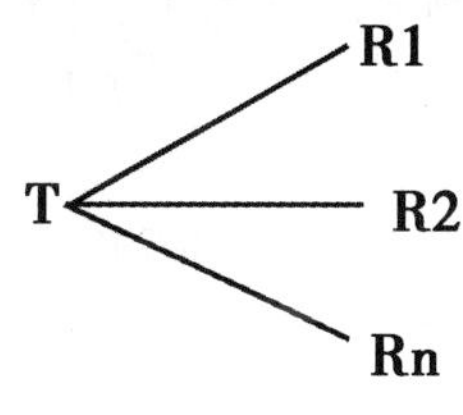

主位推进模式

主位所表达的信息通常是已然信息，而述位则是新信息，完全不同的述位表明每个分句都传达不重复的新信息，没有夹杂强调等语用因素。与之衔接的句子用此做话题的可能性增大。我们查询例（11）的原文，完整的语篇是：“与其坐在此地，我宁愿去砍柴，搬石头。这种情况要维持多久？”很明显，“这种情况”指“去砍柴，搬石头”。例（13）的情况也大致如此，“与其战斗，我宁愿和你谈谈，索兰尼亚骑士，远离故土之人。来吧，咱们聊聊”。与“宁可q”衔接的小句以主语“咱们”做话题，包含了“宁可q”的述位中的“你”。

五　结语

大量的语言事实表明这种格式在现代汉语中是存在的，该格式可分析为：在形式表征上，“p”中多含贬损义成分，“p、q”具有类同与差异，“宁可”前可出现第一人称共用主语。在逻辑语法意义上，涵括了推断中止与承前忍让双重意义。语用动机则体现了说话人重在表达“宁可q”对“与其p”的转移与避免的语用意义。

参考文献

1. 曹逢甫：《主题在汉语中的功能研究：迈向语段分析的第一步》，语文出版社

① 引自胡壮麟等《系统功能语言学概论》，北京大学出版社2005年版，第168页。

1995 年版。

2. 何宛屏:《说“宁可”》,《中国语文》2001 年第 1 期。

3. 胡壮麟等:《系统功能语言学概论》,北京大学出版社 2005 年版。

4. 李光摩:《论“截搭题”》,《学术研究》2006 年第 4 期。

5. 彭利贞:《现代汉语情态研究》,中国社会科学出版社 2007 年版。

6. 邵敬敏:《建立以语义特征为标志的汉语复句教学新系统刍议》,《世界汉语教学》2007 年第 4 期。

7. 史金生:《语气副词的范围、类别和共现顺序》,《中国语文》2003 年第 1 期。

8. 沈家煊:《“糅合”和“截搭”》,《世界汉语教学》2006 年第 4 期。

9. 滕延江:《现代汉语话题化移位的认知理据》,《鲁东大学学报》2007 年第 3 期。

10. 王静:《现代汉语动态话题链的组织规律》,《语言教学与研究》2006 年第 2 期。

11. 王灿龙:《“宁可”的语用分析及其他》,《中国语文》2003 年第 3 期。

12. 王维贤等:《现代汉语复句新解》,华东师范大学出版社 1994 年版。

13. 王寅:《事件域认知模型及其解释力》,《现代外语》2005 年第 2 期。

14. 邢福义:《汉语复句格式对复句语义关系的反制约》,《中国语文》1991 年第 1 期。

15. 邢福义:《汉语语法结构的兼容性和趋简性》,《世界汉语教学》1997 年第 3 期。

16. 邢福义:《汉语复句研究》,商务印书馆 2001 年版。

17. 杨玉玲:《谈“宁可……也……”的语用条件和教学》,《首都师范大学学报》2000 年增刊。

18. 张黎:《“有意”和“无意”——汉语“镜像”表达中的意合范畴》,《世界汉语教学》2003 年第 3 期。

19. 周有斌:《可转换成“宁可 B,也不 A”的“与其 A,不如 B”的类型及其他》,《语言研究》2004 年第 4 期。

20. 北京大学中文系 1955、1957 级语言班编:《现代汉语虚词例释》,商务印书馆 1982 年版。

(宋晖 北京 北京第二外国语学院国际传播学院对外汉语系/语言学及应用语言学研究中心 100024)

对外汉语教学中隐性课程建设的调查研究

高媛媛

提　要　隐性课程是指学生在学习环境（包括物质环境、社会环境和文化体系）中所学习到的非预期或非计划性的知识、价值观念、规范和态度，它相对于有组织的课堂教学活动即显性课程而言，是对学校课程的拓展与延伸，通过潜移默化的影响使学生实现文化心理积淀。本文根据“隐性课程与留学生学习相关度”的调查结果，探讨了进一步优化对外汉语教学中隐性课程建设等问题。

一

1859年，英国著名哲学家、教育家斯宾塞（H. Spencer）在 *What Knowledge is of most worth* 一书中最早提出“curriculum”（课程）一词，该词源于拉丁语“currere”（意指跑的过程与经历），它可以把课程的含义表征为学生与教师在教育过程中的实际经验和体验。依据表现形式不同，可以把课程分为显性课程和隐性课程。显性课程是指学校教育中有计划、有组织地实施的课程。这类课程是根据教育计划、教学大纲编制的。隐性课程不是列在课程计划中的，也不通过教师正式教学进行，是指学生在学习环境（包括物质环境、社会环境和文化体系）中所学习到的非预期或非计划性的知识、价值观念、规范和态度。

隐性课程（hidden curriculum）一词由美国著名教育学家、课程论专家杰克逊（Philip W. Jackson）于1968年在他的 *Life in Classroom* 一书中首次提出。20世纪80年代中期，隐性课程概念引入我国，成为教育学中课程与教学论领域的热点话题，也引起了对外汉语教学界的关注，如吕必松（1993：44）认为第二语言教学和许多方面的可变因素有关，每一个变因都会在一定程度上对第二语言教学的效率和成功率产生影响——不是产生积极影响，就是产生消极影响。他把这些可变因素分为直接变因、根本变因、条件变因三大类，基本包含了隐性课程所研究的类型和范围。刘珣（2000：97）在《对外汉语教育学引论》中指出：广泛的课程指学校为学习者所提供的一切教育内容及进程安排的总和，除了作为“正式课程”的必修课、选修课及课外活动外，还包括作为“隐性课程”的学校教育环境，如物质环境、文化环境、人际关系等。课程是教育目的的体现，它决定教学方法和教学的组织形式以及教学的评估。另外，曹贤文（2000）、刘芳芳（2005）、张红蕴（2009）、黄晓颖（2011）分别对语言教育中如何体现留学生的素质要求、对外汉语课堂中的隐性课程、对外汉语教学中的隐性课程研究及对隐性课程的开发进行了有益的探讨。但是相对于显性课程研究的丰硕成果，对外汉语教学领域对隐性课程的研究尚显不足，相关的理论也较少应用于对外汉语教学的课程建设实践中。这可能跟隐性课程本身存在的广域性、形式的内隐性、影响的持久性、结果的难量化性等特点有关。它不像显性课程教学效果那样计划性强，便于操作，效果直观。然而“外国人学汉语的主要障碍之一，恰恰来自受隐性课程影响最大的情感态度、意志品质、文化观和价值观等”（黄晓颖，2011）。因此我们需要关注和了解隐性课程建设的真实状态以及留学生的体验与评价，在此基础上才能为学校的教学管理及相关课程建设提供参考和建议。

二

学校里的隐性课程主要包括以下三个方面的内容：第一，物质方面的隐性课程，主要指学校中的建筑物、设备、景观和空间的布置等；第二，制度方面的隐性课程，主要指学校的组织制度、知识的选择、管理的评价、利益的分配等；第三，文化心理方面的隐性课程，主要指师生关系、同伴关系、校风、班风、教师的行为作风等（马云鹏，2002）。为了了解隐性课程对我校留学生学习情绪与学习效果的影响，我们对北京第二外国语学院汉语学院四个年级的本科留学生进行了一项主要内容为“隐性课程与留学生学习相关度”的问卷调查，主要内容为物质空间、文化心理、组织制度三方面共24个项目与学习是否相关（见表1），并根据调查结果对隐性课程各因素与学习的相关度进行了排序（见表2）。同时每年级选择4位不同国家的共16位学生进行了访谈。口头访谈的主要内容为针对问卷调查中物质空间环境、文化心理环境和组织制度环境的实际状况作出评价，对于与学习和情绪相关度高或低的项目的选择给出理由原因、对在实际学习中感受到了哪些项目积极的影响或者消极的影响等给出理由，进一步收集学生的意见和想法，对问卷调查起到了补充的作用。

参与本次问卷调查的共有来自16个国家的100名本科留学生，其中男生40人，女生60人。具体学生情况见附表1。发放问卷100份，收回有效问卷100份。

表1　　隐性课程与留学生学习相关度的调查

构成校园内隐性课程的各种因素			认为与学习正相关者（%）
隐性课程	物质空间	校园是否整洁漂亮	81
		教室的光线、温度是否适宜	80
		教室是否安静	84
		班级人数的多少	83
		教室桌椅的排列是否有利于学生之间、师生之间的交流与互动	80
		教学设备是否先进	61
		教室里是否有展示中国文化的字画、壁报等装饰物	43
		宿舍是否让人感到舒适	81
		食堂饭菜是否方便可口	67
		课本的装帧、版式是否精美	72
	文化心理	学校和班里的学习风气如何	93
		师生关系、同学关系是否和谐融洽	95
		教师对学生是否公平	87
		教师是否关心、鼓励学生	85
		教师的教态是否亲切自然	96
		教师是否情绪饱满	88

续表

<table>
<tr><th colspan="3">构成校园内隐性课程的各种因素</th><th>认为与学习正相关者（%）</th></tr>
<tr><td rowspan="7">隐性课程</td><td rowspan="4">文化心理</td><td>教师声音是否清晰悦耳</td><td>91</td></tr>
<tr><td>教师的字迹是否工整漂亮</td><td>83</td></tr>
<tr><td>教师的衣着是否大方得体</td><td>79</td></tr>
<tr><td>学生与教辅人员、后勤工作人员的关系是否和谐融洽</td><td>70</td></tr>
<tr><td rowspan="3">组织制度</td><td>教学内容是否为学生所需要，如是否具有实用性、趣味性</td><td>83</td></tr>
<tr><td>学校是否有健全的管理制度，如考勤制度、奖惩制度等</td><td>88</td></tr>
<tr><td>课外活动是否丰富多彩，如留学生运动会、文化节、朗读比赛、中文歌曲比赛、游览名胜古迹等</td><td>87</td></tr>
</table>

表2　　隐性课程各要素与学习相关度的百分比排序

排序	隐性课程各要素	百分比（%）
1	教师的教态是否亲切自然	96
2	师生关系、同学关系是否和谐融洽	95
3	学校和班里的学习风气如何	93
4	教师声音是否清晰悦耳	91
5	教师是否情绪饱满	88
5	学校是否有健全的管理制度，如考勤制度、奖惩制度等	88
6	课外活动是否丰富多彩，如留学生运动会、文化节、朗读比赛、中文歌曲比赛，游览名胜古迹等	87
6	教师对学生是否公平	87
7	教师是否关心、鼓励学生	85
8	教室是否安静	84
9	教学内容是否为学生所需要，如是否具有实用性、趣味性	83
9	教师的字迹是否工整漂亮	83
9	班级人数的多少	83
10	宿舍是否让人感到舒适	81
10	校园是否整洁漂亮	81
11	教室的光线、温度是否适宜	80
11	教室桌椅的排列是否有利于学生之间、师生之间的交流与互动	80
12	教师的衣着是否大方得体	79
13	课本的装帧、版式是否精美	72

续表

排序	隐性课程各要素	百分比（%）
14	学生与教辅人员、后勤工作人员的关系是否和谐融洽	70
15	食堂饭菜是否方便可口	67
16	教学设备是否先进	61
17	教室里是否有展示中国文化的字画、壁报等装饰物	43

根据以上的调查结果及排序，可以得出如下结论。

（一）留学生对教师的期望值高

调查表中四个年级排序第一的项目都是“教师的教态是否亲切自然”，一、二年级的此项选择均达到了100%。与教师、师生关系相关的选项百分比都超过了80。表现出学生对于教师的高期望值。

联合国教科文组织曾对外语教学质量提出了一个公式：教学质量 = ［学生（1分）+教材（2分）+环境（4分）+教法（3分）］×教师。（黄锐，2001）可见教师在整个教学活动中的主导地位。教师要按照教学大纲处理教材，选择教学方法，组织课堂教学，了解学生的特点，因材施教，在目的语的运用上成为学生模仿的榜样等。除了扎实的教学基本功，学生甚至对教师的内在素质、人格魅力、性格形象都寄予很高的期望，可见这些因素都会对学生学习的积极性产生影响。轻松活跃的学习状态与学习氛围，和谐的师生、生生关系有助于减轻心理压力，排除焦虑以及人在他乡的孤独感。因此学生渴望“完美”教师也就不难理解了。

在访谈中，曾经有位三年级男生谈到过自己在文化心理方面受到的积极影响：当初来中国的时候很不情愿，别无选择，也不抱什么希望。在所在班级学习一段时间后，感受到老师的关怀和集体的温暖，对学习从抵触到接受，再到产生了兴趣，不知不觉中三年过去了，现在觉得学汉语很有意思，也喜欢这个学校。

（二）留学生对学校的组织制度关注度高

调查结果显示，与组织制度有关的三项选择百分比分别达到了88、87和83。我校在本科生的管理方面，有着严格的规章制度。出勤、作业、考试、考核等各项都和评优、奖学金、升级有关。全勤与全优的学生会给予精神和物质奖励；不遵守管理纪律的学生也会受到相应的惩戒。建立健全奖惩制度有助于形成良好的学习风气。

课程设置是学生关注的另一个焦点。除了大纲规定的必修课程外，我院为不同专业的本科留学生分别开设了与教育、商贸、旅游、汉语言等专业相关的选修课程，以满足不同需要。而兼具实用性与趣味性是最高目标。访谈中学生们谈到一些理论性强的课程趣味性不强，对于文化技能课的需求没有得到满足，如开设书法课、绘画课、烹饪课、太极拳课，等等。

丰富多彩的课外活动是学生们最感兴趣的。我院一直为留学生举办多种课外活动，从游览名胜古迹、文化考察，到观看京剧、杂技表演；从趣味运动会、中文歌曲比赛、文化节到迎新年联欢晚会，基本上学期中每个月都有文化活动。沉浸在目的语国家的文化之中，学生们所见所闻都是学习的一部分。参加课外活动开阔了视野，增长了见识，在与同学们合作的过程中还有助于建立良好的人际关系。

（三）留学生的学习生活与校园物质空间环境的相关度明显

教室与宿舍是留学生日常学习生活的主要场所。81%的学生关注宿舍的舒适程度，安静、整洁的住宿环境，有比较合得来的舍友是大家的期望。欧美学生则更希望拥有独立的房间。在宿舍楼的管理方面，学生们希望管理人员能够提供更加耐心和周到的服务。此外，教室在空间与布置方面的舒适与实用、理想的班级人数也分别获得了80%以上的关注。通风良好、温度适宜、光线充足、安静封闭的教室环境有利于学生保持良好的学习状态，思维清晰、注意力集中。人数安排合理的班级有助于同学们积极参与教学活动，与老师同学多作互动和交流。另外，校园大环境中是否提供健身休闲娱乐场地也是学生们所关心的，他们希望有效利用休闲时光。

三

基于以上的调查与分析，笔者对优化我校隐性课程的建设提出如下设想与建议。

（一）以培养“潜心研究、用心教学、真心合作”的优秀教师为目标

教育的关键是教师，教育发展的真正后劲是教师专业化素质的不断提高，这是当今社会的共识。崔永华（2005）提出，一名优秀的对外汉语

教师应具备以下专业知识结构：

（1）语言学的理论和方法：需要对语言能力和汉语有正确的认识，以确定教学的目的、目标，选择教学内容，科学、简明地描述语言要素，说明学生的错误类型。

（2）心理学的理论和方法：需要分析教学对象的生理特征、心理特征、认知方式、学习策略、学习风格。

（3）教育学的理论和方法：要科学地制定教学大纲、设置课程、设计和编写教材、实施课堂教学、讲授和学习教学管理、进行教师培训等。

（4）现代科学技术：要会应用多媒体和网络进行教学，等等。

以这样的知识构架为基础，还应该关注学科前沿，在教学观念、教学行为与教学方法上不断更新认识，汲取新的研究成果为教学服务。在调查中我们发现，作为留学生接触、了解中国人的主要对象，学生甚至对于教师的声音、衣着、字迹、情绪、教态都极为关注，教师的整体形象会间接地作为一种隐性因素影响着留学生对中国人的评价。这就要求教师应该内外兼修，注意提高审美品位，做言传身教的榜样与楷模。

此外，良好的师生关系是获得满意教学效果的重要保证。1939 年，在勒温（K. Lewin）的指导下，李皮特（R. Lippit）与怀特（R. White）做了有关师生关系类型对学生学习行为影响的实验。① 总结出强硬专断型、仁慈专断型、放任自流型和民主型四种类型的教师带来的师生关系效果。提倡当代社会应该在教师与学生之间建立一种民主型的关系（见表3）。这项研究至今对于我们处理师生关系仍有一定的参考价值。

表 3　　师生关系类型（不全）

类　型	特　征	学生的典型反应
民主型	1. 集体共同制订计划和作出决定 2. 在不损害集体的情况下，很乐意给个别学生以帮助指导 3. 尽可能鼓励集体活动 4. 给予客观的表扬与批评	1. 学生喜欢学习，喜欢同别人尤其喜欢同教师一道工作 2. 学生工作的质和量都很高 3. 学生相互鼓励，而且独立承担某些责任 4. 不论教师在不在课堂，需要引起动机的问题很少

① 转引自邵瑞珍《教育心理学——学与教的原理》，上海教育出版社 1983 年版，第 269 页。

隐性课程内容对第二语言教学的效率和成功率不仅会产生积极影响，也会产生消极影响。师生关系对于学生汉语学习的情感影响是明显存在的。公平、亲和力强的老师更为学生所喜爱。访谈中也有学生谈到了这方面的消极影响：这位学生曾在北京某大学学习过一段时间，转到二外汉语学院后，她感到很不适应，为了升学上了二年级后跟不上实际的学习进度，十分吃力。由于学习态度不积极，得不到老师的关注、表扬和鼓励，考试成绩也不理想，就慢慢失去了信心。而她把其中的主要原因归结为老师对她不够关心，影响了她的学习积极性。

实际上，无论是教育教学工作还是教育研究工作，都需要教师与学生、教师与教师之间的真诚合作。这对于促进学生的发展和教师个体的发展都是十分有益的。以学生为中心，教师需要用心去聆听学生的心声、用心去感悟、实践教育。以人为本，注重发挥人的潜能是现代教育的最高目标。

（二）进一步完善课程设置，创建和谐优雅的校园文化氛围

我院在留学生教学的课程设置方面有着丰富的经验。例如在语言技能课、语言知识课与文化课程的教学之外，还组织各类活动有效地补充课堂教学，如演讲比赛、朗诵比赛、中文歌曲比赛就是口语课程的延伸。参观名胜古迹，组织文化考察活动，都是课堂教学社会化的补充。例如在中国现代文学馆里上一次现代文学概况课；商务汉语案例教学中，安排学生走向社会作调查，充分享受运用汉语进行交际的乐趣。他们在社会实践中的亲身体会比课本上的文字更具有说服力。

随着我校留学生招生规模的逐步扩大和专业设置的系统化，根据学科专业在课程科目的分类方面应更具层次性和针对性。如可以利用学院的多语种专业特色，为不同专业方向的中高年级留学生开设翻译课程。因为听、说、读、写、译这五种技能是互相依存、互相渗透、互相补充与互相促进的，最能体现语言技能共核关系。这类课程的实用性强，对目的语的学习也会起到强化作用。另外，带有中国特色的体育如武术、太极拳；带有中国特色的美育如中国的绘画书法、工艺美术、民族音乐、烹饪服饰、园林建筑等也都是留学生感兴趣的，这些课程的开设对丰富留学生的学习生活也将起到有益的作用。

校园文化具有重要的育人功能。不仅要营造美观、舒适、安静、优雅

的校园环境，还要加强校园文化建设，形成公正、公平、合理的制度文化，树立优良的教风、学风和班风，并积极开展丰富多彩的文艺活动，创设自由、宽松、活泼、向上的校园氛围。在我院为留学生举行的各类校园文化活动中，留学生文化节作为一个品牌活动已经成功举办了两届，取得了很好的活动效果，被誉为“二外的小世博”。不同国家的留学生带来了不同国度的文化，在此触碰与交流，充分展示了他们的汉语水平和才艺水平，为中国留学之旅画下了一笔美丽的色彩，进一步促进了他们的学习和成长。这类活动的筹办是非常辛苦的，但是学生们兴趣盎然，乐在其中。

对外汉语教学中开展隐性课程研究的目的在于，通过对显性课程和隐性课程的协调规划和优化发展，创造最佳的对外汉语教学环境，从而使对外汉语教学质量得到普遍提高。我们应通过物质环境和人文环境的全方位构建与优化，营造文化氛围，增进师生交流，以最优化的课程结构，达到最佳的教学效果。

附表 1　　参与问卷调查的留学生情况

留学生性别 / 国别	男	女	共计（份）
韩国	27	37	64
日本	0	7	7
哈萨克斯坦	2	3	5
越南	3	2	5
俄罗斯	2	2	4
蒙古	1	2	3
阿塞拜疆	0	2	2
美国	2	0	2
阿根廷	1	0	1
埃及	1	0	1
白俄罗斯	0	1	1
古巴	1	0	1
老挝	0	1	1
吉尔吉斯斯坦	0	1	1
塞尔维亚	0	1	1
委内瑞拉	0	1	1

参考文献

1. 张华：《课程与教学论》，上海教育出版社2000年版。

2. 吕必松：《对外汉语教学研究》，北京语言大学出版社1993年版。

3. 刘珣：《对外汉语教学引论》，北京语言大学出版社2000年版。

4. 曹贤文：《语言教育：如何体现留学生的素质要求》，《汉语学习》2000年第3期。

5. 刘芳芳：《论对外汉语教学中的隐性课程》，《渤海大学学报》2008年第1期。

6. 张红蕴：《隐性课程研究与对外汉语教学》，《语言教学与研究》2009年第2期。

7. 黄晓颖：《对外汉语教学中隐性课程的开发》，《汉语学习》2011年第1期。

8. 马云鹏：《课程与教学论》，中央广播电视大学出版社2002年版。

9. 黄锐：《论英语教学中隐蔽课程的功能》，《集美大学教育学报》2001年第1期。

10. 崔永华：《以问题为导向的对外汉语教学学科建设刍议》，《语言教学与研究》2005年第3期。

11. 邓道宣、罗明礼：《国内外隐性课程研究述论》，《成都教育学院学报》2005年第12期。

（高媛媛　北京　北京第二外国语学院汉语学院　100024）

关于提高汉字教学效果的几点思考

王秀荣

提　要　汉字是一种非常独特的文字，由于环境的限制，很多学生在学习汉字之前没有机会接触到汉字，他们不熟悉汉字，对汉字的形体结构也缺乏基本的认识，汉字教学因此成为对外汉语教学的一个难点。国际汉语教学中，汉字的教学除了利用一些教学方法和技巧让学生理解汉字的音、形、义之外，更重要的是要通过不断地、反复地练习最终达到识记的目的，可是这种练习往往是机械的、枯燥的，以前描红、抄写等练习形式也显得较为单一。本文主要探讨了三方面的问题：一是增加学生接触汉字的机会，提高学生对汉字的熟识度；二是培养学生的汉字结构意识和良好的书写习惯，以提高学生识字效率；三是提出一些练习形式创新的可能性，探讨一些新的练习思路，力求增加练习的趣味性和挑战性，提高学生进行汉字巩固练习的兴趣。

众所周知，阅读是积累和强化语言知识的一个重要途径，对于母语学习者和第二语言学习者来说，阅读都是非常重要的，这一点毋庸置疑。而阅读首先要识字，我国历来把只会说不会认读的人当做“文盲”，可见“识字”的重要性。但是在早期国际汉语教学中由于过分强调“听说先行”，过分重视交际、交流等阶段性的成果，而忽视了汉字的教学，使汉语教学显得后劲儿不足。很多学校开始选修汉语的人很多，但是能够坚持下来的学生却随着学习的深入逐渐减少。很多学生中途放弃了汉语的学习，于是出现了“初级—中级—高级”学生数量逐渐减少的情况，很多人认为汉字是制约汉语学习的一个瓶颈。这种情况越来越受到重视，越来越多的学者开始关注汉字教学，他们不仅关注汉字教学和习得方面的问题，也强调了基础阶段汉字教学的重要性，提出了集中识字、部件识字、字理识字、韵语识字等很多的教学方法，在课堂教学活动设计上也作了很多有益的尝试，但是汉字的认读和书写要落到实处，不可避免地要解决“记忆”的问题，也就是“怎么记住汉字”的问题，我们觉得有以下几个方面的问题要加以解决。

一　增加接触汉字的机会

一个中国学生学习、掌握汉字的过程，通常包括接触、认读（观察、分析、建立音、形、义联系）、书写三个阶段。中国学生对汉字的接触从出生开始，在生活中随时随地都可以接触到汉字，开始是无意识的，在大人的引导下逐渐变成有意识的行为，过渡到汉字的认读阶段，这一阶段通常在上小学以前就开始了，但是对汉字的书写多数是从小学正式开始的。一般在小学阶段，学生要学会常用汉字 2500 个左右，要能读准字音、认清字形、了解字义并能正确地书写、运用。相比中国学生来说，外国学生汉字的学习常常缺少“接触”这一阶段。汉字形体非常独特，与其他语言的文字有很大的差异，很多学生在学习汉语之前很少或者根本没有接触过汉字，这使得他们对汉字感觉非常陌生，而学习汉字之后，也缺乏汉字学习的环境，生活中很难见到汉字，对汉字的接触只局限在书本和汉语课上，对汉字的熟识度低是造成汉字学习效率低的一方面原因，要解决这个问题，教师必须要想尽一切办法增加学生接触汉字的机会。

（一）营造汉字学习的环境

人们的认知是由不熟悉到熟悉再到掌握的一个过程，要掌握一种知识，接触是第一步，接触得越多，熟悉度越高，越容易掌握。外国学生在学习汉字之前对汉字缺乏了解、学习过程中也缺少汉字环境的有效刺激是一个客观事实，因此，营造一个汉字学习的环境就显得非常重要，虽然不能让学生随时处在汉字的环境中，但是只要老师有心，让学生的学习环境中充满汉字是可以做到的，如：把学过的汉字当做学生的名字，让学生写在卡片上，放在课桌的显著位置，老师提问和学生互相称呼都要使用这些汉字，过一个阶段，学生掌握了或者学了新的汉字就给学生换新的名字，这样让学生有更多的机会接触并记住这些汉字；还可以用汉字装饰教室，把学过的汉字做成空心字，让学生给这些汉字涂上颜色或者画上花纹，然后把这些汉字作为装饰贴在教室的墙壁上，让学生每天都能看见它们，等等。

（二）提供汉字学习的材料

虽然在国外学生生活中很少有汉字，但是教师可以有意识地给它们创造接触汉字的一些机会。现在网络非常发达，报纸、杂志、书籍非常丰富，这些都成为可以利用的资源。给学生设计一些任务，让他们接触中文的网站，比如：教师在中文网站上建立博客，通过该博客发放学习资料、布置作业等，让学生有机会浏览中文网站；找一些中文的书籍、报纸和杂志，在课上让学生进行练习，这时不一定让学生阅读，可以让他们找出认识的汉字，找到刚刚学习的汉字在这篇文章中出现的次数，找到某个指定的汉字，等等，这种练习可以让学生在完成某种任务时“顺便”接触别的汉字，增加汉字的熟识度，为今后学习奠定基础。

二　培养学生的结构意识和良好的书写习惯

与其他文字相比，汉字的形体非常独特，它是方块形的，在教学中我们常常发现很多学生把汉字当作图画来学习，写字就像画画一样，对笔形没有基本的认识，缺乏结构意识。他们写汉字的时候不知道哪儿该连哪儿该断，笔画没有方向性，部件分离、东倒西歪的现象时有发生。这就要求我们在教学中不断地强化汉字结构、笔画、笔顺的知识，培养学生的结构意识。

（一）汉字结构是有层次的

汉字的结构分为三个层次，即“笔画—部件—整字”。笔画是构成汉字最基本的单位，也是最小的单位；部件是由笔画构成的，由于切分的标准不统一，现在部件的多少还众说不一，但可以肯定的是它的数量是有限的；一个或多个部件可以构成一个整字。

汉字结构的层次性决定了汉字的可拆分性和部件的可组合性，如：“女、马、亻、寸、氵、主、木、又”8个部件可以组合成“妈、奴、汝、驻、驭、付、住、休、仅、村、对、注、沐、权、汉、柱、树”等

17 个汉字。

这一分一合在汉语教学中意义非常重大。很多人认为汉字之所以难学的原因之一是：汉字数量众多。汉字的确是非常多，一个一个孤立地记，耗时耗力。但是在教学中培养学生的部件意识，通过对已学汉字的拆分、对已知部件的组合，可以建立汉字之间的联系，这样汉字学习不再是学习众多的汉字，而是学习有限的部件，这种学习必定事半功倍。

（二）汉字书写要遵循一定的规则

汉字的每一个线条都不是随意的，都是固定的，书写要按照一定的规则进行。

首先，汉字笔画具有方向性，或从左到右，如："一"；或从上到下，如："丨"；或从右上到左下，如："丿"；或从左上到右下，如："㇏"；……

其次，笔画书写也有先后顺序，如：从左到右、从上到下、先横后竖、先撇后捺……

如果不遵守这些规则随意书写会影响书写的速度和流畅性，也不利于记忆。

教师要对汉字的形体有较为清楚的认识，在教学中应该多强调汉字的形体特点，强调汉字结构的层次性和书写规则。我们可以借鉴传统语文教学的学习方法，在教学的初期，把汉字，特别是首次出现的汉字，放在"田字格"或者"米字格"中进行展示，包括笔画、笔顺、部件和整字。

这样做有两个好处，一是有利于强化学生对汉字形体特点的认知。汉字是方块形的，它要求书写的时候要匀称、中正，书写时笔画舒展、避让都大有讲究，放在"米字格"或"田字格"里可以强化汉字的形体特点，避免书写不美观，书写汉字时出现东倒西歪、比例失调、胖瘦不一的现象。二是有利于纠正学生"汉字是图画"的认识，树立汉字结构意识，避免学生书写中出现部件分离，如：把"对"写成"又寸"；部件粘连，如：把"好孩子"写成"女子亥子"等问题。

三 创新练习模式

"练习"是掌握汉字必不可少的一个手段，我们可以通过笔画笔顺演示、部件分解、字理分析等方式让学生对一个汉字有充分的了解，但是要记住汉字，还是要反复地练习，包括认读和书写的练习。

目前我们教学中使用的练习方式主要有：建立音、形、义联系的练习，如：看拼音写汉字、看汉字写拼音、读汉字、听写等；掌握字形的练习，如：描红、抄写、写出汉字的笔顺、补出缺失的笔画、改错字、把汉字分解成部件、把部件组合成汉字、写出相同声旁或形旁的字等；掌握字形和字义的练习，如：教师把一段话剪切、打乱次序之后让学生重新排列等。

随着教学的发展、教学理念不断更新，教学越来越重视趣味性，越来越提倡寓教于乐，激发学生的学习兴趣，这对教师提出了更高的要求，我们除了要了解汉字的基本知识之外，还要在趣味性上下工夫，要想增加趣味性，一方面我们可以参考一些文章、著作，增进交流，学习别人的经验，也可以自己创造和设计适合自己的练习模式。

（一）改进已有的练习形式

已有的练习或活动的形式可能缺乏趣味性、竞争性，或者多次使用有些重复，那么教师就可以进行适当的改进，让它更为有效地服务于教学内容和教学对象，如："书空"是很常见的一种汉字练习方法，即让学生伸出手指，在空中书写汉字。这种方法很有效，但是时间长了，年龄小一点的孩子可能有些厌烦，那么我们可以让他们书写的时候动作大一些，像是中国功夫一样，形成"汉字功夫拳"，并且让他们回家打给父母看，趣味性就大大增加了。再如：把部件组合成汉字的练习，我们可以把部件做成卡片，成为部件扑克，让学生用这些"扑克"进行各种形式的拼字练习。

（二）改编其他游戏、练习的形式

平时我们可以通过很多途径接触到各类的游戏，儿时的游戏、娱乐节目的游戏、智力游戏、思维游戏……它们看似和汉字、汉语毫不相关，但是只要我们留心，很多游戏和活动是可以改编成汉字游戏的。下面举几个例子：

"跳房子"是儿时的游戏，在地上画上格子，单双脚交替进行跳格子的比赛。我们可以在每个格子里放上汉字，每跳一个格子要读出该格子的汉字，读对了才能继续前进，这样就把一个孩子常玩儿的游戏变成了汉字游戏了。

“拼图”是很常见、具有挑战性、考验耐力和观察力的一种游戏，很多人很喜欢拼图，即一幅风景或人物的图画被裁成很多块，打乱顺序，让玩家再重新拼起来，恢复原貌。我们也可以把汉字打印在比较大的一张纸上，随意剪裁之后让学生拼出来。

“五子棋”的规则是两个玩家各执不同颜色的棋子，轮流在格子的交叉处放上棋子，谁的棋子先五个连成一线，横、竖、斜行都可以，谁就获胜。我们把它变成汉字游戏可以有两种形式：一种是给学生发空白的格子，学生两人一组，各拿不同颜色的笔，轮流在格子里写汉字，先连成一线的获胜，如图 1（不同字体代表不同颜色）；另一种是发给学生填好汉字的表格，如图 2，学生两人一组，轮流读格子里的汉字并在上面做不同的标记，先连成一线的获胜，如图 3。

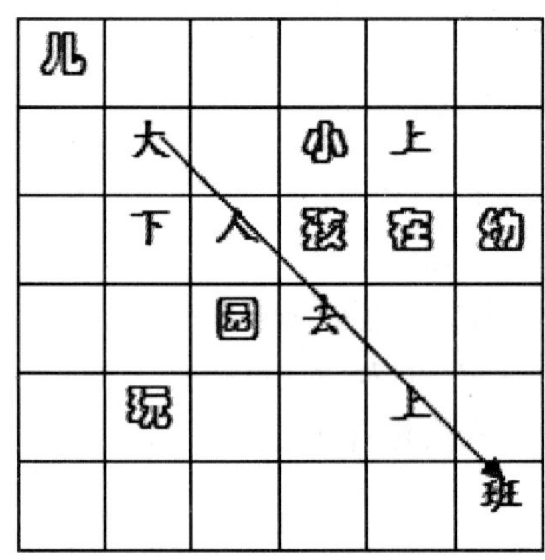

图 1 连字图

“数独”是流行的智力游戏，如图 4，要在九宫格里填上 1—9 的数字，要求横行、竖行的每个小方格里的数字都不能重复。我们可以把 1—9 的数字替换成“天地人大小日月山水”9 个汉字，如图 5，让学生做填字的练习，学生玩儿数独游戏的同时也练习认写汉字。当然这要看学生的实际情况，有的学生不喜欢这样的智力游戏就不能勉强。

一些思维游戏书里有一种叫做“吉格舞”的思维游戏，它要求把所有的数字填在格子里，其中一组数字已经填好。我们也可以把这类游戏中的数字替换成汉字进行汉字书写练习，这种填字游戏难度不太大，但是需要一些耐心。例如：

儿	一	二	三	四	五
六	大	七	小	百	八
九	下	人	孩	在	幼
十	左	园	去	右	前
后	玩	几	东	上	南
西	北	中	白	黑	班

图 2　汉字表

儿	一	二	三	四	五
六	大	七	小	百	八
九	下	人	孩	在	幼
十	左	园	去	右	前
后	玩	几	东	上	南
西	北	中	白	黑	班

图 3　带标记的汉字表

把下面右侧的汉字填到图 6 的空格里，其中一组已经填好。

三个字：上南左、上南后、下左左、下后西、左上上、左上下、右南右、前前北、后上北、东北后、南左北、南右西、南东下、西前前

四个字：上北北下、左南上前、右下东上、西西下南

五个字：上北下后右、上左西前后、上前南下南、下上上西北、下左上北右、下右前下后、下后南后后、左左北北西、右上北南右、右上前右右、右下北南左、右左下后前、前上左北北、前上西北北、前东上左右、后北东东右、后下北前前、后左北右右、后左东上前、后南上左左、东北下下下、东北西西南、东上后北前、东左西左北、南上右后右、南上西西前、南南西下上

2	7	6					8	
3			8				1	5
5			2		9	7		
	8	2	3			4		
				5				
		1			4	3	6	
		4	5		8			7
1	6				3			4
	3					5	2	1

图4　数字九宫图

地	月	日					山	
人			山				天	小
小			地		水	月		
	山	地	人			大		
				小				
		天			大	人	日	
		大	小		山			月
天	日				人			大
	人					小	地	天

图5　汉字九宫图

六个字：上右下东左南、下左后北北东、右下北左上后、前下左右南上、西上左左右前

这个练习可以练习“上下左右前后东西南北”10个汉字。

上面提到的练习方式，有的适合课堂活动，有的适合课后练习，由于教学对象国籍、年龄、性别、兴趣等的不同，他们对不同练习和活动的反映也不同，所以教师要根据学生特点因地制宜地设计和改编活动才能做到有针对性，才能达到最佳效果。

学习汉字是一个长期的过程，学习中除了要了解汉字的结构和书写的规则，建立部件意识，在学习中有意识地对汉字进行部件的拆分和组合，

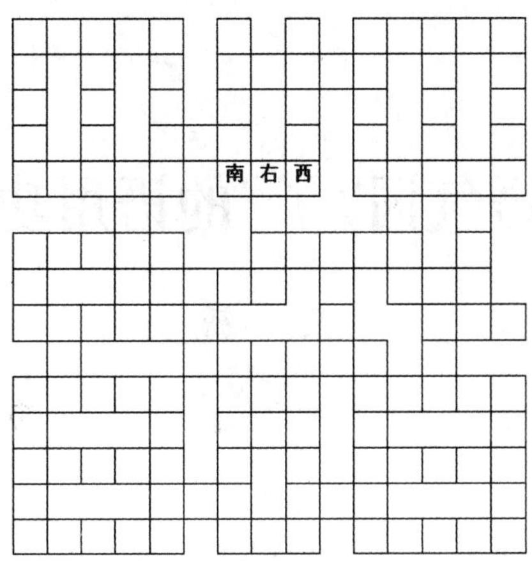

图6　方位九宫图

利用已知学习新知之外，还要进行大量的书写巩固练习，为了增加练习的趣味性，教师可以有意识地改造和创新练习的模式，激发学生的学习兴趣，提高学生的学习效率。

参考文献

1. 李禄兴：《现代汉字及其对外教学研究》，中央编译出版社 2012 年版。
2. 艾伦：《1000 个思维游戏》，南海出版社 2007 年版。

（王秀荣　北京　北京教育学院国际语言与文化学院　100044）

论语气词“了”的语用功能

王　巍

提　要　本文认为：句尾语气词“了”（了$_2$）的隐现规律不仅由语义和语法形式支配，同时也受到“了$_2$”的语用功能的制约。本文深入探讨“了$_1$”、“了$_2$”的语用功能差异，发现并描写“了$_1$”、“了$_2$”在使用中的不可互换原则与可互换原则，阐明“了$_2$”的语用功能，进而揭示其隐现规律。

一　引言

在汉语中，按照出现的句法位置不同，可以分为两个“了”，一个是在动词后，称为“了$_1$”；一个是句尾语气词“了”，称为“了$_2$”。①“了$_2$”的使用频率极高，语义内涵复杂，语用意义虚幻，隐现灵活。对外国学生来说，感到最难把握的是“了$_2$”的隐现规律。

“了$_2$”的隐现规律之所以成为汉语研究一道令人头疼的难题，主要原因在于其不以语义为出现的唯一条件。目前在对外汉语教学中，教师们通常是根据教材上的解释对“了$_2$”的基本语义作出说明，“用于句末，主要肯定事态出现了变化或即将出现变化”②。这样解释后，学生并不能真正掌握其用法，常在该用“了$_1$”的地方用了“了$_2$”，该用“了$_2$”的地方用了“了$_1$”。如：

我来了上海一年。（×）

---

① 引自陆俭明等《现代汉语虚词散论》，语文出版社1999年版，第2页。

② 引自吕叔湘《现代汉语八百词》，商务印书馆2006年版，第351页。

早上八点，我喝一杯豆浆了；中午十二点，我吃一个汉堡包了。(×)

我们的观点是：“$了_2$”的现与隐受到其语用功能因素的制约。要研究清楚“$了_2$”的隐现规律，除了界定“$了_2$”的语义内涵和语法形式外，更要注重从语用的层面对其进行考察。本文我们将从语用的层面比较“$了_1$”与“$了_2$”的不同，从这些分析中我们可深入理解“$了_2$”的语用功能，进而把握其出现和分布的轨迹。

二 “$了_1$”、“$了_2$”的语用功能差异

“$了_1$”、“$了_2$”这两个“了”在与动词组合后都有相同的语义内核，即：状态的实现。如：

a. 我们家买了$_1$新汽车。
b. 我们家买新汽车了$_2$。

当a、b两句分别删除“$了_1$”与“$了_2$”后，其所缺失的表义成分具有共同的基本项：状态的实现（不含“$了_2$”的其他语义模式）。所以在与动词组合时，在同样有“动作实现”的语义表达需求下，最令人困惑的问题就是究竟何时用“$了_1$”，何时用“$了_2$”？还有很多句中“$了_1$”、“$了_2$”共现、互换的例子也令人费解。如：

a. 他被人利用了，扣在南京，结果变成了蒋介石的走狗。
a′. 他被人利用了，扣在南京，结果变成蒋介石的走狗了。
a″. 他被人利用了，扣在南京，结果变成了蒋介石的走狗了。
b. 文化大革命那时，周总理不就提出了这个问题吗？
b′. 文化大革命那时，周总理不就提出这个问题了吗？
b″. 文化大革命那时，周总理不就提出了这个问题了吗？

在以上这些例句中，变前项和变后项的变化似乎并不明显。我们认为，认识这个复杂的问题首先需要了解清楚“$了_2$”在与动词结合时有几

种语义变体。据现有的研究成果，可以肯定的有以下五种：

(1) 完成。如：我吃饭了。

(2) 变化。如：我现在不想去旅游了。

(3) 开始。如：他考上太医就给皇帝看病了。

(4) 将要开始。如：我们走了，把门锁好。

(5) 动作的时量延续到现在。如：他吃了三个包子了。

除了第一种表“完成”义，动词后有宾语外，其他语义条件下都不存在“$了_1$”、“$了_2$”可以换用、难以区别的问题。其实在语用层面“$了_1$”、“$了_2$”的出现具有不同的语用价值。在大多数的句子中，它们并不能互相替换。我们的研究表明：正是由于说话人的行为类型或交际意图决定了其对“$了_1$”或“$了_2$”的选择。这一判断可以从在同一句型条件下，“$了_1$”和“$了_2$”转换后的变化中得以证明。

当“$了_1$”句转换为“$了_2$”句时，请看例句：

a. 我们家搬了新家，还买了彩色电视机。

a′. 我的家搬新家了，还买彩色电视机了。

b. 我没了钱，也没了房子。

b′. 我没钱了，也没房子了。

a 句为说话人客观地介绍自家的生活收入情况。替换为 a′后，说话人的实际意图带有了较明显的提醒特征，提醒听话人注意情况的变化。b 与 b′的差别也在于此。

通过这种句式变换法可以证明：正是由于说话人的交际意图的改变引起了句型的转化。当说话人一般地叙介、描述某一已发生行为动作时就会选择“$了_1$”；如果说话人意在将已发生的行为动作作为一个新事物提出，来提醒听话人注意事态变化或有一定感叹色彩时，就会选择“$了_2$”来表达。这也是“$了_1$”和“$了_2$”的语用功能的差别。所以在现实交际中，常会出现这样的对话：A：“去哪儿了？”B：“进了一趟城。”因为发问人常常针对整体事件的情况去发问，因此选择“$了_2$”；而回答者则常需细致地描绘、陈述自己的行为细节，所以常选择“$了_1$”来回答。这也从另一侧面证明：因交际意图需要，"了$_1$"句语用的焦点指向常为动作过程本身、宾语以及宾语或动词的修饰性成分，有叙述描写的特征；而"了$_2$"句则指向整个事件，有提醒听话人注意的语用功能。从语用学的"会话含义"理论①出发，"了$_2$"的存在富含了更多的隐含语义，即"言外之意"。比较"我吃了两个面包"和"我吃两个面包了"。这两个句子中，第一句倾向于客观地叙述，而第二句则除了陈述以外，结合具体语境，还常含有"我不想再吃了"或者"吃得不少了"等其他隐含义。这一点也能从一个侧面解释为何"了$_2$"比"了$_1$"更多地出现在口语交际中的原因。

（一）"了$_1$"、"了$_2$"的互换问题

研究中，我们发现一个问题："了$_1$"、"了$_2$"的区分有时很严格，不可互相替换；有时使用很随意，很模糊，可互相替换。既然如此，何时可互换？何时不可互换呢？我们再来详细分析一下：

（1）不可互换原则

以上分析证明，在表动作的完成语义时，选择哪个"了"是由语用条件的变化而变化的。

"了$_1$"出现的语用条件是在明显的过去时语境中，语体为叙述语体，信息焦点是对动作和动作对象的详尽描述。如：

a. 前年冬天她生了一个女孩儿。（过去时间、叙述）

b. 她于是打了她弟弟好几下。（强调动词、动量补语）

c. 我们那天就这样一口气跑了三里地。（强调宾语、数量定语）

"了$_2$"出现的语用条件是强调最终结果或者事态变化，强调事件的发生对现实的影响，有明显表提醒的语用功能。

所以上面"了$_1$"的例句不能直接转换成"了$_2$"句。如果换成"了$_2$"，必须作出如下改变才能成立（注意画横线部分）：

a′. 前年冬天她已经生一个女孩了。今年想再要一个吗？（强调

① 引自何自然等《语用学概论》，湖南教育出版社1988年版，第67页。

变化、对现实影响）

b′. 她都打她弟弟好几下了，你为啥还没完没了地责备他？（强调变化、提醒）

c′. 我们已经一口气跑三里地了，还没到终点啊。（强调变化、对现实影响）

改变后的句子比改变前更强调事态的变化，以及对现实的影响，有了较强的提醒色彩。这就证明“了$_1$”、“了$_2$”是因不同的语用条件而存在的。

叙述语段中的完成体常是由“动词＋了$_1$”来表达的。我们通过对语料的详细考察发现，某些句子用“了$_1$”来叙述，是无法直接换成“了$_2$”的。如果直接变换，句子的语义就完全变化了，失去了叙述的表达功能。如：

A 组：

a. 妈妈打开了冰箱门，取出了一盒鸡蛋。

a′. 妈妈打开冰箱门了，取出一盒鸡蛋了。（≠）

b. 我们昨晚看了一会电视，又喝了一会儿茶。

b′. 我们昨晚看一会电视了，又喝一会茶了。（≠）

c. 她换了一件干净衣服就出门去了。

c′. 她换一件干净衣服了就出门去了。（≠）

（2）互换原则

与上面的例子相反的情况是，在某些句子中“了$_1$”、“了$_2$”可以直接换用，换后对整个句子的语义表达并没有明显的影响。我们将之称为“了$_1$”、“了$_2$”互换的“模糊效应”。这样的句子在口语中大量存在。如：

B 组：

a. 这个厂子就归宣武区了，后来归北京市了。

a′. 这个厂子就归了宣武区，后来归北京市了。

b. 后来就集中到这市场里头来了，什么万胜啊，桃园啊的都有。

b′. 后来就集中到了这市场里头来，什么万胜啊，桃园啊的都有。

c. 你看我那两个女孩也嫁给汉民了，我那男孩娶的媳妇也是汉民。

c′. 你看我那两个女孩也嫁给了汉民，我那男孩娶的媳妇也是汉民。

d. 两个人吵着吵着就打了起来，谁劝都不听。

d′. 两个人吵着吵着就打起来了，谁劝都不听。

在实际的语料中，诸如此类的“$了_1$”、“$了_2$”可以直接替换而不影响语义表达的句子还有很多，甚至混用也为说话人习而不察。其实，这就是由两个“了”在语义上的共通性和它们不同的语用功能存在着交集状态造成的。如图 1 所示：

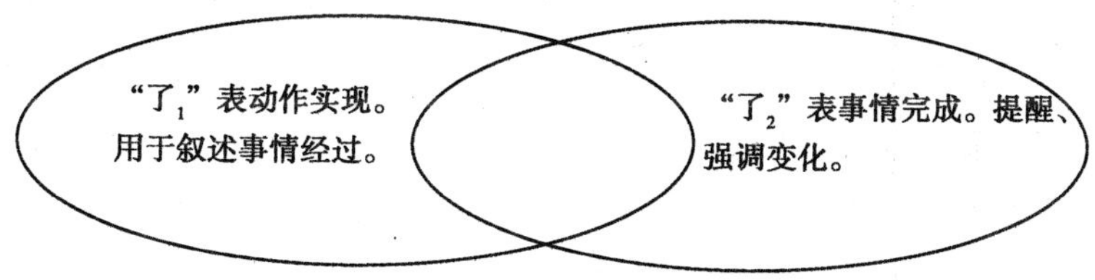

$了_1$、$了_2$ 的交集状态

我们先来看看如下两种“交集”：

交集 1：“$了_1$”叙述事情经过和“$了_2$”提醒变化的语用功能产生交集。

我们通过观察发现，在同样叙述过去时间内发生的事情时，说话人可以有不同的交际意图。如果着重描写动作过程及动作对象的情况，就会选择“$了_1$”；如果强调事态变化、提醒、对现实的影响就会选择“$了_2$”。但是因为“$了_1$”、“$了_2$”毕竟在语义内涵上，即“实现态”上是共通的，事实是很多说话人在叙述时也可选择两种方式：选择“动作实现 + 叙述经过”，即“$了_1$”，或者“事情完成 + 提醒变化”，即“$了_2$”。所以它们之间存在着一种语用功能上的“交集”状态。

这些处在交集状态中，可以互相替换的句子常有如下特点：

一是从语义角度看，句子一般不着重描写动作和动作对象的细节，只是叙述过程。不强调动作和宾语的数量，所以在句法上的体现是句子一般不含动词的数量补语和宾语的数量定语。

二是从语境角度来说，句子虽处于叙述事情经过的语段中，但上下文中的动作在时间上联系并不十分紧密，同时后面常有后续小句作为结语。

现在我们再来看看A组中的句子为什么不能直接替换。a例“妈妈打开了冰箱门，取出了一盒鸡蛋”，这两个“$了_1$”句不能直接替换为“$了_2$”句，原因在于这两个句子侧重描写动作的细节，两个动作连续发生，时间上的联系非常紧密；b例“我们昨晚看了一会电视，又喝了一会儿茶”不能替换是因为强调连续发生的动作，而且有动作的时量补语；c例“她换了一件干净衣服就出门去了”不能替换的原因也是如此。

而B组中的句子相比于A组，就可以直接替换。因为说话人在说这些句子时不细致描写动作细节，而只是泛泛地叙述；上下文也不是在描写一组连续发生的动作，前后两个动作在时间上的连接不如A组中的句子紧密，这时就有可能选择两种方式，一种是用“$了_1$”叙述动作实现，另一种是用“$了_2$”来表事态变化。

我们认为能够替换的这种“模糊效应”是由两个“了”的表完成语义的共通性和说话人在交际意图上的模糊倾向决定的。说话人既没有明显地提示、强调一系列动作及动作对象，也不是在起始句和最终结语句强调事态变化，只是单纯地表达某个动作或事件的完成。所以动作的发生和事件的发生处在交集状态，就出现了“$了_1$”和“$了_2$”使用上的模糊性。

交集2：“$了_1$”表强调动作对象（宾语）和“$了_2$”表提醒的语用功能产生交集。

我们还观察到，在口语的问句中，即便语用重心单纯地指向动词、宾语时也不唯独用“$了_1$”可以表达。用“$了_2$”，再将宾语加上重音也可以替换“$了_1$”，而且“$了_2$”表提醒的语用功能恰恰适用于问句的表达需求。我们在“北京大学现代汉语语料库”中作了如下搜索和统计（见表1）：

问句系统中“了$_1$”、“了$_2$”的数量比较

“了$_1$”	“了$_2$”
a. 你吃了什么？（1）	a′. 你吃什么了？（4）
b. 你去了哪儿？（14）	b′. 你去哪儿了？（41）
c. 你吃了饭没有？（8）	c′. 你吃饭了没有？（4）

语料调查显示，确实存在“了$_1$”、“了$_2$”在此类句型中换用的语言事实。与此三种句型相似的句型也体现出同样的特征，如：“你们喝了酒没有？”“你们喝酒了没有？”“你买什么了？”“你买了什么？”“你们到什么地方了？”“你们到了什么地方？”两个“了”在使用上体现出模糊性特征，可见人们有时并不非常严格地区别这两个“了”。此类问话既可从动作完成的角度去询问，也可从事件是否完成的角度去问。因为问句中虽有疑问焦点——宾语，但也需要较强的提醒色彩。“了$_1$”有强调动作对象（宾语）的语用功能，“了$_2$”本身虽不强调宾语，但如在宾语处加上重音后，也就有了强调的作用。加之“了$_2$”本身还有提醒的语用功能，所以以上含“了$_1$”的问句和含“了$_2$”的问句在语用意义上就很接近了。这些句子处在“了$_1$”表强调动作对象（宾语）和“了$_2$”表提醒的语用功能的交集中。当然我们也会根据实际交际情景的变化来选择不同的表达方式。如当一个人生气愤怒时或者特别想知道答案时可以用“去了哪儿”或者“去哪儿了”来提问；当问话人不关心细节，只是将事件作为一个整体，进行问候式的询问时，就只会用“去哪儿了”来提问。

（二）“了$_1$”、“了$_2$”共现

当“了$_1$”表强调动作对象（宾语）和“了$_2$”表提醒事态变化的语用功能构成交集时，除了在以上的问句中存在彼此互换现象外，“了$_1$”、“了$_2$”还有可能共现。此时动词和宾语组合，既表事情完成，同时也强调宾语，强调事态变化，如：

他们哥俩中的其中一个就到了这个地方了。
汉族一起义呢，很多回族人就加入了这个队伍了。
在那之后吧，他大概二十岁吧，就到了天津了。

三 “$了_2$”句的语用含义

有学者认为“语用含义是语用学的重要内容之一，它给语言事实提供一些重要的功能性的解释，这就是说它不是从语言系统内部（语音、语法、语义等）去研究语言本身表达的意义，而是根据语境研究话语的真正含义，解释话语的言下之意、弦外之音”。我们说一句话，总是有一定的背景，同时联系着一定的现实，并实现着一定的目标，正所谓“言有所为”。当“$了_2$”在句中的语义为强调事态变化时，因其表变化的语义内核，所以常联系着“变前”和“变后”两种情景，产生某种对比。在这种对比中，会实现说话人“言有所为”的目标，这个目标就是我们通常所说的“语用含义”或“会话含义”（conversational implicature）。但这不是“$了_2$”的本义，而是语用层面的意义。例：

语境：一位母亲对自己的孩子进行独立自主的教育。母亲说：

我头发也白了，眼睛也花了，身体一天不如一天了。没有多少能力照顾你了。

在这组“$了_2$”句中，“$了_2$”在其中凸显母亲自身过去和现在状况的对比，即“我以前头发不白、眼睛不花、身体很好，有能力照顾你”，而现在是“我老了，不能照顾你了”。通过强调这种变化，说话人要表达的语用含义是“你得自强自立了”。

并非所有的“$了_2$”句都有这种语用含义。这在口语对话中较为普遍。因为在口语中，人们更愿意隐晦地表达自己的观点，或者间接地表达某种希望和请求。此时用“$了_2$”句强调某种变化，使听话人自己体会到“言外之意”，一方面会使表达变得更加委婉，另一方面还能通过听话人的反应更好地揣测对方的心理。一旦希望和请求不能实现，也不会因此伤了和气。如：

语境：小伙子暗恋一个姑娘。一起下班时，一同在单位门口。小伙子说：

雨大了。

此时，姑娘如果说“我们打一把伞走吧”，这个小伙子通过这句话，起码明白了姑娘并不讨厌自己的心理。那么“雨大了”这种变化带来了一种新的情况的出现，而听话人对于新情况的处理则反映了对说话人的情感和态度。所以“了$_2$”句通过情况前后的对比变化，来表达说话人的“言外之意”。

而当“了$_2$”句出现在书面语的叙述语段的开头或结尾处，和动作行为动词结合表动作完成时，则一般没有了这种语用含义。如：

今天妈妈一大早就走了。先买了菜，送了弟弟上学校，然后到单位上班去了。

在这种客观的描写中，没有一个特定的听话人，所有读者都是受众。同时也没有产生语用含义的语境，所以就无“言外之意”可言。

参考文献

1. 齐沪扬：《语气词与语气系统》，语文出版社 1992 年版。

2. 吕文华：《“了$_2$”语用功能初探》，《语法研究与探索》语文出版社 1992 年版。

3. 吕文华：《“了”与句子语气的完整及其他》，《语言教学与研究》1983 年第 3 期。

4. 吕文华：《对外汉语教学语法探索》，北京语言大学出版社 2008 年版。

5. 马庆株：《自主动词与非自主动词》，载《二十世纪现代汉语研究资料丛书》，商务印书馆 2005 年版。

6. 马希文：《关于动词“了”的弱化形式》，《中国语言学报》1983 年第 1 期。

7. 彭小川、周芍：《也谈“了$_2$”的语法意义》，《学术交流》2005 年第 1 期。

（王巍　北京　北京第二外国语学院国际传播学院对外汉语系/语言学及应用语言学研究中心　100024）

脑半球对汉语元音音节声调的加工与瞬时记忆

——以西班牙语为母语背景的墨西哥初级汉语习得者

王红斌

提　要　以普通话的元音音节作为实验材料，用双耳分听技术对以西班牙语为母语背景的墨西哥汉语习得者进行了在瞬时记忆条件下大脑两半球对汉语声调加工的测试。实验结果显示：被试识别“阳平”的左右耳的主效应接近显著水平；识别“阴平”和“上声”的瞬时记忆主效应显著，左右耳主效应不显著；而识别“去声”的瞬时记忆主效应和左右耳主效应都不显著。另据墨西哥初级汉语习得者的特征，该结果表明即使是自下而上的语音信息加工，大脑两半球对普通话元音音节声调的加工也与声调类型、瞬时记忆和音节结构都有关系。

一　引言

声调是语音音高的升降曲折变化，它是现代汉语的语音特点之一。然而这一特点给以非声调语言为母语背景的汉语习得者带来很大的困难，主要表现为汉语习得者在学习汉语很长时间后仍是洋腔洋调。为了解决这一问题，之前的汉语声调习得研究在发音的偏误方面作了大量有益的探索，本文从听觉方面观察在瞬时记忆条件下墨西哥初级汉语习得者对汉语声调加工的优势脑半球，墨西哥初级汉语习得者指的是以西班牙语为母语的墨西哥人，墨西哥西班牙语没有声调。

这项工作也许会给对外汉语的声调教学提供一点帮助。下面是与本课题相关的研究情况。

前人在研究声调的脑侧化过程中，总结出了音高信息加工的两个理论：功能理论和声音假设。音高信息加工的“功能理论”认为：“言语中的音高信息由于所承担的功能不同而由不同的大脑半球加工：具有语言学意义的音高信息（比如声调）由左脑加工，不具有语言学意义的音高信息（比如情绪韵律）则由右脑加工。”（刘丽、彭聃龄，2004：260；任桂琴等，2011）“声音假设”理论认为：“听觉刺激的声学结构决定了大脑两半球的功能偏侧化特点。体现频谱变化的声音主要在大脑的右半球得到加工，而体现时间变化的声音主要在大脑的左半球得到加工。”（张林军等，2008：241）张林军等（2008：330）认为：“功能理论可能只是揭示了音高信息加工大脑偏侧化的一个方面，即高层次的与语义和音位特征区分有关的音高信息主要由左脑加工，这种加工是一种自上而下的加工。另一方面，对音高信息自下而上的声学语音学分析也是加工过程中不可缺少的，这种低层次的加工应该只与信息的物理属性有关，而与其所承担的功能无关，功能理论对此并不能作出合理的解释。”

双耳分听技术就是研究大脑两半球分工的实验技术之一。双耳分听测试最早的设计可以追溯到 Brodbent（1954）报告的通过立体声录音机及立体声耳机将录制在两个声道上的不同言语性材料同时呈现给被试的两耳，形成竞争性刺激，结果呈现于右耳的刺激知觉能力较好，成为右耳优势（Right Ear Advantage，REA），此法称为“双耳分听测试”（Dichotic Listening Test，DLT）。用行为的方式来研究大脑的两半球对信息加工情况的原理是基于大脑两半球由胼胝体相连，左耳听到的信息传入大脑右半球处理，反之，右耳听到的信息由大脑左半球处理。

记忆是学习过程中的一个很重要的环节，“阿特金森和希夫林（Atkinson & Shiffrin，1968）提出了记忆的多贮存模型（The Multi-store Model of Memory），该模型把记忆看做一个系统，按照信息在系统内储存的时间可以划分为三个不同的子系统：有感觉记忆、短时记忆与长时记忆等类型。感觉记忆（sensory memory）指感觉刺激停止之后所保持的瞬间映像。由于它的作用时间极其短暂，似乎只有瞬间的贮存，因而又可以称为瞬时记忆”（张祥墉等，1983）。感觉记忆的保存时间 0.5—3 秒。感觉记忆又可分为：听觉记忆、嗅觉记忆、味觉记忆等。声调的处理与听觉记忆有关。有关瞬时记忆的研究结果表明："在刺激刚刚呈现之后，感觉记忆中有更多的信息可以提取，但这些信息会随着时间而迅速消失。"（陈国鹤等，2004：563）神经心理学的对于听觉记忆的脑功能磁共振的研究成果表明（孙兮等，2004：3），数字的瞬时记忆的编码和提取激活的分别是"双侧前额叶（BA9—46 区）"和"双侧顶叶（BA7 区）"。有关大脑对语言音素的处理的研究表明（杨玉芳，1989）："在英语音素中，元音的感知很难出现大脑侧化（e. g. ，Cutting，1974）。"我们研究辅元音节的声调识别的脑侧化，以及辅元音节与瞬时记忆之间的关系时，发现了汉语习得者识别汉语辅元音节四声的特点。如果使用元音音节作为实验材料考察声调的脑侧化与瞬时记忆的关系，是否与辅元音节的识别规律一样呢？我们沿着 Brodbent（1954）双耳分听的思路和前人对瞬时记忆广度的研究设计了实验，考察在瞬时记忆条件下，墨西哥初级汉语习得者的普通话元音节声调的两半球侧化的情况。

二 研究方法和数据分析

（一）被试者

墨西哥奇瓦瓦自治大学孔子学院零起点班的 14 名学生为 20—27 岁，左右利手（根据写字和平常习惯用手），他们生活在奇瓦瓦，说墨西哥西班牙语，会说英语，不过英语发音有明显的西班牙语风格，所有被试者视力或矫正视力正常，听力正常。当这些学生的语音训练总时数 60—70 小时后，对他们进行了两耳分耳测试。

（二）实验材料

14 个元音音节，同一个音节的阴、阳、上、去四个声调组合共配成 12 种不同的组合方式（除去重复的组合方式）。14 个音节词两两相配得出 168 对音节、84 组试验呈现材料。

（三）实验程序和过程

实验材料呈现方式是：一组呈现两对，两对之间间隔 2000ms，之后有 3000ms 的选择时间，这种方式类似于 Brodbent（1954）实验的呈现方式：左右 1 2 3 4 。实验录音每组四个音节随机出现，每个音节的四个声调在左右耳上出现的概率是一样的。一组四个音节全部呈现后再作对错选择，因此被试者对首先呈现的一对音节所作的对错选择是非即时判断，这就对被试者有记忆任务要求。被试者对而后呈现的一对音节作的对错选择是即时判断，这对被试没有记忆任务要求。实验在奇瓦瓦自治大学孔子学院语音实验室分四次完成。在实验时，首先在荧光屏出现英文的指导语，请你注意电脑屏幕，首先会在屏幕上出现一个“ + ”，接着出现一对不同声调的音节，请你仔细听，并且又快又好地判断是你的左耳还是右耳听到一声（二声、三声、四声①），并选择相应的按键，当你的左耳听到一声（二声、三声、四声 Hp pavilion 的音节就用“左手”按“left”，右耳听到一声（二声、三声、四声）的音节就用“右手”按“right”。

（四）实验设备

HP Pavilion Slimline S5500la PC 台式机，20 宽屏液晶显示器，Perfect – choice 立体声头戴式耳机。

（五）实验设计

瞬时记忆（即时判断、非即时判断）×两种耳条件（左耳、右耳）的重复测量设计。

（六）实验结果和分析

根据被试者识别汉语四声的正确反应时间，实验结果显示在不同的记忆任务下，识别汉语四声有三种情况：（1）被试识别“阳平”的左右耳主效应接近显著水平，瞬时记忆主效应不显著；（2）被试识别“阴平”和“上声”的瞬时记忆主效应显著，左右耳（右左大脑半球）主效应不显著；(3) 被试识别“去声”的瞬时记忆主效应和左右耳主效应都不显著。

① 依据所要测试的调类而定。

1. 阳平

表1　阳平元音音节的正确反应时间均值 M ± SD（单位：ms）

	左耳	右耳
非即时判断	2018.52 ± 370.21	2125.67 ± 395.55
即时判断	2088.53 ± 357.03	2127.24 ± 375.63

对表1“阳平”的正确反映时间的方差分析（ANOVA）显示：记忆主效应不显著，F<1。左右耳主效应接近显著水平，左耳（大脑右半球）所用时间快于右耳（大脑左半球）所用时间，F（1.13）=3.452，p=0.086。两者交互作用不显著，F<1。

2. 阴平和上声

表2　阴平元音音节的正确反应时间均值 M ± SD（单位：ms）

	左耳	右耳
非即时判断	1801.62 ± 360.61	1750.28 ± 380.36
即时判断	1879.59 ± 377.33	1885.39 ± 408.93

表3　上声元音音节的正确反应时间均值 M ± SD（单位：ms）

	左耳	右耳
非即时判断	1957.94 ± 361.82	1907.32 ± 299.01
即时判断	2198.58 ± 349.38	2136.19 ± 330.69

对表2、表3“阴平”和“上声”的正确反映时间的方差分析（ANOVA）显示：阴平，瞬时记忆主效应显著，F（1.13）=5.109，p=0.042，非即时判断所用的时间短于即时判断所用的时间。左右耳主效应不显著，F<1，两者交互作用不显著，F<1。上声，瞬时记忆主效应显著，F（1.13）=12.987，p=0.003，非即时判断所用的时间短于即时判断所用的时间。左右耳主效应不显著，F（1.13）=2.004，p=0.180，两者交互作用不显著，F<1。

3. 去声

表4　　去声元音音节的正确反应时间均值 M ± SD（单位：ms）

	左耳	右耳
非即时判断	1976.23 ±412.93	1928.97 ±402.17
即时判断	2035.24 ±432.66	2131.49 ±497.28

对表4“去声”的正确反应时间的方差分析（ANOVA）显示：记忆主效应不显著，F（1.13）=2.576，p=0.133，左右耳主效应不显著，F<1，两者交互作用不显著，F（1.13）=2.282，p=0.155。

由上面的数据分析可知，在瞬时记忆条件下：

（1）被试对“阳平”元音音节声调识别的左右耳主效应接近显著水平，左耳（大脑右半球）快于右耳（大脑左半球）。

（2）被试对“阴平”和“上声”元音音节识别的瞬时记忆主效应显著，非即时判断所用时间短于即时判断所用时间并达到显著水平。

（3）被试对“去声”元音音节声调识别的瞬时记忆和左右耳主效应都不显著。

以上的结果显示，大脑两半球对普通话元音音节声调的加工与音节结构、声调类型和瞬时记忆都有关系。

这一结果与元音音节结构有关，王红斌（2012a）对辅音音节声调的实验显示，被试对“阳平”辅音音节声调识别的左右耳主效应不显著，但瞬时记忆主效应显著。而本次实验中显示出被试对阳平元音音节的识别是左右耳主效应接近显著水平。“阴平”辅音音节的左右耳主效应和瞬时记忆主效应都不显著。而本次实验的“阴平”元音音节显示出瞬时记忆主效应显著。被试对“去声”和“上声”元音音节的识别和辅音音节的识别情况一样。

上面的实验结果表明引言中所说的“功能理论确实并不能对此作出合理的解释”。据张林军等对以汉语为母语的被试者的语言中音高信息自下而上的声学语音学加工的神经机制和大脑偏侧化的实验显示：“被动听和主动判断任务分别激活了颞叶和额叶，激活在颞极、颞上回和额下回眶部表现出明显的右侧优势。”（张林军等，2008：330）因此，“对音高信息自下而上的声学语音学分析也是加工过程中不可缺少的，这种低层次的加工应该只与信息的物理属性有关，而与其所承担的功能无关”（张林军等，2008：330）。我们是在学生学习60—70小时后进行测试的，学生不知道每个音节的语义，所以不同调类的元音音节测试材料只是一种抽象的自下而上的具有不同声调的音节，这时的“语言学意义上的音高”只是停留在调类这个层级上，但是仅有“阳平”显示出左耳优势（大脑右半球），这说明即使是自下而上的音高信息的脑侧化也与声调的调类有关。以上的结果还与瞬时记忆有关，我们认为，被试者在“感觉—加工—记忆—提取”的过程中，对于最难识别①的“阳平”的加工过程较“上声”、“去声”和“阳平”需用更长的时间才能识别出来，而后进入短时记忆。由此可见，大脑两半球对普通话元音音节声调的加工与音节结构、声调类型和瞬时记忆都有关系。

三　结论

以西班牙语为母语背景的初级汉语习得者，在瞬时记忆条件下，识别“阳平”的左右耳的主效应接近显著水平，左耳（大脑右半球）快于左耳；识别“阴平”和“上声”的瞬时记忆主效应显著，非即时判断时间短于即时判断时间，左右耳（右左大脑半球）主效应不显著；识别“去声”的瞬时记忆主效应和左右耳主效应都不显著。根据墨西哥初级汉语习得者的特征，我们认为即使是自下而上的语音信息加工，大脑两半球对普通话元音音节声调的加工也与声调类型、瞬时记忆和音节结构有关。

参考文献

1. 陈国鹤、王晓丽、方芸秋：《Sperling任务中刺激呈现方式对注意分配的影响》，《心理科学》2004年第3期。

2. 刘丽、彭聃龄：《汉语普通话声调加工的右耳优势及其原理：一项双耳分听的研究》，《心理学报》2004年第3期。

---

① 王红斌（2012b）曾根据墨西哥汉语习得者对四声的正确反应时间和错误率这两个维度得出“阳平 > 去声/上声 > 阴平”汉语声调识别难易程度表，表中的“阳平”和“阴平”处于识别难易度的两极。

3. 任桂琴、韩玉昌、周永垒、任延涛：《汉语语调早期加工的脑机制》，《心理学报》2011 年第 3 期。

4. 孙兮、文鲍敏、张效初、张达人：《听觉记忆的脑功能磁共振研究》，《中国医学计算机成像杂志》2004 年第 1 期。

5. 杨玉芳：《元音声调的知觉》，《心理学报》1989 年第 1 期。

6. 王红斌：《脑半球对汉语辅元音节声调的加工与瞬时记忆》，2012a 待刊。

7. 王红斌：《墨西哥汉语习得者普通话声调的大脑两半球加工》，2012b 待刊。

8. 张林军、周峰英、王晓怡、舒华：《言语中的音高信息声学语音学加工的大脑偏侧化》，《应用心理学》2008 年第 4 期。

9. 张祥墉、区英琦、许世彤：《在不同感觉的记忆活动中海马作用的探讨》，《心理学报》1983 年第 3 期。

（王红斌　北京　北京第二外国语学院国际传播学院中文系/语言学及应用语言学研究中心　100024）

浅谈对外汉语语法教学的层次性

——以“NPL + V + 着 + NP”教学为例

刘　玮

提　要　对外汉语语法教学因其重要性和复杂性而备受关注。很多杰出的学者都曾撰文指出原则和方法。本文根据笔者在泰国的教学实践指出：对外汉语语法教学应该是分三个层次的，教师在教之前应该熟悉语法项目的本体研究成果，然后备课时教师再结合学生情况对本体语法进行加工筛选，总结使用条件，与学生母语语法进行对比，形成备课时的静态教学语法，而在教的过程中教师应采用各种办法为学生创造使用语法说句子的情景、游戏等，精讲，少用术语，多练，用发现式教学启发学生自己找出规律和公式，这就是动态课堂语法层面。本文结合在泰国教学案例“NPL + V + 着 + NP”的课堂活动作了具体的分析和说明：如讲练“NPL + V + 着 + NP”时，笔者分别使用了“过目不忘”，“你说我画”及“看谁眼尖”三个活动使学生很好地掌握“NPL + V + 着 + NP”的用法，教学效果良好。

一　引言

语法教学对学生习得汉语有至关重要的作用，学生也往往对语法学习有着很高的期望，教学计划中语法教学也占了很大的比重，尤其是初中阶段。但在留学生汉语输出时，语法偏误的比率较高。笔者根据自己在泰国的对外汉语教材《新实用汉语课本 3》之《墙上挂着中国字画》一文中的“NPL + V + 着 + NP”结构的教学经验和思考，结合泰国学生活泼好动、爱表演等特点，想谈谈对外汉语语法教学的层次性问题。

二 本体语法层面

要教好对外汉语语法，教师首先要搞懂“是什么”和“为什么”的问题，深入挖掘，也就是说本体语法层面上要根基牢固，为备课及教学提供依据和监控。要教授的语法项目教材中的例句为：“墙上挂着中国字画。”不难看出，这是“NPL + V + 着 + NP”结构，由此可以想到类似的句子还有很多，例如：

（1）山上架着炮。

（2）外面下着雨。

（3）屋里开着会。

（4）桌子上摆着一盆花。

（5）墙上挂着照片。

这五个句子的层次结构及关系都是一样的，可是所表达的深层意思却是不同的。这需要用到变换分析法来区别。其中（2）、（3）这两个句子都可以变为“外面正在下雨”，“屋里正在开会”。而（4）、（5）两个句子则可以变换为“一盆花摆在桌子上”，“照片挂在墙上”。而句子（1）既可以理解为“炮架在山上”，表示静态的存在；又可以理解为“山上正在架炮”，表示动态的活动。

朱德熙先生曾通过分析看出“NPL + V + 着 + NP”实际上包括语法意义不同的两个句式，两者变换式不同：“NP + V + 在 + NPL”，“NPL + 正在 + V + NP”，可见，“NPL + V + 着 + NP”可能会是包含两个小类的歧义句式。至于造成歧义的原因，朱先生发现是由于该句式中动词的语义特征不同造成的，适合前一句式的动词有〔+附着〕的共同语义特征，适合后一句式的动词不具有〔+附着〕的语义特征。具体的“NPL + V + 着 + NP”句所表达的语法意义由句中动词的语义特征决定，如果其语义特征有不确定性，即〔±附着〕，如句子（1）中的“架”，该句就是一个歧义句。

以上五个句子的变换关系如表 1 所示：

句子的变换关系

句子	原句型	变换句型	有无歧异	动词的语义特征
(1)	NPL＋V＋着＋NP	NPL＋在＋V＋NP NP＋V＋在＋NPL	有	〔±附着〕
(2)(3)	NPL＋V＋着＋NP	NPL＋正在＋V＋NP	无	〔-附着〕
(4)(5)	NPL＋V＋着＋NP	NP＋V＋在＋NPL	无	〔＋附着〕

三　静态教学语法层面

有了扎实的本体语法基础，教师需要对要教的语法作一个筛选和加工，教学生容易学会并且对他的汉语交际能力有帮助的内容，静态教学语法层面上讨论的其实就是“教什么”的问题。

首先，应该教实用语法，而不是理论语法。合格的对外汉语老师应该是兼具教学和研究能力的，汉语语法的本体研究成果应该用于教学当中，但是不是完全照搬，而是化繁为简，为我所用，还没有定论的部分更不宜拿来用于教学中。如“NPL＋V＋着＋NP”中就有人撰文研究“着”的语法化问题，这些理论的东西都不是我们要教给留学生的。

其次，对外汉语教学语法应该是讲条件的语法。使用条件是约束语法的重要因素，如只用公式列出“把”字句的句型，学生就容易泛化，说出这样的句子：“我把床睡了。”“我把收音机听了。”学生之所以有这样的偏误是因为教师在教学过程中没有强调把字句的使用条件之一：把字句动词的处置义，动词使宾语发生某种变化。再说“NPL＋V＋着＋NP”中，课文中只讲表示静态存在的句子，这就要求老师把动词条件化，需要什么样的动词才可以这样用，比如短暂性动词就不能出现在（2）、（3）类句子中，（4）、（5）类句子中的动词要具有〔＋附着〕这样的语义特征的，有歧义的动词在初中级阶段最好是先不要涉及。当然在教的时候不要出现这样太学术化的词语，应尽量举例子说明这个动词的特征。

再次，对外汉语教学中的语法不同于留学生母语的语法体系，也不同于对汉语母语者的语法教学。学生在学习“了”的时候总是把它和英语中的一般过去时相对应，于是我举例子说明“了”与时间没有对应关系，“我已经吃饭了”是表示过去；“我吃了饭再去”表示将来；“下雨了”表示现在。所以在教“了”时老师应该打破学生的惯性思维，不要与一般过去时对应起来。对于“NPL + V + 着 + NP”，英语母语者学完后容易与英语中的“there be”句型等同起来，这也是不对的，“NPL + V + 着 + NP”中除了表示“某处有某物”的意思以外，还表达了某物的存在方式，如“挂”、“贴”、“摆”等。

四 动态课堂语法层面

动态课堂语法的层面探讨的是“如何教”的问题。就是要用学生喜欢的方式引导他们练习这个语法项目。动态课堂语法应该是发现式、公式化的。如“NPL + V + 着 + NP”的课堂教学中，教师可以先举出生活中很多这个句型的例子，然后引导学生自己去发现它们的共同之处，总结规律，最好形成公式。教学方法上我的策略是尽可能地设置情境，引导学生使用语法说句子用来交际。从这点上来看，也正表明语法最好放在句子当中讲，而不是单拿出来讲。问题是如何设置合适的情景呢？方法很多。

（1）提问法。如讲“NPL + V + 着 + NP”的时候，老师问学生：“大家看，教室的墙上挂着什么？”“你家里的桌子上摆着什么？”等问题，学生在回答这些问题的同时就练习了使用这个句式。

（2）信息差法。这个活动叫做“你说我画”，先叫一个学生在黑板上画出他心目中的梦想之家，其余的学生两人一组，一个人面向黑板，另一人背对黑板，面向黑板的人用上述句型描述黑板上的图像，如面向黑板的学生描述道：“墙上挂着很多照片。”“桌子上摆着一盆花。”背对黑板的人画出来，结果最像原画的一组获胜。活动进行过程中，教师要不断巡视，督促学生使用所学句型并适当提供帮助。

（3）角色扮演法。这个活动我取名“看谁眼尖”，老师以图片设置场景，两人表演第一次约会，以前从未见过面，见面前女生的朋友打电话描述女生的样子，如：“头上戴着一顶帽子”、“手里拿着一本书”等。男生面向黑板，听完电话描述后，面对其余同学在人群中以最快的速度找出要约会的女生。

（4）联系实际法。我上课的时候教室就在教师办公室旁边，于是我让学生分成两组同时观察办公室10秒，然后用上述句型描述房间的样子，句子多且对的一组获胜，这个活动我取名叫“过目不忘”。

除此之外，笔者总结了几个对外汉语语法教学中还应注意的问题：

（1）教师应尽量避免使用语法术语，而采用简单的语言、熟悉的情景加以解释，这样易于学生接受。如“已然”、“未然”、“可能补语”、“结构助词”之类的应当避免出现在对外汉语语法课堂上，只有极少数的词如“主语”、“宾语”可适当出现。

（2）教师应引导学生将汉语语法和他们的母语语法进行对比，利用相同点，突出不同点，并且帮助学生认识到汉语独特的语法体系。

（3）教师应当重视学生的语法偏误，偏误都是有意义的，分析学生的偏误类型和原因，并进行总结然后在今后的教学中进行针对性的训练。

（4）学生教材中的语法编排有的时候有点乱且有时又有重复，教师可以根据学生的实际水平和需要进行一些改动，而不是照搬课本，引起学生的理解紊乱。

（5）教师应在教学过程中不断复习前面学习的语法，有意识地引导学生使用，提高复现率，并且适当的时候帮助学生总结，系统记忆。

（6）教师应该把教学实践和本体语法研究结合起来，在课堂上发现问题，拿出来研究，同时把已经研究出来的成果搬到课堂上用合适的方式使用。

（7）最后一点，也是很多教师容易犯的大忌，就是自己一直在讲台上讲啊讲，学生听啊听，结果学生还是不会用。所以教的方式应该是精讲多练，基本结构、意义和使用条件讲明白后教师的作用就是设置情景，引导学生操练。

五　结语

从“是什么”到“教什么”再到“怎么教”，整个过程就体现了对外汉语语法教学的层次性，教师应该有扎实的本体基础语法功底，监控和指导后面的静态教学语法和动态课堂语法。从本体基础语法到静态教学语法体现了教师的筛选和使用条件的归纳，而从静态教学语法到动态课堂语法则得力于教师利用设置的情境引导学生使用语法来交际。这也正体现了语法教学的最终目的：提高学生的汉语交际能力。

对外汉语语法教学的层次及其关系如图 1 所示。

总之，教对外汉语语法的教师是最累的，也是最容易出成果的。由于汉语语法的复杂性，课堂上学生的很多问题可能以前我们都没有考虑过，

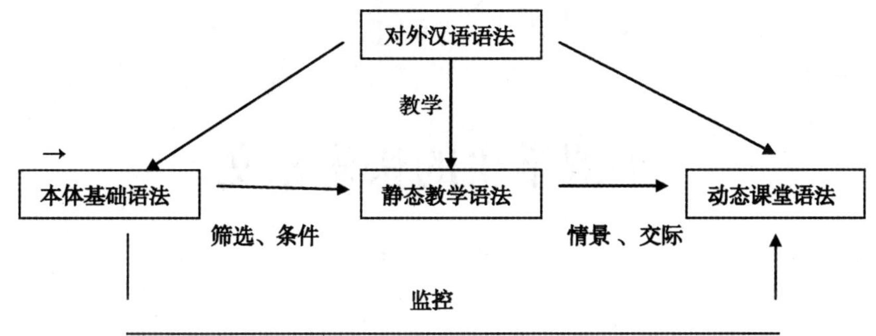

对外汉语语法教学的层次及其关系

但是我看重这些问题的价值，于是我专门准备了一个本子，下了课马上写下当堂课学生问过的各种问题，课后再一一思考，给学生也给自己一个满意的答案。从这一点上来说真是“教学相长”。相信只要教师不断学习，勤于思考，时时为学生考虑，一定能做一位优秀的对外汉语教师。本文是笔者自己的经验之谈，有不全面或不合适的地方，还望指正。

参考文献

1. 赵金铭：《教外国人汉语语法的一些原则问题》，《语言教学与研究》1994 年第 2 期。

2. 郑鼓德：《对外汉语教学对语法研究的需求与推动》，《世界汉语教学》1991 年第 4 期。

3. 朱德熙：《句法结构》，《中国语文》1962 年第 8—9 期。

（刘玮　北京　中国传媒大学对外汉语教育学院　100024）

小留学生的快乐作文

周　佳

提　要　留学生作文一直是对外汉语教学中的难点，本文试图结合自己的教学实践，从兴趣培养、写作技能、作文批改、激励机制、情境创设这五个方面，对提高留学生作文水平进行经验总结和阐述。留学生作文就像中国人用英语写作一样，抓耳挠腮地挤词语、抠语法、想句式，却往往不得要领。如何提高留学生的作文水平？教授对外汉语两年来，我一直在思索，也一直在实践，有了一些顿悟，孩子们也有了一些进步。本文试图结合自己的教学实践进行阐述。

一　激发兴趣、让孩子们爱上写作

我们学校使用的教材是人教版的小学《语文》教材，但本套教材的作文部分并不全然适合国际部学生的学情，以人教版小学《语文》四年级上学期教材为例，第一单元学习了《观潮》、《雅鲁藏布大峡谷》、《鸟的天堂》、《火烧云》这四篇课文，于是第一单元的习作即为写一处自然景观。本单元的课文对于小留学生来说，理解已是困难，写作又谈何容易。于是，让孩子们写什么，就成了摆在我们面前迫切需要解决的问题。

经过思考，我决定让孩子们从周记开始，打破常规，写自己喜欢的作文。于是每周五，我们都会抽出一节课的时间集体讨论，这周写什么？结合孩子们的生活，结合学校发生的事情，结合老师有意识地创造的机会，在过去的一年中我们定出了很多有意思的选题，例如《世界上有圣诞老人吗?》、《我来教你做×××》、《万圣节》、《我们班的豆角》、《我做鸡妈妈》、《绿豆成长日记》、《谁会惩罚我的错误?》……孩子们不仅在课堂上拟定出自己想写的题目，还结合自己的生活经历进行详细介绍、热烈讨论，通过讨论，孩子们知道自己要写什么，如何写出特点，于是在作文中也认真地表达了自己的观点。写孩子们感兴趣的事，让孩子们有话可说、有字可写，让孩子们有兴趣地表达，感受表达和写作的快乐，这是留学生作文迈出的第一步。

二 “听”、“说”、“读”和“写”

叶圣陶先生说过，作文是用笔说话，是继说话之后的一种补充。只有听、说、读的功夫练成了，才能谈写。听、说、读能力的提高直接影响着写作能力的提高。但听、说、读、写本身又各是一种独立能力，各种能力的形成都有自己的特殊过程。听、说、读、写的生理机能是独立的，各种能力都要经过专门的训练才能培养出来。本校国际部学生的特点和部分中学国际部学生特点不太一样。本校学生接触汉语的年龄早，因而学习的速度也快。本班孩子学习汉语已经三年了，他们已经具备了相应的听、说、读的能力，完全能听懂别人的话语，基本能用汉语与人交流，有一定的识字量和读汉语读物的能力，但是写作能力相对较差。

因此每周我们都会用一节课来讨论，这种讨论是开放式的，我们先讨论这周的选题，给出拟定选题的理由，想说什么就说什么，力争让每一个孩子都有发言的机会，在发言的过程中不强调孩子的语法和用词，因为这样会打断孩子的思路，而是尽量让孩子把想说的话说出来，把意思表达清楚就可以了。孩子们回家要做的，就是把自己今天说出来的，用文字写出来，经过大量说的训练之后，孩子们很愿意将自己的想法写出来。写完之后，我鼓励孩子们试着自己读一读，看看所写的是否能让自己读懂，尽量做到语句通顺。再试着给自己的好朋友读一读，看看自己写的内容是否吸引人，同学自己互相点评、互相修改。孩子们在写的过程中难免出现错误，尤其是汉语基础薄弱的孩子，他们的文字读起来更是让人费解，往往他们觉得写清楚了，我却读了很多遍还不得其中要义，这就需要我调整批改方式了。

三 自批自改和面批面改

我们班孩子的作文，我是一定要先自批自改的。因为读孩子们的作文，我做不到一次就揣摩清楚孩子们的表达意图，甚至有的时候，我们需要几个老师一起交流，才能弄明白孩子心里想的是什么。自批自改的主要目的是完成大部分孩子的作文批改工作，并且发现个别孩子在作文中存在的问题。

例如有一次我在阅读孩子的作文《我会做“怪鸡蛋”》时读到这样一段话：

> 首先，把鸡蛋的数量的一半给磕破，加牛奶，胡椒粉和盐，然后均匀的搅拌，现在把另一些鸡蛋放平底锅，然后把另一些鸡蛋放进平底锅，做完的时候一半是炒的，一般是煎的。

暂且不谈错别字的问题，这一段话的内容就让我百思不得其解，我不明白孩子到底是怎么做的，虽然我厨艺高超，但是还真没见过如此之怪的鸡蛋，我把作文拿给别的老师看，最后我们一致认为：可能孩子讲鸡蛋分成了两份，一份用来炒，一份用来煎。可是煎的那份是煎荷包蛋还是摊鸡蛋？孩子在下文中提到“煎的那一半又香又脆，里面有蛋黄的清香味儿”。这让我们更加难以理解。

没有别的办法，只能问问孩子。这个孩子来自美国和越南的混血家庭，他来中国一年多，在家使用英语交流，因此汉语表达慢、表述不流利。在询问的过程中，孩子一直说我的理解是错的，但是又说不清楚到底是什么样的“怪鸡蛋”，我只好一遍遍地和孩子一起理顺思路，最后终于在第一步食材的准备中找到了答案，孩子说还准备了面粉，这下我就明白了。随后在和孩子的交谈中我证实了自己的想法：那一半煎的鸡蛋，其实是煎的鸡蛋饼。

于是在我们的共同努力下，文章被改成了这样：

> 首先，将两个鸡蛋磕破，加牛奶、胡椒粉和盐，均匀地搅拌，再放入锅里炒熟。把剩下的两个鸡蛋磕破，加入一些面粉搅拌均匀，然后放入平底锅中煎，最后把之前炒好的鸡蛋铺在鸡蛋饼上。“怪鸡蛋”做完了，一半是炒的，一半是煎的。

改完之后孩子把两段话都读了读，他自己也觉得，第二段写得更清楚。

事实证明，自批自评解决了绝大多数孩子的作文问题，而面批面评解决的是少数孩子的作文问题，二者同样重要。值得注意的是，面批面改不应局限于那几个汉语基础特别薄弱的孩子，一学期中每个孩子都该享受这样的机会，因为这既是对孩子的劳动的重视，又是孩子提高自己作文水平的机会。

四 分开层次，让每一个孩子都感受作文的快乐

孩子们成长的过程中，最在意的是什么？我想应该是被重视、被理解。他们的付出和我们大人一样，都需要被肯定。做人也好，做事也好，这都是一种成就感。

所以，我要让孩子们感受作文的快乐！我在班里的黑板报上开辟了一块土壤，名字很俗却很霸气——《小作家》，所有写得好的文章，都可以“上报”展示给全班同学看。

可是，作文写得特别好的永远是那几个同学，难道这个小板块要成为个别小作家的专栏？《我的作文教学革命》中管建刚老师有一段话我特别认同：“兼顾中后等生”是“作文革命”中一个很重要的思想，没有这个思想的落实，“班级作文周报”同样搞不火。我是教师，不是编辑，我眼中是全班学生，而不是几个作文尖子生。对于手中握着选稿大权的老师来说，如果眼中只有那些尖子生，只有那么些人，班级作文周报就会沦为一些人的专用舞台，班级作文周报就不会成为每个孩子心中向往，又能到达的地方。照顾中后等生，让他们的习作也频频亮相，是教师选稿的一个重要原则。

因此我在选稿的时候，其实是偏心的，把汉语较差的孩子的作文读给大家听，把他们的作文粘贴在“小作家”专栏中。我希望能给汉语基础薄弱的孩子更多的展示自己的机会，我希望能激发他们对写作的兴趣，我更希望他们能找到写作和语言学习的快乐！

五 体验让作文走得更远

从三年级开始以段和篇的形式开始写作文，孩子们已经写了一年多

了，如果问我孩子们写得最好的一篇是哪一篇，我一定会说是《我们班的豆角》这篇。

三年级下学期，春天来临，班里的一个孩子在家种下了一颗豆子，没想到豆子竟然发芽了，他把豆苗带来给班里的每一个孩子看，分享豆子发芽的快乐。这棵豆苗就这么在我们班住下了。

豆子的长势很好，我们一起经历了豆苗长高变壮、经历了豆苗开出淡紫的小花，经历了豆荚由小变大直到成熟脱落。孩子们参与到照顾豆角、保护豆角的生活中去，体会着一分辛劳一分收获的焦急与喜悦，因此，作文也写得格外细致并充满了真情实感。

一个孩子在作文中写道：

> 过了几天，它长出了六片叶子！
>
> 又过了不知几天，它竟然长出了几个小小的只有几毫米长的豆角！真是不可思议！
>
> 小豆角开始缓慢地长大，最下面的那个最大，我用尺子量了量，大概有六厘米长！

还有一个孩子写道：

> 最小的豆角才9毫米，最大的已经6厘米了，豆角挂在叶片中间，压得茎都弯了。我偷偷地摸了一下豆角，表皮很涩，像是长了些小毛毛。这些小毛毛就像一只只小手，勾住了我的心。

还有许多孩子写出类似这样的话：

> 我们班的安杰鲁种了一株豆角，从种子到发芽，从发芽到开花，从开花到结果，这一过程我们都亲眼目睹了，大部分人都赞叹道："啊！长得真快啊！"
>
> 在别人看来，这可能只是一盆普通的豆角而已，真的没什么，但是在我们看来，它却很珍贵，它是我们养大的，它不仅仅是一盆豆角，还是我们友谊的结晶。
>
> 更让我惊讶的是：豆角靠的只是一点水，竟能够结出小豆角来！

这使我不由地赞叹豆角顽强的生命力！

我完全被孩子们的语言感动了，每一篇文章都有一些句子让我深深品味，爱不释手。我想，这就是体验带给孩子们的成长，在体验中我们学会观察，在体验中我们试着发现，在体验中我们情感升华！这才是真正的作文！

一年多来，我和孩子们都开始爱上了作文，孩子们每周一交周记的时候，都会把周记塞到我手里让我赶紧评判，如果延迟了两天，孩子们就会不停追问自己的作文写得怎么样？我想，有什么比爱写、想写、会写来得更让人喜悦呢？这真是让人快乐的留学生作文！

参考文献

1. 管建刚：《我的作文教学革命》，福建教育出版社 2010 年版。
2. 王栋生：《王栋生作文教学笔记》，江苏教育出版社 2012 年版。
3. 李锡琴：《作文其实很有趣》，辽宁人民出版社 2012 年版。

（周佳　北京　北京芳草地国际学校国际部　100020）

巧借语境轻松识字

宋秋菊

提　要　在中国历史上，自从有了汉字，便有了识字教育。识字教育和中华文明史同步地走过了漫长的道路。但是由于识字量的大增，识字本身的枯燥乏味，如何使识字课堂具有情趣性、实效性，使学生高效地掌握中国的语言文字，实现提早阅读的目的，成为我们改进低年级识字课堂教学的重要问题。通过多年的低年级识字教学的研究，我觉得巧借语境，可以帮助学生轻松识字。根据学生以形象思维为主的这一特点，我巧借课堂中的各种语境，设法丰富学生的感知表象，充分调动学生学习的积极性和主动性，使识字不再是一种机械的记忆，而是一种有趣的活动，让学生在陶冶情操的同时，快快乐乐、轻轻松松地识字。

汉字是世界古文字中唯一流传至今的文字，是中华民族优秀文化传统的根基所在。源远流长的中国汉字具有读音简单、造型优美、构字灵活、寓意深刻的特点，是举世公认的最具有艺术价值的文字。它不仅外形很美，内涵也极其丰富，可以这么说，一个汉字就是一首诗，一个汉字就是一幅画，一个汉字就是一个谜。每个汉字都有一个动人的故事，每个汉字都能让人产生丰富的联想。你瞧，“轻”字令人有飘浮感，“重”字一望而沉坠；“笑”字使人欢快，“哭”字一看就像在流泪；……汉字不是僵硬的符号，而是有着独特个性的精灵，每个汉字都有启迪智慧的情蕴。但是汉字的数量之多、笔画之繁杂对于那些习惯了字母 ABCD 的各国学生来说，也确实很难记忆。如何才能让国际部学生的识字课堂具有情趣性、实效性，通过多年的国际部低年级识字教学的研究，我觉得巧借语境，可以帮助学生轻松识字。所谓“巧借语境”就是尽可能多地为学生创设语境条件，追寻汉字构字规律，巧设识字语言情景，赋予抽象的汉字以图像、画面、声音、情感，使一个个汉字具体可感，触手可摸。更好地激发学生的识字兴趣，提高学生自主识字的积极性，帮助学生轻轻松松识字，快快乐乐写字。下面我就通过一年级下册《识字 4》的教学，谈谈我是如何巧借助语境帮助学生轻松识字的。

一 创设“童话般”语境，在观察中随文识字

随文识字，文章是情境，识字就不再枯燥。从文章情境入手，又跳出情境，进入生活，识字就有了现实意义。低年级几乎每课识字量都比较大，而且一篇课文除识字外，还承载着其他的内容要求，这就要求我们在处理识字时要有所侧重。一年级下册《识字 4》这篇课文共有 14 个认读生字，可以说识字量很大，结合国际部学生的实际情况和这几个生字的特点，我创设了一个童话般的语境，让每个孩子都戴上自己做的小动物头饰，整个课堂就像一个动物的乐园，在这种童话般的情境中，将文中“展”、“运”、“网”三个字进行随文识字。这三个生字不再是孤立的个体，而是在一定的语境中，再配上动作、动画，有效地帮助学生建立起与生字的亲切感，激发了学生认读生字的兴趣，降低了识字的难度。如“蜻蜓半空展翅飞”中的“展”字，结合儿歌句子的朗读，我让学生们做一个展翅飞的动作，大家伸开双臂，在教室里来回走动，这样让学生用动作理解了字义，记忆了汉字；再如“蚂蚁地上运食粮”中“运”这个字，我让学生先看一段小蚂蚁搬运大螳螂的视频，从直观上感受，从而懂得“运”的意思，再让学生说说怎样记住这个字。有的学生采取了加一加的方法记忆，“白云的云加上一个走之旁就是运”；也有的学生利用前面学过的形声字的知识记忆。最后“蜘蛛房前结网忙”中的“网”这个字，我先让学生说说生活中都看到过什么“网”，有的学生说“球网”，有的学生说“渔网”，然后我出示蜘蛛网和球网的图片，让学生观察这两张网和“网”这个字，说说怎样记住“网”这个字，学生在比较中发现了“网”字象形的构字特点。

创设温馨而富有情趣的童话般的识字环境，注重学生学习过程中的愉悦心理体验，字不离词，词不离句，结合语言环境，知字音、认字形，解字义、明用法，这样既提高了识字的效率，又对学生进一步理解课文内容起到了积极的促进作用。

二　创设“生活化”语境，在明理中归类识字

国际部学生学习汉字，不仅仅是为了认识几个中国字，我觉得更重要的是要教给他们一种识字的方法，使他们最终也能向中国孩子一样独立识字。所以在教学中，我巧借语境，让学生们在熟悉的、生活般的语境中不知不觉掌握识记汉字的方法。

《识字 4》描写了夏天小动物活动的情景，本课书 14 个要认的汉字中，有 11 个是带有“虫”字旁的形声字，我就利用字族识字的方法，巧借语境，将学生的识字与认识事物、训练语言、传播中国传统文化相结合。在认识“虫子族”汉字的同时，很好地渗透形声字的有关知识。我先出示 6 种小动物的图片和它们的名字，在学生认识了小动物的名字后，我引导学生感悟形声字的构字规律。“仔细观察它们名字中的每一个字，你发现了什么?”学生通过仔细观察，自然而然地发现：这些生字中都有虫字旁；把这些生字的虫字旁去掉后和原来的字读音相同或相近，等等。学生就在这读读、看看、说说等一系列探究活动中，自主发现汉字的构字规律，初步感悟形声字声旁表音、形旁表义的特点。在学生感悟形声字构字规律后，老师加以总结，指导方法：像这样，在一个字当中，一部分表示字的意思，另一部分表示读音，这样的字叫形声字。知道了形声字的这个特点，可以帮助我们记住好多中国汉字，最有趣的是，即使是碰到不认识的字，我们也可以根据这个特点，猜出生字大致的读音、大致的意思。

在这 11 个生字的教学中，我巧妙地创设情境，让学生感悟汉字的构字规律。汉字本身就有构字规律，学生了解了其规律，就能根据规律识字，这样就既加快了识字速度，又提高了识字效率。除了感受规律，我还重视学生掌握识字方法。“授人以鱼，只供一餐之需；授人以渔，使人终身受益”，只有掌握了识字方法，学生才能真正实现自主识字。总之，在教学“蜻蜓、蚂蚁、蚯蚓”等几个汉字中，我巧设语境，让学生感受汉字有趣的同时，将识字与认识事物、传播中国的传统文化相结合，使学生有主动学习的意愿，轻轻松松识记了汉字。

三　创设“情趣化”语境，在游戏中巩固识字

心理学家弗洛伊德指出：“游戏是由愉快原则促动的，它是满足的源

泉。”游戏是儿童的天堂，可以满足他们好动好玩的心理，不但使注意力能持久、稳定，而且注意力的紧张程度也较高。根据儿童的这一心理特点，在学习完本课的生字后，我设计出生动形象的小游戏，帮助学生巩固记忆这些生字。我在课文中出现的这些小动物的身上写上生字，然后我告诉学生，每个小动物的身上都有一个生字，如果你读对了，这只小动物就会飞走。我精心制作了学生熟识的动物图画、色彩明亮的多媒体课件，同时插入充满童趣的语言，用它拉近学生与教材的距离，赋予这些生字生命力，这样唤起了学生识字的情感，激发了学生识字的兴趣。学生在这种情感的支配下，纷纷举手争着读生字。采用这种生动形象、趣味无穷的游戏方法，学生兴趣高昂，记忆深刻。

四　创设“开放性”语境，在延展中拓宽识字

汉语是实践性很强的课程。学习资源和实践机会无处不在，无时不有。因而，应该让学生更多地直接接触语文材料，在大量的语文实践中运用语文规律。生活为学生的识字提供了丰富的资源，识字来源于生活，再让识字回到生活中去，引导学生到生活中去阅读、寻找。学生在学习完教学儿歌后，我就让学生再去教室的墙壁上找找，还有哪些小动物的名字也带有虫字旁，而且也是形声字。学生纷纷走下座位，找到一张小动物的图片，并读读它的名字。这一活动，又一次创设了语境，让学生从课本、课堂中识字走向生活识字，让生活成为学生识字的资源，真正体现了“要使教材成为学生的世界转变为让世界成为学生的教材”。

根据学生以形象思维为主的这一特点，我巧借课堂中的各种语境，设法丰富学生的感知表象，充分调动学生学习的积极性和主动性，使识字不再是一种机械的记忆，而是一种有趣的活动，让学生在陶冶情操的同时，快快乐乐、轻轻松松地识字。

（宋秋菊　北京　北京芳草地国际学校　100020）

谈提高中学对外汉语课堂教学效果的几点体会

杨秦茹

提　要　随着汉语热的不断升温，中学对外汉语教学迅速发展起来。当前，来华的中学留学生学习汉语的目的已经不仅仅停留在运用汉语进行交际、了解中国文化的层次，大多数中学留学生把考入中国名牌大学作为更高的目标。可是，来华的留学生汉语水平参差不齐，如何迅速提高留学生汉语水平？怎样让一个从未学过汉语的外国留学生在最短的时间内又快又好地学习、掌握好汉语？怎样让一个学了两三年甚至一两年的留学生考入中国的名牌大学？这些都是我们每个对外汉语教师必须要考虑的问题。本文重点从结合留学生的需要进行教学、教学要通俗易懂、教学要摆脱传统的模式三方面阐述了如何提高对外汉语课堂教学效果的体会。

一　教学要结合学生的需要

亚历山大在《语言教学法十讲》中谈到，教学内容直接决定着教学方法。因此，探讨教学方法首先要明确教学内容本身的特点。在对外汉语教学中，我们的教学内容一定程度上取决于留学生的实际要求，学生要学什么，我们就教什么。外国留学生到中国来学习汉语，都想花最短的时间、最少的精力来学习最有用的汉语知识。而且，其学习兴趣和热情也要靠一种立竿见影的效果来加以激发和维持。研究表明："让学生及时了解自己学习的结果会产生相当大的激励作用。因为让学生知道自己的进度、成绩以及在实践中应用知识的成效等，可以激起进一步学好的愿望。同时通过反馈的作用，又可以及时看到自己的缺点和错误，及时改正，并激发起上进心。”①

可是，在具体的教学活动中，我们许多老师常常步入一种教学的偏误。就拿教材来说，有的教师拘泥于教材，照本宣科，没有根据学生的实际需要开展教学。以口语课为例，有不少教师，或者按照规定、或者根据习惯，长期使用一本教材、一种进度开展口语教学。根本不顾学生的自身条件、学习目的和兴趣爱好。比如有的教材内容已经严重老化，根本没有富于时代特色的鲜活语言；还有的教材中很多都是男女谈恋爱、谈结婚、夫妻之间的矛盾、离婚等这样的内容，对于还是中学生的留学生来说，他们肯定对此缺少应有的兴趣。可想而知，根据这样的教材进行的口语教学怎么能收到好的教学效果？这是对老师的自身劳动和学生学习的双重浪费。相反的，对有些谈论旅行、风景、风俗、文化以及租房签合同等内容的课文则应该加强相关的对话训练，教师要学会根据学生需要在社会生活中吸取丰富多彩的现实信息，及时补充常用的和必需的词汇、句子，不断丰富口语教学形式，不断增加口语训练的新内容，必将极大地提高教学效果。因为学习内容和实际生活密切相关，学生自然就容易产生兴趣，寓教于乐是所有学生最乐于接受的教学方法。如果每个老师都能根据学生的实际需要，既选择具有时代特色的教材，又能坚持因人教学的方法，肯定能达到事半功倍的效果。

还有一种误区是，有的老师认为语法和阅读教学很重要，常常试图教给学生系统的、全面的汉语知识。我自己在教学中也曾经遇到过此种情况。有一次学生问到了“为”的一个用法，在给学生作解释时，我就详尽地介绍了“为”的几种用法，我的出发点虽然是为了让学生多掌握一些语言知识，但后来我发现并没有达到我想要的效果。实际上，对于一般的留学生来说，确实没有这样的必要，我们教留学生学习汉语的词汇、句子和语法是为了让留学生学会运用，可以让留学生应付生活中实际的汉语交际需要。过多的语法解释，对学生的学习反而是一个沉重的负担。比如对汉语起点班的学生来说，学习的重点应该放在口语训练上，而且是常用口语的训练上，此时如果在语法学习上花费太多的时间和精力，必然达不

① 邵瑞珍：《学与教的心理学》，华东师范大学出版社 1990 年版。

到预期的教学目的。吕文华先生说："教材中某些语法规则过于求全、求细，容易造成学生不好消化、难以掌握。教科书与语法书的最大区别在于它用于教学，它必须适应一定的教学目的、教学对象。……对某一语法点求全求细的结果常造成一课之中难点集中。"①

二 教学要通俗易懂

外国留学生来华时间短，即便现在部分留学生也有参加高考的目标，但他们的汉语基础远远不能和中国学生相比，这也就决定了在对外汉语教学中，不宜对留学生大讲理论，比如，语法教学是对外汉语教学的一个重要部分，但在进行语法教学时，不能一上来就一条条地给学生详细讲解语法规则，而要善于点拨。语法教学是这样，语音、词汇、句子等方面的教学也是这样。这不仅要求汉语老师要在平时的课堂学习中学会发现学生带有普遍性的语音、用词、造句、语法等方面的错误，并给以改正，而且要求汉语老师善于分析学生出现各种错误的原因，找到解决学生某个语音、用词、造句或语法上的错误的突破口，再针对学生的种种问题运用已有的汉语知识来作出明确而又通俗的说明。

举个留学生的用词错误。韩国学生在写作或者阅读答题中，常常出现"爱情"这个词语的错用现象。"妈妈给了我许多的爱情"，"在中国的日子里，老师给了我很多的爱情"，"老师对我缺少爱情"……这是经常在写作中出现的句子。对于"爱情"这个词语，词典中的解释是"男女之间相互爱慕的感情"，但我们汉语老师就不能把词典上的解释照搬给学生，那样留学生仍然似懂非懂。我们应该用最通俗的语言告诉留学生，"爱情"用于表达男女恋人之间、夫妻之间的深厚感情。

再举几个关于"了"的句子：

A. 衣服洗干净了。
B. 鞋子买贵了。
C. 头发剪短了。

---

① 吕文华：《汉语教材中语法项目的选择和编排》，载《对外汉语教学语法体系研究》，北京语言大学出版社1999年版。

从格式上看，都是“名词+动词+形容词+了”，但它们所表示的意思却并不相同。

A. 句衣服脏了，通过洗实现了干净的目的。B. 句鞋子买得过于贵了，没有实现预期的目的。C. 句则是有歧义的句子，既可表示像A句那样，头发长了，经过剪达到了变短的目的；也可以表示像B句那样，头发剪得过于短了，没有达到预期的目的。

以上三个例子，学生肯定会感到迷惑不解，都是“名词+动词+形容词”怎么意思就不相同呢？如果学生掌握层次分析法，就很容易明白为什么。但在对外汉语教学中，老师绝对不能在课堂上给外国学生大讲层次分析法，留学生根本接受不了这样的理论知识。如果老师利用层次分析法告诉学生，这是因为词语组合不同造成的意义不同，学生就很容易理解了。

A句是“洗干净+了”的组合，即“动词+形容词”的述补结构与“了”的组合。B句是“买+贵了”的组合，即“形容词+了”作前面动词的补语。

在对外汉语教学中，不宜大讲语法理论，但不等于说从事对外汉语教学的老师可以不关心语法。教学实践的过程告诉我们，从事对外汉语教学的老师懂得语法，掌握一定的语法理论，能大大提高对外汉语教学的质量。举例来说，层次分析法是语法理论的重要组成部分。但在对外汉语教学中，老师绝对不能在课堂上给外国学生大讲层次分析法，但是汉语教师如果具有这方面的理论知识，那么在教学中就能用通俗易懂的语言分析说明一些留学生感到难以理解的语言现象。

当然，在对外汉语教学中，我们老师也常会碰到对一些学生提出的问题不是一下子就能明明白白解释清楚的情况，这时候最忌讳的一句话是“这是汉语的习惯”。这样就等于把学生的问题顶回去了，看似解决了问题，其实这样的回答会让一些留学生产生“汉语大概没有语法”、“没有规律”的错误想法。

三　教学要摆脱传统的教学模式

对于非从事对外汉语的老师或其他人而言，一定会认为教授留学生汉语知识是一件简单的事情，不需要作太多的延伸和挖掘，每天按照书本上的顺序一道一道完成练习，教师再进行指导、启发、纠错等活动即可，看似稳定的教学事实上是处于有序中的一种无序状态。在这种模式中，学生所能做的基本上就是以被动心态来接收信息：被灌输新的汉语知识，被要求完成指定练习、被老师在课堂上提问……这种教条式的教学，缺乏灵活机动的和具有启发性的内容。这样就可能使一门本来应该生动活泼的课程套上了枷锁，学生也会觉得枯燥乏味，课堂气氛自然也会显得沉闷。

以对外汉语教学中的口语课堂为例，口语教学最需要的就是一种学生乐于参与、积极表达的课堂环境。我以为，首先，要重视课堂教学技巧，进行艺术性的教学，从而使学生的感官产生快感，保持课堂参与的兴奋和精力的集中，获得信息的效果也好。开放的、互动的口语教学，不仅需要合理地组织课堂、设计场景，还要适度地将这些设计“隐藏”在教学过程中，使学生与教师相对的教学状态变得融为一体。如可以给学生欣赏短片、新闻报道、报纸、广告、音乐，进而引入正题。其次，要重视课堂教学的自由组合。“互动型”的教学模式是有序循环的，因此可以将传统中的任何一个环节作为开始，如要求留学生在上口语课之前完成一些连接课堂内外的准备工作，我尝试过，让学生在课外收集句子，或是与中国人在某个场合的交往中听到的句子，或是在市场买东西时听到的句子，或是在快餐店吃饭时学到的句子，要求句子中有一定的语法含量和新鲜的信息，加以整理后在课堂上表演，表演时可以找同学协助。当留学生把从实践中得到的语言文化知识在课堂上重现的时候，亲身经历获得的知识在他们心中变得立体而丰富，完成了书面向具体交际的飞跃。我还尝试利用每节口语课的五分钟时间进行“今天我来说”活动，有时是利用某个老师或同学的服饰让大家发表看法，学生在自由表述后，老师可以对学生表达过程中出现的词汇、句型、语法、文化现象进行有选择的分析与练习，这样更能加深学生的记忆。有时是让学生给提前布置的一个小故事续结尾。曾经有一次，我把成语“狐假虎威”的故事布置给留学生，让学生想象当老虎发现自己上当了，而后来又遇到了狐狸的时候，会发生什么事情。有一个学生想象出狐狸捂着肚子躺在地上，它告诉老虎它吃了毒药，快要死了，让老虎赶快把自己吃了，老虎生气地说，它不会上狐狸的当的，吃了它等于也把自己毒死了。聪明的狐狸又一次从老虎面前逃脱了。学生幽默的想象大大活跃了课堂的气氛，也激励了更多学生参与这样的表演。

另外，口语课堂和听力、阅读课堂一样，学生都有接受知识的高潮期、稳定期和低潮期。传统的对外汉语教学中，老师惯于安排同一方面内容的教学。听力课，全部是听句子、听短文，一边听一边让学生回答；阅读课，全部是老师带着学生分析，老师问，学生答。从心理学角度讲，学生接受同类信息的时间越长、内容越多，学生的兴奋点和注意力也就随之弱化和分散。通过观察，我发现如果一堂口语课请五个左右的学生讲述同一或相似的话题，在前两三个学生讲述时，大家的注意力一般很集中，对说话的内容也表现出较高的兴趣，可是到了最后两三个学生发言的时候，很多人就开始走神或者做别的事情。因此，汉语教师在设计、组织课堂的时候应该充分考虑到学生的心理资源，让课堂的节奏和学生的“心理资源”合拍。

四 结语

对外汉语教学的课堂实践让我们对外汉语教师越来越熟悉这门课程，我们积累了经验，总结了一些行之有效的教学方法。但同时也在不断面对种种新的问题的出现。目前，现有的汉语方面的专著或工具书还远不能满足对外汉语教学的需要。学生提出的问题，不少很难从工具书中找到满意的答案。因为以前的语法、词汇等工具书，很少考虑外国人学习汉语时可能会出现的问题。因此，要解决好对外汉语教学中学生提出或存在的问题，除了参考现有的工具书以外，还要靠我们自己思考实际案例，从学生屡犯的汉语错误中，从学生的提问中去比较、去研究，总结出一些规律性的东西，并把这些规律恰到好处地用于课堂实践，达到更快提高留学生汉语水平的目的。

参考文献

1. ［英］亚历山大：《语言教学法十讲》，张道一译，科学技术文献出版社 1983 年版。

2. 陆俭明：《对外汉语教学展望》，北京大学出版社 2006 年版。

（杨秦茹　北京　北京市第四中学　100034）

中国文化跨语际传播中的价值论与方法论问题

逄增玉　孙晓平

提　要　中国文化跨国传播，需要解决价值论与传播方法论的问题。首先，在价值上，既需要有文化自信，也需要精当地梳理和提炼出中国文化的价值核心与体系，并且以若干简明扼要的关键词概括之，像近现代西方主流文化的“民主”、“自由”、“法制”、“人权”一样既内涵深远又言简意赅。其次，需要将中国文化中具有普遍性的东西提炼出来，并与世界文化进行有机嫁接与沟通。中国文化历经几千年而流传至今，一定有独特的适应于人类的价值，问题是要提炼和萃取，使世人愿意接受。再次，需要明白传播和推广的过程也是交流的过程，交流就是互相学习和汲取，在交流中也要注意与他国文化对接与受容，推广和传播不是文化沙文主义和唯我独尊，是把自己文化中有世界和人类价值的东西介绍给人家、使人家理解，而不是先验确定我之文化的先进性和中心性、高端性，不是放之四海而皆准。最后，调整中国文化国际推广的方式和渠道，政府主导与民间推广的多种方式并举，实事求是。在这些方面，中国古代如盛唐时代中国文化的国际传播的渠道、方式、文化立场与态度，值得汲取和借鉴。

从文化交流史角度考察，某一国家、文明体的文化向他国或他种文明体进行跨国、跨语际传播并被文化受入方积极认同，往往伴随着三个现象：一是文化输出国的综合国力强大，拥有较为发达和“先进”的文化与文明，对周边和异邦具有辐射与示范作用；二是其文化、文明的核心价值与接受国文化的核心价值具有对话性、对接性甚至“同构性”，可为后者的文化创造、再造和繁荣输入“文化血液”与营养；三是文化输入与传播的方式以互相尊重、自愿互利为准则，承认文化的多元性、价值性和互补性，文化输出方在尊重输入方文化价值的基础上，寻找双方文化价值的对接点与融合点，实现文化传播的互惠功能。当然，这是就一般的文化交流状况而言。人类历史长河中文化与文明的输出、接受和交流，还有特殊形态，即某一强大的国家或文明体挟持其占据优势的经济与军事实力，对其他国家与民族进行武力征服的过程中，也会伴随着文化与文明的征服，强势者的文化会在所到之处留下程度不等的影响，甚至改造和取代原有的文化价值与结构而成为新的主体性文化。

在西方文化史上，最早发源于古希腊的西方哲学，重视抽象和逻辑，探究世界和宇宙的内在本质与外在现象的关系，至柏拉图而明晰化为先验的“理念”世界与显现理念的现象世界的二元论世界。这样的思维观念及由此构成的世界观与价值观，对欧洲和地中海文明产生极大影响，成为西方文化的源头。古罗马帝国时代诞生于巴勒斯坦地区的基督教及此前的犹太教，其教义中就有希腊思想的影响。诞生于希伯来文化中的基督教的世界观和价值观，由于与以希腊为源头的西方文化精神存在内隐的精神对接点和“共名”结构，所以使得基督教文化在向西方的跨文化传播过程中，尽管一度遭到强烈的抵制和打压，却终于被广泛认同和接受，并成为西方文化具有代表性的主流文化之一。基督教文化由外来的邪说演变为西方国家主体文化的过程中，经过了多次的本土化、民族化改造，大体分为天主教、东正教、新教等不同宗教派别，成为具体教义和教义阐释虽有分歧但信仰和价值观基本相同和共识的宗教文化，并且随着海外探险和近代的殖民扩张而向非西方国家“传教”。这些进行海外传教的教会和教派尽管林林总总，但都有明确的动机和目的：对所谓非基督教国家和民族进行基督福音的启示、播撒与宣示，以唤醒“迷途的羔羊”使之皈依基督走上救赎之路。因此，传教既是一种宗教活动也是西方文化价值的宣谕，当这样的宗教和文化伴随着近代西方列强对世界的殖民主义征服与侵略一同进行之际，其难免具有文化帝国主义或文化殖民主义的性质和形象。西方近现代文明与文化的“东方化”传播也是如此。本来建基于工业革命和现代化基础上的近代西方文明，其物质、制度与精神文化具有一定程度的先进性与普遍性，对非西方国家具有文化启示性与文明示范性。但是，由于率先实现工业化与现代化而形成了带有帝国性和殖民性的“西方文明中心论”与优越论色彩，并以此作为放之四海而皆准的普世价值去比较和衡量非西方文化，由于这种文明是随着殖民主义的军事与经济扩张强行嵌入东方和广大第三世界国家的，所以其难免具有的文化殖民性，便不能不在初始受到欢迎后遭到文化抵制和反抗。“开头对于西方无条件的崇拜被后来的批判情绪所代替了。”① 19 世纪第三世界国家普遍出现、如火如荼的反抗殖民主义与帝国主义的民族主义思潮与民族解放运动，便把来自西方的政治、经济、军事的行径与具有一定价值性、合理性、示范性的西方文化一并排斥或驱逐。文化及其价值的强行输入特别是帝国与殖民性的文化“嵌入”，不是在互相尊重基础上寻找各自文化的对接点，而是居高临下的傲慢凌驾，是违背文化交流规律的，结果必然遭到反对和抵制。

不过，尽管西方文化在近现代世界范围内的反殖民主义的大背景下遭到若干亚非拉国家的抵制，但毋庸讳言，西方文化及其文化产业仍然是当今世界的强势文化甚至是文化“霸权”，在世界文化格局中拥有相当的影响力和话语权。这种文化霸权和地位，一方面是历史形成的，即在世界范围的追求现代化的潮流中，作为现代化源头并率先实现现代化、进入后现代的西方国家的经济优势与文化优势一度是并联的，或者经济优势和资源可以及时地转换为文化优势和资源；另一方面，随着 20 世纪以后具有反殖反霸性质的民族国家独立的现实化和普世化，特别是世界进入后殖民、后现代的“全球化”时代，西方国家的文化影响和输出，不再是伴随经济和军事帝国主义行径的强行推进与嵌入，而是以同经济贸易一样的文化贸易的方式“和平自愿”地进行，文化以产业的形式和规模、按市场经济的逻辑在全球化的世界买卖和交换，文化影响和输出的策略发生了很大的变化。以美国文化为例，开国历史只有两百三十多年的美国，却形成了自己的文化价值和模式，这种文化价值和模式尽管脱胎于欧洲，但其历史、国家、阶级状况、社会构成和文化迥异于欧洲的模式。19 世纪的欧洲对诞生于北美大陆的美国的特色和国情就曾发生兴趣，法国史学家托克维尔游历美国后写下的《论美国的民主》，在欧洲引起了很大的反响。同时代革命导师马克思和恩格斯创建的第一国际的战友魏德迈，离开欧洲到美国后，曾与马克思有书信往来，马克思在致魏德迈的信中阐述了自己的

① ［印］许马云·迦尔比：《印度的遗产》，王维周译，上海人民出版社 1958 年版。

思想学说的精髓，不过，由于马克思主要关注欧洲革命，因此已经在欧洲引起特殊关注的美国的“特色”，未能引起马克思的兴趣和关注，倒是恩格斯在 1888 年 8 月到美国旅行一个多月，对作为新国家的美国的“未开化”而又是“文明国家”的特点，有简要的评述。① 对马克思主义的历史观念形成产生过一定影响的黑格尔的《历史哲学》，对欧洲和人类历史都有描述，但对美国的历史却同样漠视和阙如。逸出了欧洲史和世界史一般范式的美国历史和文化价值，美国人自己则津津乐道，充满自信和传播的热情。从美国的开国元勋到现在，美国一直弘扬自己的主流精神和价值观，在言论、信仰和新闻自由的宪法原则下，民族和种族构成复杂的美国及其文化，表面显得多元杂融、众生喧哗乃至杂乱无章，其实在这一切表象之下一直贯穿着主导文化价值即“美国精神”，并以政治、经济、军事和文化方式向世界推广，毫不掩饰。美国对自己文化和价值的昭示、宣示、自我认同与自信，以及以各种方式进行国际化传播和使之“放之四海”的努力，始终未歇。不过，美国当代的文化国际传播与输出，手段与方式已经不是老牌帝国和殖民霸权的强行嵌入，而是改换为全球化时代按照市场经济原则运作的文化贸易和输出，而且，文化产品的制作抹去和淡化赤裸裸的意识形态和价值观的生硬灌输，避免文化产品成为价值观的简单的传声筒，代之以大众文化、消费文化的强烈特征和外显形态，表达的是人性普遍的娱乐性和消费性诉求，内里与核心则以所谓人道性、人类性、世界性的主题——生态危机、环境保护、爱欲幸福、人类尊严、人性人权、亲情友情与爱情、灾难与拯救等构成主题和价值。譬如在好莱坞摄制的获得奥斯卡奖的美国大片，不论是战争片、伦理片、科幻片、爱情片还是西部片，骨子里宣示和弘扬的都是美国社会尊崇的精神——其中又确实包含着一些符合普遍人性需求的普世价值。当然，这种内含主流和核心价值观的文化产品由于以票房和受众数量作为判断成功与否的外在标志，披上了大众文化的华丽盛装，所以一般大众无从辨析隐匿其中的价值诉求，在接受这种文化大餐的同时理所当然地接受了内在的价值。

并且，美国在制作和输出自己文化和文化产品的时候，不仅毫不掩饰自己的主流价值观及美国精神，还非常重视运用跨文化交际的一般原则和

① 恩格斯此次旅行留下的文字是《美国旅行印象》、《美国和加拿大旅行札记》和一封完整的书信《恩格斯致劳拉·拉法格》，收在《马克思恩格斯全集》第 21 卷和第 50 卷中。

方法。众所周知，跨文化交际学或跨文化传播学等理论，就是第二次世界大战前后适应美国的全球化扩张而诞生于美国的，此后美国学界的民族学、人类学、社会学、文化人类学、符号学、传播学的研究和理论颇有建树，它们都被吸纳和整合到源起于美国的跨文化交流与传播的理论与实践中。因此，着眼于世界市场的美国文化及相应产品，非常重视对世界价值、多元文化价值的了解与对接，将自己文化价值与接受方的文化价值整合交融，并重视价值导入和整合的方式的合理性与受容性，消除、弥合与"本土性期待"的矛盾，尽量与受众方的民族文化和文化心理结构圆融无碍，使受众在其中看到自己所在国家和民族的文化元素而放弃拒斥心理，坦然接受甚至欣喜心乐。这些年在中国畅销的《功夫熊猫》和《阿凡达》等电影中，都加进了中国元素。这样，包含着毫不掩饰的美国价值观并包含一定的普世价值观的美国文化及其产品，以其符合大众文化审美形式和消费诉求的形态，通过全球化与市场化的媒质现身世界文化市场时，往往为大众喜闻乐见，世界为之风靡。

在中国历史上，自隋唐开始的中国文化的跨地区、跨语际、跨国别传播，一直延续到清代，在鸦片战争以前的数千年，中国一直是文化输出的主体国和文化接受的对象国，被周边国家主动汲取广泛接受，特别是东亚一些国家，对中国的文字、书法、绘画、典籍、民俗、服饰、建筑等文化广泛汲取和受纳，形成了得到广泛认同的汉字文化圈或儒家文化圈。不仅如此，通过西域的丝绸之路和东南的海上丝绸之路，中国的文化与物质传播到西亚、中亚、中东并进而远播到欧洲，产生了世界性影响。不仅是中国的四大发明对16世纪后西方人的海外远航、新大陆发现和继之而起的工业文明产生积极的影响，中国的思想文化在欧亚国家作为价值体和文明体被广泛认同，直到欧洲启蒙运动时期，那些启蒙思想家对中国的思想文化还是推崇称道的，如法国思想家伏尔泰就对中国文明与文化和儒家思想称赞有加。

在中国文化历经千年的跨语际传播中，形成若干有意味的跨文化传播特点。

首先，在很长的历史时期，中国文化的跨国传播依托于经济的繁荣与国力的强大，这是使得中国文化远播四海的重要因素之一。根据经济学家的研究，在西方的工业革命以前，中国的经济总值一直领先世界。经济和国力的强大为文化的繁荣和传播奠定了雄厚的物质基础，与文化的发展繁荣虽然未必一定成正比，但在中国的语境中，文化的大繁荣是依托于经济的强盛的，二者互为依托。历史上那些自愿吸纳中国文化的周边国家，特别是汉字文化圈国家，是把中国经济与国力的强盛与文化的支撑作用联系在一起，进而产生明确的接受和吸纳意愿。换言之，应该承认在当时的历史阶段，中国的物质与精神文化的发达繁荣程度是领先于周边一些国家的，这是中国文化得以被广泛认同和接受、得以广泛传播和产生积极影响的重要原因之一。

其次，中国文化在广泛传播的鼎盛时期，毫不掩饰自己文化的核心价值，并且对此充满自豪和自信。虽然，这种自信和自豪在一定时期、一定程度上也难免存在某种类似于“文化民族主义”的东西，如“四夷边鄙”、“蕞尔小邦”、“抚远怀柔”和“上国”、“天朝”的观念，但总体上中国当时的国家与文化自信并未构成“唯我独尊”的文化霸权，也不以霸权的姿态和行为强行推进文化输出和强迫他国接受。一方面，对文化及文化价值充满自信，认为是“上善”、“至善”的“大道”、周行天下的法理、教化黎庶的明德；另一方面，又并不强行输出和强迫接受，而是相信具有天下公理与大道性质的文化及价值自会如日月一样昭然若揭，天下共识，敦教弥远，受纳无碍。事实也确乎如此。历史上的中国文化传播没有采取大规模的国家行为，也没有上升为“国策”和建立“有司”推进宣示，但是，一者作为世界四大文明体之一，中国文化的发达程度确实具有高端性或文明示范性，是文化中心，按照文化交流的一般规律，在一定历史阶段，文化的空间流动不是水平流动而是中心向周边，高端向非高端流动；二者，当时积极受纳和输入中国文化的国家，认同中国文化的中心性和文明示范性，更积极认同和接受中国文化的敬天守礼、慎终追远、忠孝友悌、仁义廉耻、温良恭俭、天人合一等核心价值，认为是“国脉之所系、天下之公理”，且外显于国家行为、国家实力和国家形象之中，代表着值得吸纳并用以改造和创新自己固有文化文明范式的意义。韩国、越南、日本等亚洲国家几乎都是以这样的态度接受和输入中国文化，即文化输出方的中国当时对自己的文化价值与文明范式无须掩饰、充满自信却不强迫接受，文化输入方的国家对之明确认同、主动受纳，成为中国文化传播史上的盛景和特点。当然，上述国家在输入中国文化时并非全盘接受，而是文化交流中常见的“选择性输入”，即从本国文化建构的需求出发，有选择地吸纳中国文化的价值范畴与外在范式，构建本国的文化价值体系。如韩国对中国儒家的孝悌和礼仪文化积极吸收转化，生成本民族的文化价值和核心体系；日本对中国忠信文化积极吸纳，但对孝悌观念和内涵则有所拒斥，由此形成日本“忠敬”文化价值体系。这些通过接受和转化而生成的文化内涵，都与中国文化的核心价值存在精神的联系。

最后，文化的交流和吸纳都是双向的。在中外文化交通中，中国也接受了异域外邦文化的影响，像唐代的丝绸之路，不仅是物质交通要道，也是文化交流的通道。以恢宏开放的态度坦然输入和接受外来物质文化与精神文化，是盛唐气象的标志之一，而外来文化——不论是“器”还是“道”的广布流行，也是构成盛唐气象的元素之一。他国和异域文化对中国产生最大影响的，当推佛教。汉代就传入中国的佛教，与中国本土以老庄为代表的清静无为的文化内容，在价值观和精神结构上有相通之处，所以进入中土后能容纳通汇，至唐代而大盛，其后虽然盛衰有时，但已经融入和演变为中国文化的构成要素和核心价值之一，与儒、道并列为传统文化的三大流派，成为国学的构成部分。

近年来，中国经济的快速发展和国力的极大增强，使中华民族的复兴和中国的崛起已经成为不争的事实，令世界瞩目。伴随着这一可能重新改写世界历史的巨大历史进程和现象，在世界上出现了汉语热、来华留学热和中国文化热——自然，我们对这种“热潮”的范围、程度和大小要保持理性态度。据国家汉办的统计数据，全世界学习汉语的人数已经超过4000万，全球有2500所大学和中小学开设汉语与中国文化课程；在国外设立的以进行汉语和中国文化国际推广为主旨的孔子学院，已达300余所。预计2010—2015年全球学习汉语的人数将达到1亿人。中国国内各类学校接收的来华外国留学生，自1950—1978年，累计约1.2万人次；而从1979—2007年，累计接收各类留学人员达122万人次。单是2008年来华留学生数量就达22.35万人。预计到2015年，来华留学生数量将达到50万人。这一来华留学热潮，与唐代时大批遣唐使和留学生到中国学习的盛况颇为类似，但数量和规模已经远超唐代。

如此众多的外国人在中国或海外孔子学院学习汉语与中国文化的动机、目的不尽一致，学习和掌握汉语与中国文化的程度也深浅不一，但毋庸置疑，这一现象标志着在鸦片战争以后的100多年间曾经被中断的中国文化的跨语际和跨文化的广泛传播，在当代中国和世界重新开启。马克思曾经引述黑格尔的话说：“一切伟大的历史事件和任务，可以说都出现过两次。"[①] 当下世界性的中国语言与文化的传播热潮，与古代特别是盛唐时期有历史惊人的相似之处，但是，世界格局、历史大势和时代环境已经与古代完全不同，传播的动机、规模、渠道、方式、手段、效果等更相差甚远，譬如古代中国的文化传播很少是国家有意为之或国家行为，而当代中国在海外设立孔子学院推广中国文化则是国策基础上的国家行为。不过，历史是现实的镜子，以史为鉴有益于走向未来。因此，我们认为，当代中国汉语和文化的跨语际传播，有必要在政策、理念和传播方式上进行全面思考并采取符合传播规律的行为策略与模式。

首先，在文化传播中应该公开和鲜明地阐明中国文化的核心价值观和价值体系，申明和宣扬这些价值的当代意义和普世意义，充满文化自信。在世界四大文明古国和文明体系中，中国的文明与文化历经数千年而不绝，尽管漫长的历史长河中发生了众多的诸如兵燹动乱、朝代鼎革、政权更迭、异族统治、文字狱案、亡国威胁等大动荡和大事件，但中国文化从文字到核心价值基本上自古至今贯通赓续，流传绵延，文脉继存，也使得中华民族历经磨难却能融合兼并发扬光大，屹立至今。这是世界文明史和文化史上的奇迹，这种奇迹的背后是文化价值和精神血脉的支撑。当然，进入近代后，由于在世界现代化进程中中国一度落后，在列强和殖民的打击下遭逢"亡国灭种"之危机，这种"亘古未有之奇变"也导致了文化的危机，使得对文化一向充满自豪和自信，甚至具有文化中心主义情结的部分国人产生了对中国文化及其价值的怀疑，把农业文明的中国在与工业文明的西方对峙中的一度失败，归因于文化的无价值甚至是文化的造孽，把中国的一时失败与文化的失败等同起来，文化失败主义的悲凉之雾，一度遍披华林。近现代中国曾经出现的中西方文化、东西方文明价值和优劣长短的讨论和争论，其实就是这种思想情绪的反映。但是，即使如此，国人特别是作为重要传承者的知识分子的主体，仍然在守持、辨析和维护中国文化及其核心价值，如梁启超、梁漱溟、杜亚泉、章士钊和学衡派人士等。即使是五四新文化运动中提倡西学、被误读为反传统和造成传统断裂的陈独秀、李大钊、胡适、鲁迅等人，其实根本上并非彻底颠覆和否定中国传统文化及其价值，而是一者要对传统文化中的价值与精华、糟粕与枯

---

① 马克思：《路易·波拿巴的雾月十八日》，载《马克思恩格斯选集》第1卷，人民出版社1977年版，第603页。

朽进行现代科学方法论上的诊断、辨析和定位，进行合理的清洗以便重生——因为任何文化都有精华与非精华的东西；二者要在此基础上进行传统的创造性转化，使之为摆脱国家民族危机和走向现代与强大继续提供文化支撑；三者是要合理吸收西方文化的价值，进行中西文化的融通以再造和催生中国文化的新质。五四之后，恰恰是这些被误读的所谓否定传统文化的新文化倡导者，提出了“整理国故”的口号并积极进行实践，使“国学”在现代中国得以整理和复兴而不是“断裂”。也就是说，在晚清和民国国家屡遭危机情势下一度受到怀疑和批判的中国文化和文化价值，实质在争论辨析中根脉未断，精神仍存，得到合理的赓续和有意义的转化新生。正因为有转化和新生的文化价值、精神与传统的延续支撑，中国的抗战与革命才得以胜利，民族和国家“到了最危险的时刻”却能化险为夷，新的国家得以建立，并在遭受“文化大革命”大破坏后仍能很快复兴，与中国的经济一同在世界崛起，使得世界在看到中国经济强大的恢复、再生和创造奇迹的同时，也看到和感受到中国文化的意义与价值。

上述的梳理意在说明，中国文化及价值千年有变但根脉相连，古今有异却精神同构。职是之故，文化的传播须以文化价值的发扬和宣示为伯仲。在此问题上，古代中国文化的跨文化传播和美国文化的世界传播的做法，值得借鉴和吸纳。当然，近代和当代世界既是以民族国家为主体的时代又是全球化时代，每个民族和国家都有自己的文化和文化价值，都强调自己文化的意义和价值，我们在进行跨文化传播时并非强行输出自己文化或强迫他国接受自己的文化，而是要在尊重他国文化的基础上，在自愿和互惠原则下进行文化传播，不必担心引起猜疑而刻意掩饰或不敢宣示自己的文化价值。越是民族的就越是世界的，每个民族的文化都具有独特价值，所有民族的文化都是世界的公器，是人类的共同遗产，宣示自己文化的价值是为了更好的交流和传播，是维护世界文化多元性和世界性的积极行为。

为了更好、更有效地宣示和传播自己的文化，就必须对文化价值进行认真的整理与爬梳，将其中能揭橥本民族特点、支撑本国文化千年不朽和国家发展但又具有普遍性的核心价值，予以寻绎和开掘，以之介入和融入世界文化的价值体系。梁漱溟在20世纪20年代中西方文化论争背景下撰写的《东西文化及其哲学》中，认为西方文化是向外发展以意欲达成为宗旨的文化；印度文化是向内发展以压抑和摒绝意欲为旨归的文化；而中国文化则是兼有两者之长而弃两者之弊的，因而是早熟的和在既往未能放之四海惠及天下的文化，但未来则会畅行世界。梁漱溟的著作和思想为后起的新儒家所接受和发扬光大，极而言之者甚至认为21世纪将是中国文化的世纪。作为一家之言，这种言论和观点有其存在的合理性，但我认为这个话我们不能说得太早、太满、太过，有过于主观和文化民族主义之嫌，无视或漠视了世界文化多元存在的现实和原则。中国文化博大精深，历千年而不衰并为国家和人民一直提供生存与发展的精神准则和信仰，这其中定有独特的、意义和价值丰富的和具有普遍性的东西，比如天人合一、以民为本、尊老爱幼、重视家庭、强调人伦、恪守孝悌、中庸和谐等。当代世界越来越多的人学习汉语与中国文化，这除了现实的功利性目的以外，也包含着对中国经济与社会发展成就背后的文化价值的探寻、了解与认同，以及对文化价值的普遍性的认同。2009年美国国会众议院通过一项纪念孔子诞辰2560年的议案，在议案中对孔子的基本观点和理念的认同性阐述，代表了西方世界认同孔子与西方人引以为自豪的人类历史上的所有伟大思想家具有同样的普世价值。当然，毋庸讳言，就像任何文化都具有多元性一样，儒家和中国文化也难免存在若干可能不适合当代世界和人类生存发展原则的局限性，对此我们也要有清醒的认知。所以，辨析和萃取中国文化中与世界潮流和普世价值同构共鸣的真正的精华，为人类提供有价值的思想遗产并纳入世界普世价值中，是进行中国文化国际推广的题中应有之义。

首先，要充分并认真研究跨文化传播的价值对接点和融合点，了解文化接受国、接受者的文化接受特点，重视传播渠道、方式、手段的现代化、多样化和实效化。中国文化的跨文化传播（一般外国人了解的中国文化）大致包含两类内容：一类是具有普泛形式美的、器物性和实用性的“国粹”，如武术、书法、绘画、戏曲、中医，等等；一类是语言和以语言为载体的精神文化即文化之“道”。当然，前者的内里也包含中国精神文化的意蕴。相对而言，前者的传播和推广易于为异国学习者接受，后者则有难度和接受障碍性。实事求是地说，改革开放30年中国文化的国际推广和传播取得巨大成就，来华留学生和世界学习汉语人数大增就十分说明这一点。但也应该看到，与中国经济政治和国力在世界上的影响和地位相比，我们的语言、文化的国际传播甚至外宣工作还有不相称之处。譬如我们编写的纸质和多媒体的汉语和中国文化的教材读物，投入巨大，数量众多，但还未能受到海外汉语和中国文化学习者的普遍欢迎和接受，其中的重要原因之一，是没有真正了解各个国别和民族的接受者的文化价值、学习目的、接受心理、认知模式，没有妥帖地配以与之适应的教学传播内容和模式。例如中国人对孩子进行教育的《三字经》，我们并无接受和理解阻碍的孔融让梨、愚公移山和一些孝敬父母的故事，以及头悬梁、锥刺股刻苦学习的事迹和“孟母三迁”的教子行为，在西方语境中的人看来是违反人道、人性和平等精神的，也是极不理解和难以接受甚至反感的，这样的文化传播起到了逆传播的效果。原因之二，传播的理念和方式还未能与时俱进和“与世俱进”，未能彻底改变填鸭式的、灌输式的、说教式的、宣传式的理念和方式，跨文化传播的媒介和手段还比较单调和生硬。在充分和细致了解、熟悉国别接受者的接受心理、学习动机、认知结构、文化观念、社会习俗基础上，真正做到“寓教于乐”、寓传播于自觉接受、寓宣示于超越逆反，寻找和建立起跨文化传播的文化价值对接点、融合点并使传播手段人性化、普世化和丰富化，是需要认真思考和解决的重要课题。

其次，“文化”是一个动词，是开放的价值体系。中国文化既有恒定永存的思想价值，可为万世师表，也有在发展赓续中增加的新质；既有本土的特色内容，也有对异域文化营养的汲取。古代中国文化不仅吸纳了佛教，而且能使之中土化，来自异域或西域的外来文化对大中国文化的形成，功不在小，如上所述，盛唐气象就包含着西域的因素，就连承上启下、开创中国诗歌高峰的唐诗，其中多有西域文化因素，著名学者陈寅恪在《元白诗笺证稿》中对此多有原创性和启示性的阐发。近现代中国在对传统文化的整理转化中，吸纳了民主、法制、科学、进步、人道主义、唯物主义等外来思想文化，它们对中国文化的转化和新生产生重大积极影响，已经成为中国文化的重要构成要素，影响着中国的国情、国力、国家原则和经济体制、司法体制、教育体制等制度配置，也影响着中国人既重视传统伦理也重视民主、人权、个人价值的思维方式和行为方式。因此，在当今中国又一次面临着中国文化进行国际传播的巨大需求和世界潮流之时，在文化“走出去”的同时，也需要积极吸纳有价值的世界文化，实现文化传播的双赢互补，从而为创造有容乃大的中国文化的新气象，增加精神的新质和资源。

（逄增玉　北京　中国传媒大学对外汉语教育学院　100024
孙晓平　北京　中国传媒大学文化产业研究院　100024）

华语教学研究及其目录学著作之检讨

常耀华

一　华语教学研究发生发展及相关目录书的产生

华语作为第二语言教学（或称“华文教学”、“对外汉语教学”、“世界汉语教学”、“汉语国际教育”）的历史上水之源究竟应该溯自何年何月，很难给出一个确切的答案。有人主张华语作为第二语言教学肇始于汉代，大兴于唐代。无论这一说法能否得到一致认可，可以肯定地说，至迟在14世纪的元末明初，《老乞大》、《朴事通》这类作为第二语言华语教学的教材业已出现是不争的事实。① 1950年7月清华大学东欧交换生中国语文专修班的开设，是新中国华语作为第二语言教学事业的起点，此为华语作为第二语言教学史上的一个重要界标。尤其是最近20年来，华语教学席卷全球，几乎可以说，凡有井水处，无不华语教学，而今的华语教学可谓是华语教学史上最辉煌的时代。华语教学史业已发展到了非总结不可的时候了，于是，北京语言学院世界汉语教学交流中心信息资料部不失时机推出了《世界汉语教学书目概览》（第一分册，1899—1990.3）（以下简称《概览》）。叠踵其后，又有两种同类的书也陆续梓行，其一是李无未、陈珊珊、秦曰龙主编的《对外汉语教学论著指要与总目》（以下简称《总目》），2008年7月由作家出版社出版；其二是孙德金编纂的《对外汉语教学研究论著索引（1950—2006）》（以下简称《索引》），2009年11月由商务印书馆出版。以上三书将星散于各处的华语教学文献摑聚在一

① 李无未：《对外汉语教学论著总目大系（国别）》前言，《对外汉语教学论著指要与总目》，作家出版社2008年版。该书前言与书名不符，兹照录原文。

起，为华文教学研究的总结作出了贡献。然而由于三书编纂理念各不相同，裒辑的资料也颇有出入，三家各有优长，也有不足，下面试就此加以分析。

二 《概览》：中国华语教学研究目录学的奠基之作

以北京语言学院教学研究所资料中心的藏书为基础编纂而成的《概览》，1991 年由国际文化出版公司出版发行，本书编例言，本《概览》收书范围仅限于有关世界汉语教学方面的图书，不含中外期刊及国内为少数民族编写的汉语教材。《概览》分为三个分册：第一分册为中国大陆分册；第二分册为港台地区分册；第三分册为国外分册。中国大陆分册收录了 1899 年至 1990 年 3 月这一时期在中国大陆出版的世界汉语教学图书和部分非正式出版的汉语教材。本分册分为六个部分：（一）教材；（二）课外读物；（三）工具书；（四）论著；（五）声像教材；（六）附录：（1）非正式出版物目录，（2）音序索引，（3）新中国成立以来对外汉语教学论文目录选编（1949—1899）。

《概览》是第一部著录华语教学研究资料的工具书，它大致勾勒了华语教学研究的框架，对华语教学文献学的建立起到了奠基作用。《概览》资料布列没有序号，据我们统计，教材计有 98 种；课外读物 20 种；工具书 32 种；论著 16 种；音像教材 3 种；附录中非正式出版物含教材 194 种，课外读物 31 种，工具书 24 种，论著 16 种，新中国成立以来对外汉语教学论文目录选编（1949—1989）共收论文 1679 种。其中正文 1564 种，附录 115 种。《概览》所收资料正式连同非正式出版物总计 2093 种。

其书规模不大，虽系开启山林之作，可它搜集资料的种类几乎覆盖了华语教学的方方面面。这就意味着，其编纂理念颇具前瞻性，是书是华语教学研究目录学的奠基之作，其学术意义不容低估。可话又说回来，毕竟事属草创，是书的体例也有不周之处，比如论文部分，例言明言是“选编”，一个“选”字，等于把打捞资料的大网开了个大洞，以致遗漏了许多宝贵资料。

三 《总目》：目前所见的华语教学研究目录的集大成之作

《概览》出版 18 年后，李无未等先生“历经十年的时间，克服了种种困难”，推出“目前所见收集最为完备的中国和世界相关国家‘国别’对外汉语教学论著目汇编”①，亦即前文提到的《总目》，是书“总字数1200万字”，可谓是巨帙重编。

《总目》由三大块构成，第一册包括两块：第一块是《对外汉语教学论著指要》，共收专书298种；第二块是《对外汉语教学论著总目·日本卷》，包括日文论著、论文索引、论著索引和辞典索引四部分，共收专书1430种，论文3525种。第三块是《对外汉语教学论著总目·中国卷》，也就是本书第二册，此册名曰《对外汉语教学论著总目·中国卷》，实际上只收论文，并不包括专书。此册计收论文8727篇。将以上各项加起来，《总目》所收条目总计13981种，是《概览》收书总数的6.6倍，确如臧艺帆书讯所言，这是“迄今最为完整的对外汉语工具书”②。

可以看得出《总目》在资料的打捞上的确下了很大的气力，居功至伟，为华语教学研究目录学的建设作出了历史性的贡献。然而，遗憾的是，《概览》存在的问题，《总目》也同样存在。且看李书《前言》：

> 《对外汉语教学论著指要》，精选中国298部有代表性、对对外汉语教学研究学科发展发挥过重要作用的著作，按出版时间的顺序，以一题一书的形式逐一做出提要，包括该书的作者、出版时间、内容简介、主要特点、最新研究成果，并予以实事求是的评价。

“精选”一词为夫子自道，《总目》似乎不是在做对外汉语教学研究的目录索引，而是在做选本。“精选”就意味着挂一漏万，挂一漏万式的目录索引，其功用和学术价值究竟应该怎么评估恐怕要费思量了。

四 《索引》：专业而又精细的学术分类体例

孙德金先生的《索引》比《总目》晚一年出版，正如书讯所云：

---

① 北京语言学院世界汉语教学交流中心信息资料部：《世界汉语教学书目概览》，国际文化出版公司1991年版。

② 《中华读书报》2009年10月27日。

> 该书收录了新中国成立以来（1950—2006）在中国内地出版和发表的汉语作为第二语言教学（对外汉语教学）研究的论文和著作，共计5700余条。全书分为“论文”和“著作”两大部分，论文部分按照对外汉语教学学科内容构成分成十个大类，每个大类再分成若干小类；著作部分分为“专著”和“文集”两大类，各类下再分若干小类。该书检索便捷，读者可以按著作内容及出版年份在正文中查检，也可以参照书后的索引按作者姓氏查检。作为“代前言”的《五十余年对外汉语教学研究纵览》可以帮助读者了解该学科领域研究的概貌。

《索引》所收资料几乎是《概览》的3倍，在资料的贡献率上，与《概览》相比也可谓是后来居上。孙先生是华语教学研究资深专家，所收资料精要，分类十分精审，尤其该书书端的那篇《五十余年对外汉语教学研究纵览》的代前言，不光对50余年对外汉语教学研究作了较为全面而又具体的概述和总结，而且还指出“这个年轻的学科未开垦的处女地很多，大有可为之处”，此语看似寻常，却可给后人以无限的启迪。毋庸讳言，与《总目》相比，《索引》的缺点也十分明显，《总目》虽然早于《索引》一年多出版，可它所收的资料却比《索引》多一年。就数量而言，《总目》共收论文8727篇，比《索引》多收3609篇。《总目》的专书虽是选本，还比《索引》多收39种。如果再加上《日本卷》所收论文和专书，《总目》所收总条目超过《索引》一倍还多。

《索引》为何漏收这么多？其《使用说明》中的这段话大概可以解释其中的缘由：

> 在收录范围上，只收研究性的文献，教材、辅助读物、工具书等不收；只收在内地出版（发表）的文献，暂不收录海外文献；原则上只收录正式出版的文献，也收录了个别非正式出版的文献，如《语言教学研究》试刊本，中国教育学会对外汉语教学研究会编的《对外汉语教学论文选》（1983）等。

缘何拒收教材、辅助读物、工具书？《索引》的声明实在让人费解。《总目》虽未明言拒收，其实也是这么做的。如前所揭，出自孙先生同人之手的《概览》不光收了教材、辅助读物、工具书，而且还收了音像教材和非正式出版物，这极其合理的编纂体例不知缘何被扬弃掉了？华语教学研究的宗旨本来就是为教学服务的，我们认为不惟教材，包括各种各样的测试题，自然也包括工具书和其他辅助读物一应应收。且不说教材对学习者教学者有多么重要，即便是理论研究者，岂可对之置之不理？教材是教材理论研究的原始材料，测试题是测试研究的原始材料，舍原始材料而不录，只录研究论著，就像甲骨学论著目只收研究论著而不收甲骨文著录资料，金文论著目只收金文研究文献而不收金文拓本一样，是不科学的。如果不著录教材，就很难获知教材建设的得与失。著录试题对学习汉语者很有帮助，对研究试题者也不无益处。著录工具书，主要是为初学汉语者尤其是自学汉语者考虑的，很难想见，如果一个汉语学习者不知道有哪些字典、词典，他该这么办？况且字典、词典编纂研究也是应用语言学研究的四大板块之一，岂可弃之不顾？

过分关注“研究性的文献”，却因此忽略了华语教学根本宗旨，恰似得鱼忘筌，此种编纂理念不足为训。我们认为，编纂书目文献类工具书，应该竭泽而渔，不应该挑肥拣瘦。同时我们还认为，编纂对外汉语教学研究文献书目，不能只把目光盯在从事学术研究的少数专家身上，应该把服务的对象扩大到对对外汉语教学和研究事业感兴趣的所有的人，这其中自然包括从事学术研究的专家，更包括讲授者、学习者、管理者乃至所有相关之人。

（常耀华　北京　北京第二外国语学院国际传播学院对外汉语系/语言学及应用语言学研究中心　100024）

附录 1

回顾与展望：东南亚汉语国际教育研讨会的问题意识

由北京市教委主办，北京市汉语推广中心、北京第二外国语学院国际传播学院承办的“2012 东南亚汉语国际教育研讨会”，于 2012 年 9 月 17—19 日在北京第二外国语学院圆满举行。会议邀请到新加坡、马来西亚、印度尼西亚、泰国、菲律宾、越南、缅甸、柬埔寨、文莱等国的汉语教育专家及相关部门官员参会。与会代表介绍了各自国家、学校汉语教学的历史变革、当前现状、面临问题及未来愿景，这对我们进一步推进汉语国际推广工作，制定相关政策策略，提供了丰富的依据。

一　各国华文教育的现状、发展与面临问题

（一）印度尼西亚的华文教育

1. 面临的问题

（1）印尼华文教育至今没有一个完善的统筹机构。

（2）印尼华文教师良莠不齐。年龄、教龄、品德、形象、教学素质等差异较大。

（3）使用的华文教材不统一，一般均采用各种国外编写的版本。内容、质量差异较大。

2. 合作建议

（1）成立一个具有权威性的华文教育统筹机构，最好由印尼教育部与中国教育部联合组织。

（2）教师队伍的建设问题。有计划、有步骤、有层次、连贯性地进行师资培训工作；师资培训工作必须由本土资深华文教师与中国专业教师

附　录

共同辅导；印尼本土华文教师必须接受华文培训的规范辅导；公派教师或教师志愿者必须拥有印尼本土化的知识。

（3）共同编写符合印尼本土化的华文教材。编写教材须在印尼作蹲点；必须由中国专业人才与本土第一线资深华文教师合作；教材必须由幼儿到小学再到中学循序渐进地进行编写。

（4）留学中国展览的重要性和必要性。通过展览可以直接有效地让当地人们了解中国高校，为中国高校在印尼提供展示自我的平台，吸引更多的学生到中国学习，促进中印尼文化的交流。

（二）马来西亚的华文教育

1. 华文教育目前遇到的挑战

（1）华文学校的师资不足、师资问题突出。

（2）华文学校的资源分配不均，常常要自己筹建校舍、礼堂、各种软件设施，力量不足。

（3）华校独立中学的文凭虽然受到各国的大学承认，但是得不到马来西亚政府承认。

2. 期待的合作途径

（1）派遣本地华文学校老师与学生到中国进修或深造。

（2）希望中国派出专家学者到马来西亚进行华文教学与师资培训。

（3）东南亚华文教学研讨会秘书处设在马来西亚，马来西亚华文教育更加需要中国的大力协助。

（三）文莱的华文教育

1. 存在的问题

（1）文莱师资来源大部分为当地本土教师，近年来有中国汉办教师志愿者。部分来自中国台湾地区的教师，师资背景不同，文化差异较大，教学要求不同，水平参差不齐。

（2）教师流动性过大，师资相对匮乏，有教学经验的师资不多。

（3）本地教师数量少，有高等专业师训文凭者不多，中国大陆和台湾专家学者短期培训收效甚微。

2. 有关合作建议

（1）师资培训计划。引进新课程同时引进专家老师“传、帮、带”，以统一模式培训师资。资源共享，整体提升教师教学水平。分阶段引进资深华教专家老师，进行幼儿园—小学—中学在职老师培训。重点培养本地种子教师，以点带面，提升文莱其他七家华校师资教学水平。

（2）师资阶梯培训计划。选择有志于从事华语教育的本校本土毕业生到中国进行培养，以储备后续师资。申请孔子学院奖学金予本地青年教师，有计划地逐年分批从年轻教师中选派合适人选，培养汉语教育专业人才。

（3）建立政府引导、民间参与的合作交流平台。由北京市教委委托某教研中心专门对东南亚各国华教进行研究指导，旨在推动东南亚地区华文教育与教学水平。吸收东南亚各国华语教育机构为会员，针对东南亚地区的特点、问题，提供教研专家开展课程培训、师资培训。根据东南亚各国华文教学的共性和特性，设置东南亚华文教育信息化资源共享平台。研究在多元化环境下华文教育的应变措施，提供华文教育教学资源，如远程名校名师观摩课，专题培训，加快东南亚华文教育的发展。北京市教委牵线搭桥和师范院校联谊，招聘中国内地师资，解决长期的华文师资来源问题。提升本土教师水平，设立海外华教师资远程教育培训课程。课程结业时，颁发大学本科专业资质文凭，以调动华文教师的积极性，增强稳定性，协助重点培养本土种子教师，解决当地边远地区师资培训。

（四）泰国的汉语教育

1. 泰国汉语教学目前存在的主要问题

（1）师资队伍不稳定。泰国华校汉语教师主要由三部分组成：国侨办外派教师、国家汉办教师志愿者、中国台湾“侨委会”派来的志工；泰国本土教师；中国、缅甸、马来西亚、新加坡自荐教师。

（2）汉语教师教学任务重，工作量大，工资偏低。

（3）教师水平参差不齐。

2. 目前在师资队伍建设中面临的两个问题

（1）如何提高华校本土教师教学能力。包括：汉语知识和技能、教师的教学组织能力、教学研究能力。

（2）如何鼓励汉语本土教师从事华文教育。各华校鼓励在岗优秀汉语教师留任的做法不同，最常用的方法是加薪或增加奖金，提高福利。除此以外，2011 年中国驻泰大使馆、国侨办、汉办、中国海外交流协会给

156名汉语本土教师颁发了“终身成就奖”、“杰出贡献奖”、“优秀奖”。以激励本土汉语教师从事华文教学。

（五）新加坡

新加坡东南亚教育部长组织区域语言中心署长郑黄素霞强调，东南亚汉语教学中要注重口语性和趣味性，并通过大量视频材料展现东南亚地区汉语教学的基本状况与突出特点，对于我们推动在东南亚地区的汉语国际推广工作非常有启发意义。

非英语部主任吕耀东结合具体事例和详细数据，介绍了从2011年暑期开始的对外汉语专业学生新加坡教学实习项目的现状与前景，总结了项目实施的具体经验，所取得的突出成绩以及可改善之处，也表达了希望进一步推进本项目的愿望。希望在项目实施的时间上能够延长一些，使负责实习接待的新加坡中小学校更深入地参与其中，以提高项目实施效益。

（六）菲律宾

菲律宾的黄端铭等认为，菲律宾的汉语教学和华文教育要大步发展，需仰赖菲律宾政府的积极推动。菲律宾教育部在2011年年初宣布，2011—2012学年度将选五所中学开设汉语课，学生每周学习四个小时汉语。这是菲律宾汉语教学史上具有里程碑意义的大事，标志着菲律宾的汉语教学已经从原来的民间行为转变为政府行为，势必有力推动菲律宾汉语教学和华文教育的发展。

菲律宾汉语教学和华文教育的发展主要靠菲律宾教育工作者的努力。不过，中国作为海外汉语教学和华文教育的后方，将对海外汉语教学和华文教育的大发展发挥重要的、不可替代的作用。

目前菲律宾与中国在汉语国际教育方面的合作形式主要有：菲、中两国教育机构互访，签订交流合作协议；菲、中教育机构携手进行教材建设和师资队伍建设。

这些合作虽已逐步开展，但却远远不够，在合作的深度与广度方面还需要进一步推进。

二 北京与东南亚各国在汉语国际教育方面的合作前景展望

（一）东南亚各国汉语教育面临的共同问题

1. 师资问题

发展海外华文教育，教师和教材是核心。在这个核心中教师更是本源。东南亚地区华语师资匮乏，师资背景不同，文化差异较大等因素，都大大制约了华文教育的发展。从本次会议的研讨来看，东南亚各国普遍存在着师资不足、水平不高，年龄、教龄结构不均衡，师资队伍不稳定，教师进修培养渠道匮乏等问题。

2. 教材问题

教材方面，东南亚各国的现状差异较大，新加坡、马来西亚等国家，华文教材比较成熟规范，体系较完整，使用时间较长，比较适应当地的华文教学，但在本土化方面仍需进一步改善；而其他国家，不同程度地存在着教材不统一、教材层级衔接不好、不够标准规范的问题，尤其是不能与当地华文教学的实际情况紧密结合，与本地文化的融合度不够，针对性不强。

3. 教学条件问题

东南亚各国的华文教育，长期以来处于一种艰难的处境之中，基本依赖华人维系和传承自身文化的使命感得以在夹缝中生存发展。除新加坡等少数国家之外，大多数国家的华文教育条件落后，包括校舍、教学设备等硬件，也包括师资、华文教学氛围等软件，与会各国专家大多谈到华文教学的艰难，以及对得到中国政府支持的期望。如何在未来与各国政府就汉语教育达成某种一致，得到双方政府的支持，将是东南亚地区汉语国际教育发展的重要条件。

（二）北京与东南亚各国在汉语教育方面合作的途径

1. 师资提供与培训

（1）东南亚各国迫切需要北京为其华文教学提供急需的师资，包括汉语教师志愿者，但是任期较短、经验短缺往往不能解决根本问题，所以大多数国家希望能够派出任期较长、经验丰富的专家教师，一方面弥补师资之不足，另一方面能够对当地华文教育师资起到传、帮、带的作用。

（2）希望北京市能够继续推进汉语教师培训工作，包括派专家前往东南亚各国进行师资的本土培训。为东南亚各国教师前来北京进行培训提供经费，与北京市公立优质小学缔结姐妹关系，互访交流，观摩中小学及大学名师上课。提供奖学金，协助各国华语教育机构往中国高等学府输送师范生，等等。

（3）充分利用现代信息技术，进行多样化的师资培训，包括建立东南亚远程教育平台等。为各国提供丰富的华文教育教学资源，建立各国资源交流共享、教学研讨平台等。

（4）鉴于目前东南亚各国华文教育情况各异、标准不一的现状，希望能够协调各国，研究多元环境下华文教学的对策及解决方案。建立东南亚一体化师资培训与水平考核体系，为东南亚汉语教育师资建立标准。

（5）继续开展北京地区汉语国际教育学生的海外教学实习项目，为东南亚地区培养了解当地文化的汉语国际教育师资。

2. 共同面对教材问题

希望北京市与东南亚各国就教材问题展开切实的合作。组织有丰富教学经验的大、中学老师前往东南亚各国进行实地调研，与本土第一线资深华文教师合作，编写符合当地多元文化特点的教材，最好能够从幼儿到小学，再到中学循序渐进地进行编写，内容涵盖正式教材、教学辅助教材、课外读物等。从而形成一整套既适应东南亚华文教学需要，又体现目前汉语国际教育水平的本土化、高水平教材。

目前因条件所限不能全面开展，希望可以与马来西亚、印尼、新加坡等国家先开展一定范围内的合作，先形成一套卓有成效的做法后再逐步铺开。最终的目的是设立统一课程标准，在课标的指导下建立有效的教学模式与教学管理模式，用课程标准与教学模式来规范教学，培训教师，提高教学质量。

（北京第二外国语学院国际传播学院供稿）

附录 2

“2012 东南亚汉语国际教育研讨会”综述

一　东南亚各国汉语教材编写的困境与破解之道

教材作为“三教”问题的核心历来受到研究者的关注。北京大学教授李红印等认为东南亚是华人最聚集的地方，以往学者过多强调华裔教学和非华裔教学，但是随着国家政策、教育背景、人口流动等因素，这种情况显然已经不符合东南亚的现实需求。马来西亚玛拉工艺大学为马来裔学生开设的华语班只采用拼音教学，不学写汉字也不强调认读。新加坡也根据学生不同的能力，在每个年级的小学课程中开设了“华文”、“高级华文”和“基础华文”三种级别的课程。目前东南亚各国教材杂乱，没有统一标准，甚至出现一个地区的教材简繁体、拼音和注音教材混用的情况，这将严重造成学习者的负担。调查发现有教材中把新加坡、马来西亚通用的“奇异果”称为“猕猴桃”、“巴士”称为“公共汽车”，这忽略了词语的实际流通情况。教材如果不本土化、不个性化，将会使教学变得徒劳无功。北京语言大学教授姜丽萍也认为未来教材在编写方式上的发展趋势是中外合作编写。而内容重点要根据所在国的教育体制、课程标准、课时安排等特点，与国内的大纲和标准进行有效的衔接。同时编写者要对学习者的需求进行分析，对学习者的年龄特点、认知方式、心理特征进行分析，编写具有针对性的教材。对所在国的语言、社会、文化习俗等进行调查，教材中加强中外文化的内容。课文内容尽量联系本国实际。除此之外，最新的语际对比研究成果应体现在教材中。

二　师资力量力求本土化

教师作为课堂教学的执行者至关重要，而师资匮乏已构成汉语国际教育的短板。李红印等认为东南亚仍存在大量缺乏华语师资和教师专业不对口的情况。东南亚各国依然大量依靠外地教师，外地教师要接受当地培训才能进入岗位。本土教师应成为东南亚华语教学的主力，东南亚许多大学学院也设有中文系，建议派遣中国专业教师到大学开课，使中文系学生在毕业后具备成为华语老师的能力，直接进入当地华语教学的队伍。针对教师匮乏的状况，文莱中华中学的徐剑翎介绍指出，近期文莱在引进新课程的同时引进专家老师“传、帮、带”，以统一模式培训师资。资源共享，整体提升教师教学水平。分阶段引进资深华教专家老师，进行幼儿园—小学—中学在职老师培训，重点培养本地种子教师，以点带面，提升文莱其他七家华校师资教学水平。缅甸曼德勒福庆学校的李祖清认为采用本土教师推广汉语教学，是最理想的方案。具体的师资阶梯培训计划是选择有志于从事华语教育的本校本土毕业生到中国进行培养，以储备后续师资，申请孔子学院奖学金予本地青年教师，有计划地逐年分批从年轻教师中选派合适人选，培养汉语教育专业人才。因为师生之间，不存在语言沟通的难题，更不存在文化的差异。尤其教师本身也是从汉语为第二语言学习者，有许多亲身经验可以传授。如果不是本土教师，是中国外派教师，也应该适当学习当地语言与文化。这也是适应当地社会的必备“技能”之一，更是与当地学员拉近距离的最佳“手段”。学员学习汉语，教师学习当地语言，两者有共同点：均为第二语言的学习。双方互相学习，既促进了汉语教学，也推动了学员学习汉语的积极性。

三　泰国模式值得借鉴

它山之石，可以攻玉。汉语在泰国推广的成就斐然，有学者专门就泰国经验进行了研究和提炼。中央民族大学教授吴应辉的研究《泰国启示——汉语国际传播事业可以向泰国借鉴什么》提出，顶层设计对一个国家的汉语传播至关重要；争取有关国家政府的大力支持，应该成为推动汉语加快走向世界的首要策略；汉语推广和中国国际经贸发展具有紧密的相关性；中外合作是汉语教材本土化的有效途径；国家汉办在海外设代表处可以为汉语国际传播发挥重要作用；孔子学院和孔子课堂的意义远远超越了汉语教学，应该加大投入建设。北京师范大学教授朱志平通过对泰国曼谷三所学校调查提出：泰国中小学汉语课程的开设在很大程度上受到社会需求的推动，主要动因在于家长；泰国中小学汉语课程目前在课程设置、教学设计、课堂教学法诸多方面存在改善空间，具体解决办法是设立统一课程标准，在课标的指导下建立有效的教学模式与教学管理模式，用课程标准与教学模式来规范教学、培训教师，提高教学质量。

（北京第二外国语学院国际传播学院供稿）